ŒUVRES
DE
PLATON

8° R
29411

Édition limitée à MILLE *exemplaires numérotés et tirés sur papier pur fil des Papeteries Lafuma.*

N⁰

COLLECTION "SELECTA" DES CLASSIQUES GARNIER

ŒUVRES
DE
PLATON

ION, LYSIS, PROTAGORAS,
PHÈDRE, LE BANQUET

TRADUCTION NOUVELLE
AVEC DES NOTICES ET DES NOTES

PAR

E. CHAMBRY
Professeur au Lycée Condorcet
Agrégé de l'Université

PARIS
LIBRAIRIE GARNIER FRÈRES
6, RUE DES SAINTS-PÈRES, 6

1919

AVANT-PROPOS

Ce livre contient la traduction des trois plus beaux ouvrages de Platon : le Protagoras, le Phèdre et le Banquet, auxquels j'ai ajouté, pour compléter le volume, deux dialogues de moindre importance, l'Ion et le Lysis.

Comment osé-je, après Cousin, généralement si exact et si élégant, après Saisset qui lui ressemble comme un frère, publier une traduction nouvelle de Platon ? Voici la raison de mon audace.

J'ai toujours pensé que nous traduisions les auteurs grecs avec trop de solennité. Les Grecs, enfants gâtés de la nature, ont créé les arts et les lettres en se jouant ; les spéculations philosophiques mêmes étaient pour eux une sorte de jeu, et c'est en conversant avec des disciples curieux que les philosophes donnaient leur enseignement. Aussi le style de leurs auteurs n'a pas l'allure compassée ni la rigueur inflexible que la sévérité de notre syntaxe impose à nos écrivains ; il ressemble par son aisance, sa simplicité, ses négli-

gences au style de la conversation. Ce caractère est surtout frappant chez Platon. En mettant ses idées sous forme dialoguée, Platon s'est appliqué à reproduire le ton d'une conversation entre honnêtes gens. Sans doute cette conversation s'élève sans effort jusqu'aux idées les plus sublimes, qu'elle exprime dans le plus magnifique langage ; mais sublime ou familier, le style est toujours aisé et naturel, il suit toujours le mouvement de la pensée, et il a les allures de la parole improvisée. Il arrive ainsi que la phrase commence d'une certaine façon et finit d'une autre, l'auteur ayant rencontré chemin faisant une idée qui lui fait perdre de vue ce qu'il avait dit d'abord. Cependant l'expression reste claire et limpide, et, ce qu'elle a perdu en correction, elle l'a gagné en naïveté, en grâce, en brusquerie, en véhémence. J'avais pensé d'abord à imiter exactement ces irrégularités et à reproduire le laisser-aller de la phrase de Platon. Mais ce laisser-aller devient en français une véritable incorrection, et j'ai craint de choquer trop fortement nos habitudes syntaxiques en reproduisant ces négligences expressives. J'ai dû me résigner à faire comme mes devanciers, à corriger Platon, c'est-à-dire à le trahir (1).

(1) Voici un exemple de ces constructions anacoluthiques. Je le prends dans le Banquet, fin du ch. XXXIII : Donc moi qui me sens mordu

En revanche j'ai essayé d'être plus simple qu'eux ; j'ai rabaissé le ton, je n'ai pas craint le mot propre ou familier, je n'ai pas adouci le mot cru, je me suis tenu plus près du texte et j'ai tâché de suppléer à l'élégance par l'exactitude.

J'ai profité naturellement des travaux qui depuis Cousin et Saisset ont été publiés sur Platon. J'ai utilisé les grandes recensions du texte et les éditions qui ont été faites depuis l'édition de Stallbaum jusqu'à nos jours, mais sans m'astreindre à suivre exclusivement l'une d'elles. Je n'ai pas renoncé à mon sens critique pour m'en fier à celui de Wohlrab, de Schanz ou de Burnet. J'ai suivi le texte des manuscrits toutes les fois qu'il se prête à une interprétation plausible ; quand il m'a paru gâté, j'ai choisi parmi les diverses conjectures proposées les plus probables, à mon jugement. On trouvera les plus importantes indiquées dans les notes.

par quelque chose de plus piquant que la vipère, et dans la partie la plus sensible de mon être ; car, piqué et mordu au cœur ou à l'âme, ou quel que soit le nom qu'il faut dire, par les discours de la philosophie qui pénètrent plus cruellement que le dard de la vipère, quand ils rencontrent une âme jeune et bien née, et qui font dire ou faire toute sorte d'extravagances ; et voyant d'autre part un Phèdre, un Agathon, un Eryximaque, un Pausanias, un Aristodème, un Aristophane ; quant à Socrate, à quoi bon le nommer, et tous les autres aussi ? car tous, vous partagez ma folie et ma fureur de philosopher ; c'est pourquoi vous m'entendrez tous, car vous excuserez ce que je fis alors et ce que je vais dire à présent.

La phrase commence par un sujet, moi, qui reste sans verbe ; elle recommence avec piqué et mordu qui appellent un verbe principal qui ne vient pas non plus ; elle finit par c'est pourquoi vous m'entendrez qui se rattache à la proposition qui précède immédiatement. Ce style haché et incohérent vient du trouble et de l'exaltation d'Alcibiade.

ŒUVRES DE PLATON

NOTICE SUR ION

Socrate rencontre le rhapsode Ion d'Ephèse, qui revient des jeux d'Epidaure, où il a remporté le prix de la récitation. « Je vous envie, lui dit-il, vous autres rhapsodes, qui passez votre temps à étudier les poètes, et surtout le divin Homère, qui les comprenez et les interprétez à la foule. — Tu as raison, Socrate, répond Ion, et je suis fier d'être le plus habile interprète d'Homère qui soit au monde. — Es-tu aussi habile dans l'intelligence d'Hésiode et d'Archiloque ? — Non. — Pourtant Hésiode et Archiloque traitent à peu près les mêmes choses qu'Homère ; et, si le mathématicien peut distinguer ceux qui parlent exactement ou inexactement des nombres ; le médecin, ceux qui ont des opinions justes ou fausses sur les aliments ; en un mot, si le même homme est juge compétent de tous ceux qui parlent des mêmes objets, tu dois pouvoir juger d'Hésiode et d'Archiloque aussi bien que d'Homère, quand ils traitent les mêmes sujets que lui. — Il n'en est rien pourtant, dit Ion. — C'est que tu es incapable de parler d'Homère par art et par science. Quiconque en effet s'est rendu maître d'un art en son entier, peinture, sculpture, musique, peut juger toutes les parties de cet art et détailler les défauts et les qualités de n'importe quel artiste.

1.

Ton impuissance, Ion, vient de ce que ton talent n'est point un effet de l'art, mais de l'inspiration. Comme la pierre d'aimant attire les anneaux de fer, en faisant passer sa vertu de l'un à l'autre, de même la Muse inspire les poètes qui communiquent leur enthousiasme aux rhapsodes qui le transmettent à la foule : il se forme ainsi une chaîne d'inspirés. Les poètes en effet sont hors d'eux-mêmes, quand ils composent, et ressemblent aux bacchantes qui puisent le lait et le miel dans les fleuves, quand le transport divin les agite, et cessent de le faire, lorsqu'elles sont de sang-froid. Et voilà pourquoi chacun d'eux ne réussit que dans un genre, celui où la Muse l'a poussé. Les rhapsodes sont les interprètes des poètes, ils en éprouvent les sentiments et les font passer dans l'âme des spectateurs ; ils sont les anneaux intermédiaires entre le poète et les spectateurs, et comme les poètes tiennent à telle ou telle muse, chaque rhapsode aussi tient à tel ou tel poète. Toi, Ion, tu dépends d'Homère, et voilà pourquoi parlant d'Homère par inspiration et non par art, tu ne peux parler que de lui.

Ion répond : Ton explication peut s'admettre pour la récitation ; mais en ce qui regarde l'interprétation, tu ne me feras pas croire que je sois possédé et hors de moi. — Eh bien ! dis-moi sur quoi tu parles bien dans Homère. — Sur tout. — Même sur les choses que tu ignores ? — Il n'y en a pas que j'ignore. — Connais-tu les arts dont il est question dans Homère ? Tu avoueras bien, je pense, que celui qui possède un art est seul en état de bien juger ce qui se dit ou se fait en vertu de cet art ? Le cocher, le médecin, le pêcheur, le devin jugeront donc mieux que le rhapsode les passages d'Homère où il est question de course, de médecine, de pêche, de divination. Que reste-t-il donc au rhapsode ? — Il jugera, dit Ion, ce qu'il convient que dise un homme ou une femme, un esclave ou un homme libre, un subalterne ou un chef. — Que dis-tu là ? Est-ce qu'un rhapsode sait mieux qu'un commandant de vaisseau comment il faut parler à un équipage, mieux qu'un bouvier ce qu'il faut dire à des bœufs excités ; s'entend-il mieux que la fileuse au travail de la laine ? — Non. — Saura-t-il parler à des soldats aussi bien qu'un général ? — Oui, dit Ion, voilà ce qu'il sait faire. — Est-ce en tant que général ou que rhapsode ? — Il n'importe. — Alors, pour toi, l'art de la guerre et de la récitation sont un seul et même art ? — Oui. — A ce compte, puisque tu es le meilleur rhapsode de la Grèce, tu es donc aussi le meilleur général ? — Oui. — Ainsi, nouveau Protée, tu te métamorphoses d'interprète d'Homère en général d'armée ? Avoue plutôt, Ion, que tu m'as trompé en me disant que tu pouvais parler savamment d'Homère, puisque tu ne sais même pas dire à quoi s'applique ton art dans Homère, et reconnais que si tu parles bien de ce poète, ce n'est point par art ni par science, mais par une inspiration divine.

Telle est la doctrine de l'Ion. On a quelquefois nié l'authenticité de ce dialogue sous prétexte que le mépris de la poésie qu'y témoigne Socrate ne s'accommode pas avec le magnifique éloge qu'il en fait dans le *Phèdre*. En réalité cette contradiction n'existe pas. Sans doute Socrate fait voir peu d'estime pour le rhapsode, naïvement vaniteux, qui prend son verbiage pour de la science et ses beaux habits pour un titre à l'admiration. Mais c'est abuser des termes que d'étendre au poète le mépris de Socrate pour le rhapsode. L'ironie de Socrate ne tombe que sur Ion, jamais sur Homère, Hésiode, Archiloque, où les Muses qui les ont inspirés, et il n'est pas vrai que la poésie soit frappée du même arrêt que le rhapsode. Ce qui est vrai, c'est que les deux ouvrages offrent les mêmes idées sur la poésie : « Quiconque arrive aux portes poétiques des

Muses sans avoir perdu la raison, persuadé que l'art lui suffira pour devenir poète, celui-là est imparfait, et sa poésie d'homme raisonnable est effacée par celle des fous. »

Ce langage, que Socrate tient dans le *Phèdre*, n'est-ce pas au fond la théorie exposée dans la fameuse comparaison avec la pierre d'aimant ? Dans l'un comme dans l'autre dialogue, le poète apparaît comme un être inspiré des dieux, qui parlent par sa bouche, et Platon est trop poète lui-même pour ne pas goûter les belles choses qui viennent du ciel. Mais il est Grec aussi et il est philosophe. Les Grecs n'ont jamais eu pour les gens inspirés, devins et prophètes, le respect que les Orientaux, les Juifs par exemple, leur témoignaient ; pour eux, la faculté la plus haute, c'est la raison, et l'art idéal est l'art conscient de lui-même et capable de rendre compte de ce qu'il est. Or la poésie, qui vève de l'imagination et de la sensibilité, autant et plus que de la raison, ne peut rendre compte de ses trouvailles ; le fait qu'un poète médiocre comme Tynnichos a inventé le péan semble inexplicable : on en fait honneur à l'inspiration, c'est-à-dire à un dieu. C'est une manière de dire que la raison seule ne suffit pas à la poésie, que le poète n'est maître ni de son esprit ni de son heure, qu'il ne peut créer que lorsque son imagination est fortement ébranlée, qu'impuissant à faire naître l'inspiration, il doit l'attendre de circonstances indépendantes de sa volonté, et que, dans le trouble et l'exaltation où il compose, il ne se rend pas toujours bien compte de ce qu'il dit. L'enthousiasme lui suggère des vers admirables, mais l'enthousiasme, qui échappe à la raison, le jette parfois dans l'erreur. Sur ce point, il est inférieur au philosophe : celui-ci, fondé sur la seule raison, recherche la vérité avec une méthode infaillible, qui est la dialectique inventée par Socrate ; c'est à lui qu'il appartient d'éclairer et d'améliorer les hommes, et de leur apprendre à vivre comme des dieux, en subordonnant les instincts grossiers et les passions à la raison universelle. Les poètes ont joué dans les premiers temps ce rôle de précepteurs de l'humanité ; mais s'ils lui ont appris de belles choses, ils lui ont enseigné aussi beaucoup d'erreurs. Ils sont des guides peu sûrs et leur règne a fini avec l'avènement de la philosophie ; c'est la philosophie seule qui peut et doit désormais gouverner les hommes. Et voilà pourquoi Platon finira par bannir les poètes de sa république, en les couronnant de fleurs.

L'authenticité de l'*Ion* a été contestée aussi pour des motifs littéraires. « Si nous reconnaissons Platon, dit V. Cousin (1), et Platon tout entier dans l'esprit et la conception de ce petit ouvrage, nous croyons qu'il est difficile de le retrouver toujours dans l'exécution. Excepté la comparaison que nous avons citée (la comparaison de la pierre d'aimant), il n'y a pas un passage qui rappelle sa manière : peu de variété et d'abondance dans les idées, des citations longues et accumulées, un ton presque dogmatique substitué quelquefois à la modestie comique de Socrate, enfin l'absence de toute force dialectique, voilà bien des motifs pour douter au moins de l'authenticité de l'*Ion*. » De telles paroles sont surprenantes, et l'on peut dire que si Cousin ne reconnaît pas Platon dans l'*Ion*, nous avons grand'peine à reconnaître Cousin dans un tel jugement. La vérité est que tout ici rappelle la manière de Platon. Non-seulement l'ingénieuse comparaison de l'inspiration qui passe de la Muse à la foule par l'intermédiaire du poète et du rhapsode avec les effets de la pierre aimantée sur une série d'anneaux de fer, mais encore la dialectique serrée et pressante qui conduit infailliblement l'interlocuteur de Socrate

---

(1) Argument de la traduction de l'*Ion*, t. IV, p. 234.

à l'absurdité et à la confusion ; « la modestie comique » de Socrate qui feint l'admiration pour le rhapsode, qui lui renvoie le titre de sage et ne revendique que l'humble mérite de dire la vérité ; la peinture si naïve du vaniteux rhapsode qui se rengorge et se pavane dans ses habits d'apparat, qui se met si fièrement au-dessus de tous ses confrères, qui, trop borné pour se rendre compte de son talent, en demande ingénument l'explication à Socrate ; son effarement lorsque, débusqué pied à pied de toutes ses prétentions, il s'accroche à l'art du général d'armée, comme un noyé à une branche de salut ; enfin la facilité avec laquelle il se remet de sa déconvenue, en se rejetant sur le titre d'homme divin que Socrate lui offre comme fiche de consolation, tous ces traits de caractère, toutes ces surprises d'une dialectique ingénieuse, sans parler de la netteté des phrases, de l'aisance de la période, du coloris du style, de la grâce et de l'ironie qui pénètrent tout le dialogue, de l'art d'égayer la discussion par des citations d'Homère, d'ailleurs indispensables, puisque la connaissance d'Homère fait l'objet même du débat, tout porte dans cet ouvrage la marque de Platon, rien n'y trahit la maladresse de l'imitateur.

Il est vrai que Platon s'est élevé beaucoup plus haut dans les ouvrages de sa maturité : la *République* et le *Banquet* sont des œuvres plus fortes et plus riches que l'*Ion*. Nul ne le conteste. Mais si l'*Ion* n'a pas l'envergure d'un grand dialogue, il n'en faut pas accuser l'auteur, mais le sujet qui était restreint et ne se prêtait pas à d'amples développements. Il faut se rappeler aussi que l'*Ion* fut un des premiers écrits de Platon ; il se rapproche par les idées et la composition du *Ménon* et de l'*Eutyphron* ; on n'y trouve aucune allusion à la doctrine des idées. C'est donc un essai de jeunesse, mais un de ces essais éclatants, qui sont les avant-coureurs des grands chefs-d'œuvre.

ION

Personnages

SOCRATE, ION

SOCRATE

Salut à Ion. D'où nous reviens-tu cette fois ? d'Ephèse, ton pays ?

ION

Pas du tout, Socrate, d'Epidaure (1), des fêtes d'Asclépios.

SOCRATE

Est-ce que les Epidauriens font aussi un concours de rhapsodes en l'honneur du dieu ?

ION

Mais oui, et de toutes les parties de la musique (2) aussi.

SOCRATE

Et alors, tu as concouru ? et avec quel succès as-tu concouru ?

---

(1) Epidaure, ville d'Argolide, rendait un culte particulier à Asclépios (Esculape) ; on y célébrait en l'honneur de ce dieu des jeux appelés Epidauriens ou Asclépiens. Ces jeux consistaient en courses de chevaux et en concours de gymnastique ; ils comprenaient aussi des concours de musique, que l'on donnait au théâtre construit par Polyclète.
(2) La musique désigne chez les Grecs l'ensemble des arts qui concernent les muses : musique, danse, littérature.

ION

Nous avons remporté le premier prix, Socrate.

SOCRATE

C'est bien, et maintenant il nous faut être vainqueurs aussi aux Panathénées (1).

ION

On le sera, s'il plaît à Dieu.

SOCRATE

C'est vrai, Ion, que je vous ai souvent envié votre profession à vous autres rhapsodes. Une profession où la bienséance veut qu'on soit toujours paré et qu'on paraisse en public avec les plus beaux habits, où l'on est obligé en même temps d'étudier une foule de grands poètes et principalement Homère, le meilleur et le plus divin de tous, et de connaître à fond sa pensée, et non pas seulement ses vers, une telle profession est digne d'envie. On ne saurait en effet devenir rhapsode, si l'on ne comprend pas ce que veut dire le poète ; car il faut que le rhapsode interprète la pensée du poète à ses auditeurs, et il est impossible de le faire convenablement, si l'on ne comprend pas ce qu'il veut dire. Tout cela est vraiment enviable.

---

(1) Cérémonies en l'honneur d'Athéna ; elles avaient lieu au mois de juillet. On distinguait les petites Panathénées, célébrées tous les ans, et les grandes Panathénées, célébrées tous les quatre ans. Les grandes Panathénées étaient accompagnées d'un concours de rhapsodes.

II

ION

Tu ne te trompes pas, Socrate ; en tout cas, pour moi, c'est cette partie de mon art qui m'a donné le plus de peine, et je ne pense pas qu'il y ait personne au monde qui parle d'Homère aussi bien que moi ; car ni Métrodore de Lampsaque (1), ni Stésimbrote de Thasos (2), ni Glaucon (3), ni aucun autre rhapsode qui ait jamais existé n'a su exprimer autant de belles pensées sur Homère que moi-même.

SOCRATE

J'en suis bien aise, Ion ; car tu ne refuseras pas de me donner un échantillon de ton talent.

ION

Ma foi, Socrate, il vaut la peine d'entendre comment je sais faire valoir Homère ; aussi m'est avis que ce serait justice, si les Homérides (4) m'offraient une couronne d'or.

SOCRATE

Ma foi, je veux me donner un jour le loisir de t'écouter. Pour le moment, je ne te demanderai

---

(1) Métrodore de Lampsaque apprit d'Anaxagore à chercher un sens allégorique aux poèmes d'Homère.
(2) Stésimbrote, qui vivait au temps de Périclès, expliquait aussi Homère par l'allégorie. Il est mentionné dans le *Banquet* de Xénophon (III, 6) comme un interprète intelligent, et il y est distingué de la sotte engeance des rhapsodes.
(3) Aristote (*Rhét.*, III, 1, § 3) mentionne un Glaucon de Téos qui semble avoir été un rhapsode illustre. Un écrivain du même nom est mentionné dans la *Poétique* (25, § 24).
(4) Les Homérides étaient une famille de Chios qui prétendait descendre d'Homère ; mais il semble d'après d'autres passages de Platon qu'il faut entendre ici par Homérides les partisans fanatiques du poète.

qu'une chose : ta virtuosité se borne-t-elle à Homère ou s'étend-elle à Hésiode (1) et à Archiloque (2) ?

ION

Non, elle se borne à Homère, et cela me paraît suffisant.

SOCRATE

Mais y a-t-il des sujets sur lesquels Homère et Hésiode disent les mêmes choses ?

ION

Il y en a, je pense, et beaucoup.

SOCRATE

Eh bien ! expliquerais-tu mieux ce que dit Homère sur ces sujets que ce qu'en dit Hésiode ?

ION

J'expliquerais pareillement, Socrate, les sujets sur lesquels Homère et Hésiode sont d'accord.

SOCRATE

Et ceux où ils ne sont pas d'accord ? Par exemple, Homère et Hésiode parlent tous deux de la divination.

ION

Sans doute.

---

(1) Hésiode, né à Ascra, en Béotie, vers l'an 800, a fait *les Travaux et les Jours*, et on lui attribue la *Théogonie* et le *Bouclier d'Hercule*.
(2) Archiloque, né à Paros, vers 720 av. J.-C., inventeur de l'iambe, ne fut pas seulement un poète satirique ; les fragments qui nous restent de lui montrent une grande variété de ton. L'admiration des anciens pour Archiloque était si grande qu'on le plaçait à côté même d'Homère.

SOCRATE

Eh bien ! qui, de toi ou d'un bon devin, expliquerait le mieux ce que ces deux poètes disent de pareil et ce qu'ils disent de différent sur la divination ?

ION

Un bon devin.

SOCRATE

Mais si tu étais devin, n'est-il pas vrai qu'étant capable d'expliquer ce qu'ils disent de pareil, tu saurais aussi expliquer ce qu'ils disent de différent ?

ION

Evidemment si.

SOCRATE

Pourquoi donc es-tu si entendu sur Homère, et pas sur Hésiode et les autres poètes ? Homère traite-t-il d'autres sujets que tous les autres poètes ? ne parle-t-il pas la plupart du temps de la guerre (1), des relations qu'ont entre eux les hommes, bons ou méchants, bourgeois ou artisans, et de celles que les dieux ont entre eux et de celles qu'ils entretiennent à leur manière (2) avec les hommes, et de ce qui se passe dans le ciel, et de ceux qui sont chez Hadès, et des généalogies des dieux et des héros ? N'est-ce pas là-dessus que roule la poésie d'Homère ?

---

(1) Horace, *Art poét.*, 73-4.
  Res gestae regumque ducumque et tristia bella
  Quo scribi possent numero monstravit Homerus.

(2) Les dieux n'apparaissent pas aux mortels sous leur forme véritable, mais sous une forme empruntée. Le plus souvent ils revêtent les traits d'un mortel.

ION

C'est vrai, Socrate.

III

SOCRATE

Mais quoi ? les autres poètes ne traitent-ils pas de ces mêmes choses ?

ION

Si, Socrate, mais pas comme Homère.

SOCRATE

Comment donc ? plus mal ?

ION

Beaucoup plus mal.

SOCRATE

Alors Homère les traite mieux ?

ION

Mieux, sans nul doute.

SOCRATE

Hé ! mon bel Ion, quand plusieurs personnes parlent des nombres, et que l'une en parle pertinemment, il y aura quelqu'un, je suppose, pour reconnaître celle qui parle juste ?

ION

Oui.

SOCRATE

Sera-ce le même qui reconnaîtra aussi celles qui en parlent sans justesse, ou un autre ?

ION

Ce sera le même, je pense.

SOCRATE

Alors ce sera celui qui sait l'art de compter ?

ION

Oui.

SOCRATE

Mais quoi ? quand plusieurs personnes conversant ensemble se demandent quels sont les aliments bons pour la santé et que l'une d'elles en parle excellemment, l'un reconnaîtra-t-il celle qui en parle excellemment, et un autre celle qui en parle moins bien, ou sera-ce le même qui jugera des deux ?

ION

Ce sera le même, évidemment.

SOCRATE

Qui ? comment s'appelle-t-il ?

ION

Le médecin.

SOCRATE

En résumé, nous disons donc que le même homme reconnaîtra toujours, quand plusieurs personnes parlent des mêmes choses, qui en parle bien et qui en parle mal, et que, s'il ne reconnaît pas celui qui en parle mal, il est clair qu'il ne reconnaîtra pas non plus celui qui en parle bien, étant bien entendu qu'il s'agit du même objet.

ION

C'est cela.

SOCRATE

Donc le même homme s'entend à reconnaître l'un et l'autre ?

ION

Oui.

SOCRATE

Ne prétends-tu pas, toi, qu'Homère et les autres poètes, parmi lesquels Hésiode et Archiloque, parlent sur les mêmes matières, mais différemment, et que l'un en parle bien, et les autres moins bien ?

ION

Et je ne dis rien que de vrai.

SOCRATE

Si donc tu reconnais celui qui parle bien, tu pourrais également reconnaître l'infériorité de ceux qui parlent moins bien ?

ION

Il me semble.

SOCRATE

Alors, mon bon ami, si nous disons qu'Ion s'entend aussi bien à expliquer les autres poètes qu'Homère, nous ne nous tromperons pas, puisque tu conviens toi-même que le même homme est juge compétent de tous ceux qui parlent des mêmes objets et que tous les poètes, ou peu s'en faut, traitent des mêmes objets.

ION

Mais alors, Socrate, quelle peut être la cause qui fait que, si l'on parle de quelque autre poète, je ne m'y intéresse pas, que je n'ai rien qui vaille à jeter dans la conversation et que je suis véritablement endormi, tandis que, si on fait mention d'Homère, me voilà éveillé, attentif et plein d'idées.

SOCRATE

Ce n'est pas difficile à deviner, mon ami ; mais il est évident pour tout le monde que tu es incapable de parler d'Homère par art et par science ; car si tu pouvais en parler par art, tu pourrais parler aussi de tous les autres poètes ; car il y a, n'est-ce pas, un art poétique général ?

ION

Oui.

SOCRATE

Quand on a embrassé n'importe quel art dans son ensemble, est-ce que la même méthode ne sert pas à juger de tous les arts ? Ce que j'entends par là, veux-tu le savoir, Ion ?

ION

Oui, par Zeus, je le veux ; car j'aime à vous entendre, vous autres sages.

SOCRATE

Si seulement tu disais vrai, Ion ! mais les sages, c'est vous, les rhapsodes, les acteurs, et ceux dont vous chantez les poèmes ; moi, je ne sais que dire la vérité (1), comme il convient à un profane. Par exemple, à propos de la question que je viens de te faire, considère comme c'est simple, vulgaire, à la portée d'un chacun, de connaître ce que je disais, que la même méthode sert à juger de tout, quand on a embrassé un art dans son ensemble. Faisons de ce point l'objet de notre discours : il y a bien un art général de la peinture ?

ION

Oui.

SOCRATE

Il y a et il y a eu, n'est-ce pas, beaucoup de peintres, bons et mauvais ?

ION

Assurément.

SOCRATE

Or as-tu déjà vu un homme qui soit capable de faire voir chez Polygnote (2), fils d'Aglaophon, ce qui est bien peint et ce qui ne l'est pas, et qui en soit incapable pour les autres peintres, et qui, mis en présence des ouvrages des autres peintres, s'endorme, soit embarrassé et ne puisse contribuer à la conversation, et qui, au contraire, quand il faut donner son avis sur Polygnote ou n'importe quel autre peintre

---

(1) La correction de τἀληθῆ en εὐήθη : *des choses simples*, me paraît inutile. Socrate oppose la simplicité du vrai à la sublimité des fictions poétiques.
(2) Polygnote, né à Thasos, était contemporain d'Euripide. Il travailla à Athènes à la décoration du Poecile, du Théseion, du temple des Dioscures et du Parthénon. A Delphes, il peignit la ruine de Troie, son chef-d'œuvre. Le Conseil des Amphictyons lui décerna, en récompense, le droit d'hospitalité gratuite dans toutes les villes de la Grèce.

particulier, s'éveille, s'intéresse à l'entretien et sente affluer les idées ?

ION

Non, par Zeus, non.

SOCRATE

Et en sculpture, as-tu déjà vu un homme qui soit capable de détailler les qualités de Dédale (1), fils de Métion, d'Epéos (2), fils de Panopeus, de Théodore de Samos (3) ou de quelque autre sculpteur particulier, et qui, à propos des œuvres des autres sculpteurs, soit embarrassé, s'endorme et ne sache que dire ?

ION

Non, par Zeus, je n'en ai pas vu non plus.

SOCRATE

Mais, voyons ; dans l'art de jouer de la flûte ou de la cithare, ou de chanter en s'accompagnant de la cithare, ou de réciter des vers, tu n'as jamais vu non plus, je pense, un homme qui soit capable de discuter

---

(1) Dédale est un personnage légendaire, comme l'indiquent son nom et celui de son père (Dédale signifie *le ciseleur* et Métion *le méditatif*). Ce lointain précurseur de nos aviateurs s'échappa du labyrinthe qu'il avait construit à Minos, sur des ailes de son invention. Son nom symbolisait l'ingéniosité des premiers artistes grecs et marquait une ère nouvelle de la statuaire grecque. Avant lui on représentait l'homme avec les pieds joints, les bras collés au corps et les yeux presque toujours fermés : Dédale ouvrit les yeux, détacha les bras, fit marcher les pieds. Néanmoins les statues de bois (ξόανα) que l'on conservait sous son nom, statues d'Athéna, d'Aphrodite, d'Héraclès, etc., avaient une raideur et une gaucherie qui faisaient sourire les artistes de l'âge classique. Cf. Platon, *Hipp. maj.*, p. 282 A.

(2) Epéos construisit avec l'aide de Minerve (*Odys.*, VIII, 493) le cheval de bois, où il s'enferma lui-même avec la fleur des héros grecs (et ipse doli fabricator Epeus, *Virg. En.*, II, 264). Quelques-uns lui attribuaient d'antiques statues en bois d'Aphrodite et de Hermès, à Corinthe (*Paus.*, II, 10, § 6).

(3) Théodore de Samos est signalé dans Hérodote comme auteur d'un bol d'argent qui se trouvait parmi les offrandes votives envoyées par Crésus au temple de Delphes (I, 51). Le même historien (III, 41) parle d'un Théodore de Samos, fils de Téléclès, qui avait fait l'anneau d'émeraude de Polycrate.

sur Olympos (1), ou Thamyras (2), ou Orphée (3), ou Phémios (4), le rhapsode d'Ithaque, et qui, à propos d'Ion d'Ephèse, soit embarrassé et ne sache que dire sur ses qualités ou ses défauts de rhapsode ?

ION

Je n'ai rien à dire là contre, Socrate ; mais s'il est une chose dont j'ai conscience, c'est que personne au monde ne parle d'Homère aussi bien que moi, que j'en parle d'abondance, et que tout le monde reconnaît que j'en parle bien, tandis que je n'ai rien à dire des autres. Vois donc quelle en peut être la cause.

V

SOCRATE

Je vois et je vais te faire voir ce que c'est, à mon avis. C'est que ce don que tu as de bien parler d'Homère n'est pas, je le disais tout à l'heure, un art, mais une vertu divine, qui te meut, semblable à celle de la pierre qu'Euripide (5) appelle pierre de Magné-

---

(1) Olympos, personnage mythique dont Platon parle dans les Lois (677, d), comme de l'inventeur de la musique. Il avait appris l'art de la flûte de Marsyas, et l'on jouait encore ses airs au temps de Platon. Cf. le *Banquet*, ch. XXXII.
(2) Thamyras, le même qu'Homère appelle Thamyris, était un chantre de Thrace. « Il se flattait dans son orgueil d'emporter le prix du chant sur les muses elles-mêmes filles de Zeus porte-égide. Les déesses irritées le rendirent muet, lui ôtèrent le chant divin et lui firent oublier le jeu de la cithare. » (Hom., *Iliade*, II, 597 sqq.).
(3) Orphée, chantre de Thrace, comme Thamyras, est inconnu à Homère. Sur ses aventures voyez Virg., *Géorg.*, IV et Ovide, *Métam.*, X et XI.
(4) Phémios chantait par force pour distraire les prétendants de Pénélope (*Odys.*, I, 154 et XXII, 330, 331). On disait qu'il avait été le maître d'Homère.
(5) Dans sa tragédie perdue d'*Œnée* ; le passage en question nous a été conservé par Suidas.

sie (1), mais que la plupart appellent pierre d'Héraclée. Et en effet cette pierre non-seulement attire les anneaux de fer, mais encore elle leur communique sa vertu, de sorte qu'ils peuvent faire ce que fait la pierre, attirer d'autres anneaux, si bien que parfois on voit pendre, attachés les uns aux autres, une longue suite d'anneaux de fer, et tous tirent leur pouvoir de cette pierre (2). C'est ainsi que la muse inspire elle-même les poètes, et, ceux-ci transmettant l'inspiration à d'autres, il se forme une chaîne d'inspirés. Ce n'est pas en effet par art, mais par inspiration et suggestion divine que tous les grands poètes épiques composent tous ces beaux poèmes ; et les grands poètes lyriques de même. Comme les Corybantes (3) ne dansent que lorsqu'ils sont hors d'eux-mêmes, ainsi les poètes lyriques ne sont pas en possession d'eux-mêmes quand ils composent ces beaux chants que l'on connaît ; mais quand une fois ils sont entrés dans le mouvement de la musique et du rythme, ils

---

(1) Cf. *Lucrèce*, VI, 906-9 :
  Quod superest, agere inciplam quo fœdere fiat
  Naturæ, lapis hic ut ferrum ducere possit,
  Quem Magneta vocant patrio de nomine Grai,
  Magnetum quia sit patris in finibus ortus.

Magnésie est le nom d'une presqu'île en Thessalie, d'une ville de Lydie (Magnésie du Sipyle) et d'une ville de Carie (Magnésie du Méandre), un peu au sud de laquelle se trouvait la ville d'Héraclée. Sophocle appelle l'aimant λίθος Λυδικός, d'où l'on pourrait conclure que la Magnésie désignée ici est Magnésie du Sipyle ; mais l'autre nom de la pierre, celui d'Héraclée, porterait à croire qu'il s'agit de Magnésie en Carie. Adhuc sub judice lis est.

(2) Lucrèce a imité ce passage, VI, 910-916 : « Cette pierre est un objet d'étonnement, parce qu'elle forme souvent une chaîne au moyen d'anneaux qu'elle tient suspendus. On en voit quelquefois jusqu'à cinq et même davantage en une file pendante, se balancer au souffle de l'air. Chacun d'eux est suspendu à un autre, auquel il se tient par-dessous, et ils se transmettent ainsi la force par laquelle la pierre les attache entre eux ; tant sa vertu s'étend et se communique de proche en proche ! » (trad. Crouslé).

(3) Prêtres de Cybèle ; ils célébraient les mystères de son culte par des danses désordonnées.

sont transportés et possédés comme les bacchantes qui puisent au fleuve le lait et le miel, sous l'influence de la possession, mais non, quand elles sont de sang-froid. C'est le même délire qui agit dans l'âme des poètes lyriques, comme ils l'avouent eux-mêmes. Les poètes nous disent bien, en effet, qu'ils puisent à des sources de miel et cueillent les poèmes qu'ils nous apportent dans les jardins et les vallons boisés des Muses, où ils voltigent çà et là comme des abeilles ; et ils disent la vérité. Car le poète est chose légère, ailée, sacrée, et il ne peut créer avant de sentir l'inspiration, d'être hors de lui et de perdre l'usage de sa raison. Tant qu'il n'a pas reçu ce don divin, tout homme est incapable de faire des vers et de rendre des oracles. Aussi, comme ce n'est point par art, mais par un don céleste qu'ils trouvent et disent tant de belles choses sur leur sujet, comme toi sur Homère, chacun d'eux ne peut réussir que dans le genre où la Muse le pousse, l'un dans les dithyrambes (1), l'autre dans les panégyriques (2), tel autre dans les hyporchèmes (3), celui-ci dans l'épopée, celui-là dans les iambes. Dans les autres genres, chacun d'eux est médiocre, parce que ce n'est pas l'art, mais une force divine qui leur inspire leurs vers ; en effet, s'ils savaient traiter par art un sujet particulier, ils sauraient aussi traiter tous les autres. Et si le dieu leur ôte le sens et les prend pour ministres, comme il fait des prophètes et des devins inspirés, c'est pour que nous

---

(1) Les dithyrambes étaient des chants pathétiques en l'honneur de Bacchus.
(2) Chants en l'honneur des hommes, par opposition aux hymnes, chants en l'honneur des dieux.
(3) Pantomimes exécutées par des danseurs, avec accompagnement de musique ou de chant.

qui les écoutons sachions bien que ce n'est pas eux qui disent des choses si admirables, puisqu'ils sont hors de leur bon sens, mais que c'est le dieu même qui les dit et qui nous parle par leur bouche. Et la meilleure preuve de ce que j'avance est Tynnichos (1) de Chalcis, qui n'a jamais fait d'autre poème digne d'être retenu que le péan (2) que tout le monde chante, le plus beau peut-être de tous les chants lyriques, une vraie trouvaille des Muses, comme il l'appelle lui-même. Il me semble en effet que, précisément en la personne de ce poète, le dieu nous a prouvé, de manière à ne laisser aucun doute, que ces beaux poèmes ne sont ni humains ni faits par des hommes, mais divins et faits par des dieux, et que les poètes ne sont que les interprètes des dieux, puisqu'ils sont possédés, quel que soit le dieu particulier qui les possède. Afin de le prouver, le dieu a choisi le poète le plus médiocre pour chanter par sa bouche le chant le plus beau. Ne penses-tu pas que j'ai raison, Ion ?

ION

Si, par Zeus ; car tu me saisis l'âme par tes discours, Socrate, et je crois que c'est par une dispensation divine que les bons poètes sont les interprètes des dieux.

---

(1) Tynnichos vivait au temps d'Eschyle, d'après Porphyre. Eschyle refusa de laisser graver son péan sur le temple de Delphes, parce qu'il le trouvait inférieur à celui de Tynnichos.
(2) Le péan était proprement un chant en l'honneur d'Apollon, mais il fut étendu à d'autres divinités.

VI

SOCRATE

Vous autres rhapsodes, à votre tour, n'êtes-vous pas les interprètes des poètes ?

ION

En cela aussi tu as raison.

SOCRATE

Alors vous êtes des interprètes d'interprètes ?

ION

Justement.

SOCRATE

Attention, maintenant, Ion ; réponds à la question que je vais te faire, et sois franc dans ta réponse. Quand tu déclames comme il faut des vers épiques et que tu touches profondément les spectateurs, soit que tu chantes Ulysse bondissant sur le seuil, se découvrant aux prétendants et versant les flèches à ses pieds (1), ou Achille s'élançant sur Hector (2), ou quelque passage émouvant sur Andromaque (3), Hécube ou Priam (4), es-tu alors maître de toi, ou es-tu hors de toi, et ton âme croit-elle, dans le transport de l'inspiration, assister aux actions dont tu

---

(1) Cette scène émouvante se trouve au début du 22ᵉ chant de l'*Odyssée*.
(2) *Iliade*, ch. XXII, v. 311 et suivants.
(3) Par exemple l'entrevue d'Hector et d'Andromaque au chant VI de l'*Iliade*, v. 370-502, ou les lamentations d'Andromaque sur la mort de son époux, *Il.*, 437-515, ou ses plaintes devant le cadavre d'Hector. *Il.*, XXIV, 723-746.
(4) Les lamentations d'Hécube et de Priam sur la mort de leur fils Hector, *Il.*, XXII, 408-28 et 430-36, l'entrevue de Priam et d'Achille, *Il.*, XXIV 144-717.

parles, à Ithaque, ou à Troie ou à tel autre endroit décrit dans les vers ?

ION

Que la preuve que tu donnes est frappante, Socrate ! Je t'avouerai en effet sans déguisement que, quand je récite un morceau pathétique, mes yeux se remplissent de larmes ; si c'est un passage effrayant et terrible, mes cheveux se dressent d'effroi et mon cœur bondit.

SOCRATE

Quoi donc ! Ion, pouvons-nous dire qu'un homme est dans son bon sens, quand, paré d'un habit piolé et de couronnes d'or, il pleure au milieu des sacrifices et des fêtes, sans avoir rien perdu de sa parure, ou, quand debout au milieu de plus de vingt mille hommes qui lui sont amis, il est saisi de frayeur, quoique personne ne le dépouille et ne lui fasse du mal ?

ION

Non, par Zeus, non, Socrate, à te dire la vérité.

SOCRATE

Sais-tu bien que vous faites éprouver tous ces mêmes sentiments à la plupart des spectateurs ?

ION

Je le sais fort bien ; car du haut de l'estrade je les vois chaque fois pleurer ou lancer des regards terribles ou trembler comme moi à mes récits. Il faut en effet, il faut absolument que je les observe ; car, si je les fais pleurer, je rirai, moi, de la recette que je ferai, tandis que si je les fais rire, c'est moi qui pleurerai de ma recette manquée.

VII

SOCRATE

Tu vois maintenant que le spectateur est le dernier des anneaux qui, comme je le disais, reçoivent les uns des autres la vertu qui leur vient de la pierre d'Héraclée ; l'anneau du milieu, c'est toi, le rhapsode, l'acteur ; le premier, c'est le poète lui-même ; et le dieu, par l'intermédiaire de tous ceux-ci, attire l'âme des hommes où il veut, en faisant descendre sa vertu des uns aux autres. Et à lui, comme à la fameuse pierre, est suspendue une longue file de choreutes (1), de maîtres et de sous-maîtres (2) de chœur, attachés obliquement aux anneaux qui tiennent à la Muse. Tel poète tient à une muse, tel autre à une autre, et nous appelons cela être possédé (κατέχεται), parce que c'est quelque chose comme une possession, puisque le poète appartient (ἔχεται) (3) à la Muse ; puis à ces premiers anneaux, les poètes, d'autres sont attachés à leur tour et reçoivent l'inspiration de tel ou tel, les uns d'Orphée (4), les autres de Musée (5) ;

---

(1) Ceux qui forment le chœur soit dans la tragédie, soit dans la comédie, soit dans les compositions lyriques.
(2) Les maîtres et sous-maîtres de chœur instruisaient les choreutes. A l'origine, c'étaient les poètes eux-mêmes ; Eschyle et Sophocle par exemple furent les maîtres de chœur de leurs tragédies. Plus tard le poète se déchargea de cette fonction sur un maître de chant et de ballet.
(3) Il y a sur κατέχεται (il est attaché) et ἔχεται (il est possédé) un jeu de mots intraduisible.
(4) Sur Orphée, v. note 3 de la page 18.
(5) Musée est un poète et prophète légendaire à qui l'on attribuait une collection d'oracles en vers qui s'était sans doute formée peu à

mais la plupart sont attachés et tiennent à Homère. Tu es l'un de ceux-là, Ion, tu dépends d'Homère, et lorsqu'on chante un poème de quelque autre poète, tu dors et n'as rien à dire ; mais qu'un chant de ce poète résonne à tes oreilles, aussitôt tu t'éveilles, ton âme entre dans la danse et les idées se présentent en foule ; car ce n'est pas par art ni par science que tu parles d'Homère, mais par une dispensation et une possession du dieu. Semblable aux Corybantes qui ne sont prompts à saisir que l'air du dieu dont ils sont possédés et qui trouvent pour accompagner cet air toutes sortes de figures et de paroles, tandis qu'ils restent insensibles aux autres airs, toi aussi, Ion, quand il est question d'Homère, tu es intarissable, mais à sec, quand il est question des autres ; et, puisque tu veux savoir la cause de ta facilité à parler d'Homère et de ton embarras à propos des autres, c'est que ce n'est point à l'art, mais à un don du dieu que tu dois ton habileté à louer Homère.

VIII

ION

C'est bien parler, Socrate. Néanmoins je serais surpris si tu parlais assez bien pour me persuader que je suis possédé et hors de sens, quand je fais l'éloge d'Homère ; et toi-même sans doute tu ne le penserais pas, si tu m'entendais parler d'Homère.

---

peu et groupée autour de son nom. Onomacrite fut banni d'Athènes par Hipparque, fils de Pisistrate, pour avoir inséré un oracle dans le recueil de Musée.

SOCRATE

Sans doute je veux t'entendre, mais pas avant que tu m'aies répondu sur ce point : parmi les choses dont il est question dans Homère, sur laquelle parles-tu bien ? pas sur toutes, je pense.

ION

Sur toutes sans exception, Socrate, apprends-le.

SOCRATE

Tu fais pourtant bien exception pour les choses que tu ne connais pas et dont Homère parle ?

ION

Et quelles sont ces choses dont Homère parle, et que je ne connais pas ?

SOCRATE

N'y a-t-il pas dans Homère beaucoup de passages et de détails sur les arts, sur l'art du cocher, par exemple ? Si je me rappelais les vers, je te les réciterais.

ION

Je vais te les dire, moi, car je me les rappelle.

SOCRATE

Récite-moi donc ce que Nestor dit à Antiloque son fils, quand il lui recommande de prendre garde en tournant la borne, dans la course pour la mort de Patrocle.

ION

« Penche-toi toi-même légèrement, lui dit-il, sur ton char poli, du côté gauche de l'attelage, et aiguillonne le cheval de droite en l'excitant de la voix, et lâche-lui les rênes. Arrivé à la borne, pousse le cheval de gauche de manière que le moyeu de la roue faite avec art paraisse frôler le bord de la pierre, mais prends garde de l'accrocher (1). »

SOCRATE

Cela suffit. Maintenant, si ces vers d'Homère sont justes ou non, lequel, Ion, est le plus apte à en juger, le médecin ou le cocher ?

ION

Le cocher sans doute.

SOCRATE

Est-ce parce qu'il connaît l'art de conduire ou pour quelque autre raison ?

ION

Non, c'est parce qu'il connaît l'art de conduire.

SOCRATE

Le dieu a donc attribué à chaque art la capacité de juger d'un ouvrage déterminé ; et en effet ce n'est pas, je pense, par la médecine que nous apprendrons ce que nous connaissons par l'art de la timonerie ?

ION

Assurément non.

SOCRATE

Ni par l'art du charpentier, ce que nous connaissons par la médecine ?

(1) *Il.*, XXIII, 335 et sqq.

ION

Assurément non.

SOCRATE

N'en est-il pas de même des autres arts ? Ce qu'un art nous fait connaître, nous ne l'apprendrons pas par un autre, n'est-ce pas ? Mais avant de répondre à cette question-là, réponds d'abord à celle-ci : Ne penses-tu pas que tel art est une chose, tel autre art, une autre chose ?

ION

Si.

SOCRATE

Or moi, selon qu'à mon jugement, la connaissance se rapporte à tel objet ou à tel autre, je lui donne le nom de tel art ou de tel autre. Et toi, n'en uses-tu pas comme moi ?

ION

Si.

SOCRATE

Si en effet la connaissance se rapportait aux mêmes objets, pour quelle raison parlerions-nous de deux arts différents, alors que nous pourrions connaître les mêmes choses par l'un comme par l'autre ? Ainsi, par exemple, je discerne que voilà cinq doigts, et tu le discernes tout comme moi ; et si je te demandais si c'est par le même art, l'arithmétique, ou par des arts différents que nous discernons la même chose, toi et moi, tu dirais sans doute : c'est par le même art.

ION

Oui.

SOCRATE

Réponds donc maintenant à la question que je voulais te poser tout à l'heure. N'est-ce pas ton avis, à propos de tous les arts, qu'un même art nous donne nécessairement la connaissance des mêmes choses et qu'un autre art ne nous donne pas la connaissance des mêmes choses, mais, s'il est réellement différent, nous donne la connaissance de choses différentes ?

ION

C'est mon avis, Socrate.

IX

SOCRATE

Ainsi donc, si l'on ne possède pas un art, on sera incapable de bien connaître ce qui se dit ou se fait en vertu de cet art ?

ION

C'est la vérité.

SOCRATE

Ainsi pour juger si Homère parle juste ou non dans les vers que tu viens de réciter, qui sera meilleur appréciateur, toi ou le cocher ?

ION

Le cocher.

SOCRATE

C'est qu'en effet tu es rhapsode et non cocher.

ION

Oui.

SOCRATE

Et l'art du rhapsode est différent de celui du cocher ?

ION

Oui.

SOCRATE

Si donc il est différent, il est aussi la science d'objets différents ?

ION

Oui.

SOCRATE

Mais quoi ? quand Homère dit qu'Hécamède, concubine de Nestor, donne à boire un breuvage à Machaon blessé et s'exprime à peu près ainsi :

« [Elle mêla d'eau] le vin de Pramne, et râcla dessus du fromage de chèvre avec une râpe d'airain, et elle servit aussi de l'oignon pour exciter à boire (1) », est-ce à l'art du médecin ou à celui du rhapsode de juger si Homère parle juste ou non ici ?

ION

A l'art du médecin (2).

SOCRATE

Et quand Homère dit :

« Et elle entra dans l'abîme comme le plomb qui fixé à la corne d'un bœuf parqué au grand air s'en-

---

(1) *Iliade*, XI, 639-640. La citation n'est pas exacte : ce qui est dit de l'oignon est pris au v. 630 de nos éditions. Nos textes portent : « et elle saupoudra ce mélange de farine blanche ».
(2) La médecine du temps de Platon jugeait le breuvage d'Hécamède trop échauffant et peu propre a réconforter un blessé (*Rép.*, 406 a).

fonce impétueusement, portant le malheur parmi les poissons voraces (1) »,

est-ce l'art du pêcheur ou celui du rhapsode qui est le plus propre à juger du contenu de ces vers et à décider s'il est exact ou non ?

ION

Evidemment, Socrate, c'est l'art du pêcheur.

SOCRATE

Mais vois, supposons que tu m'interroges à ton tour et que tu me demandes : Puisque tu trouves dans Homère, Socrate, des choses dont le jugement appartient à chacun de ces arts, eh bien, trouve-moi aussi quelles sont les choses relatives au devin et à la divination dont un devin est à même de juger et de dire si elles sont représentées exactement ou non, vois, dis-je, quelle réponse facile et juste je vais te faire. Homère parle de la divination en plusieurs endroits de l'*Odyssée*, par exemple, dans ce passage où le devin de la race de Mélampus, Théoclymène, tient ce langage aux prétendants (2) :

« Malheureux, quel est ce mal dont vous souffrez ? vos têtes, vos visages et vos membres sont enveloppés de ténèbres ; vos sanglots éclatent, vos joues sont baignées de larmes ; des fantômes remplissent le vestibule, des fantômes remplissent la cour, se dirigeant vers l'Erèbe, au pays des ténèbres ; le soleil est mort dans le ciel et une obscurité funeste s'est abattue sur le monde. »

(1) *Il.*, XXIV, 80-2. Il s'agit d'Iris qui plonge dans la mer.
(2) *Od.*, XX, 351-7.

Il en parle aussi en plusieurs endroits de l'*Iliade*, par exemple dans l'attaque du retranchement, où il dit (1) :

« Car un oiseau vint sur eux, comme ils brûlaient de franchir le fossé, un aigle au vol élevé qui laissait l'armée à sa gauche. Il tenait en ses griffes un énorme serpent, couleur de sang, vivant encore. Le serpent se débattait vivement et ne renonçait pas à la lutte ; car, s'étant recourbé par derrière, il frappa l'aigle qui le tenait, à la poitrine, près du cou, et l'aigle le lâcha, sous le coup de la douleur, et le laissa tomber à terre au milieu des troupes ; puis ayant poussé un cri, il s'abandonna au souffle du vent. »

Ces passages, te dirai-je, et les passages semblables, c'est au devin qu'il convient de les examiner et de les juger.

ION

Ce que tu dis est juste, Socrate.

X

SOCRATE

Ta réponse aussi l'est, Ion. Mais allons ! à ton tour ! Comme je t'ai extrait de l'*Odyssée* et de l'*Iliade* des traits qui relèvent du devin, des traits qui relèvent du médecin et des traits qui relèvent du pêcheur, extrais-moi toi aussi, puisque tu es plus versé que moi dans les choses homériques, des traits qui relèvent du rhapsode, Ion, et de l'art du rhapsode, qu'il

(1) *Il.*, XII, 200 sqq.

appartient au rhapsode d'examiner et de juger, préférablement aux autres hommes.

ION

Tous relèvent du rhapsode, Socrate, je te l'affirme.

SOCRATE

Non, Ion, tu ne peux pas dire tous ; as-tu si peu de mémoire ? Il serait regrettable pour un rhapsode d'être sujet à l'oubli.

ION

Qu'est-ce donc que j'oublie ?

SOCRATE

Ne te rappelles-tu pas avoir dit que l'art du rhapsode était différent de celui du cocher ?

ION

Je me le rappelle.

SOCRATE

N'as-tu pas avoué qu'étant différent, il devait connaître d'autres objets ?

ION

Si.

SOCRATE

L'art du rhapsode ne connaîtra donc pas tout, selon ton aveu, ni le rhapsode non plus.

ION

Excepté peut-être des sujets de ce genre-là.

SOCRATE

Tu veux dire par là : excepté presque tout ce qui

3.

dépend des autres arts ; mais quels sujets connaîtra donc ton art, puisqu'il ne les connaît pas tous ?

ION

Il connaîtra, je pense, le langage qu'il convient de prêter à un homme ou à une femme, à un esclave ou à un homme libre, à un subalterne ou à un chef.

SOCRATE

Prétends-tu que le rhapsode connaîtra mieux que le pilote le langage que doit tenir l'homme qui commande en mer un vaisseau battu par la tempête ?

ION

Non, pour cela, c'est le pilote.

SOCRATE

Le rhapsode saura-t-il mieux que le médecin le langage que doit tenir celui qui gouverne un malade ?

ION

Non plus.

SOCRATE

Alors, tu veux parler de ce que doit dire un esclave ?

ION

Oui.

SOCRATE

Prétends-tu par exemple que ce qu'un esclave qui est bouvier doit dire pour calmer ses bœufs excités, c'est le rhapsode qui le saura, non le bouvier ?

ION

Non, sûrement.

SOCRATE

Alors, est-ce ce que doit dire une fileuse touchant le travail de la laine ?

ION

Non.

SOCRATE

Alors, est-ce ce que doit dire un général haranguant ses troupes ?

ION

Oui, voilà le genre de choses que connaîtra le rhapsode.

SOCRATE

Quoi donc ! l'art du rhapsode se confond avec l'art de la guerre ?

ION

Ce qu'il y a de sûr, c'est que je saurais, moi, ce qu'il convient que dise un général.

SOCRATE

C'est que peut-être, Ion, tu es aussi un bon capitaine. Et en effet si tu étais à la fois un bon écuyer et un bon citharistc, tu reconnaîtrais les chevaux bien ou mal dressés ; mais si je te demandais par lequel de ces deux arts tu reconnaîtrais les chevaux bien dressés, par l'art de l'écuyer ou par celui du citharistc, que me répondrais-tu ?

ION

Je te répondrais que c'est par l'art de l'écuyer.

SOCRATE

Donc si tu discernais aussi les bons citharistes, tu

avouerais que c'est l'art du cithariste qui te les ferait discerner, et non l'art de l'écuyer ?

ION

Oui.

SOCRATE

Eh bien ! puisque tu connais l'art de commander les armées, est-ce en tant que bon général, ou en tant que bon rhapsode, que tu le connais.

ION

Il n'importe en rien, ce me semble.

SOCRATE

Comment peux-tu dire qu'il n'importe en rien ? Prétends-tu que l'art du rhapsode et l'art du général sont un seul et même art, ou deux arts ?

ION

Un seul et même art, ce me semble.

SOCRATE

Alors quiconque est bon rhapsode, se trouve par là même être un bon général ?

ION

C'est tout à fait mon opinion, Socrate.

SOCRATE

Il faut donc dire aussi que quiconque est bon général est aussi bon rhapsode ?

ION

Je ne suis plus de ton avis sur ce point.

SOCRATE

Mais tu l'es sur l'autre, qu'un bon rhapsode est aussi un bon général ?

ION

Tout à fait.

SOCRATE

Or toi, tu es le meilleur rhapsode de la Grèce ?

ION

De beaucoup, Socrate.

SOCRATE

Es-tu aussi, Ion, le meilleur général qui soit parmi les Grecs ?

ION

Tiens-t'en pour assuré, Socrate ; car j'ai appris cet art dans Homère.

XII

SOCRATE

Pourquoi donc, au nom des dieux, Ion, étant le plus éminent des Grecs à la fois comme général et comme rhapsode, t'en vas-tu colporter tes récitations parmi les Grecs, au lieu de commander les armées ? Crois-tu que les Grecs aient grand besoin d'un rhapsode paré d'une couronne d'or, et qu'ils n'aient pas besoin d'un général ?

ION

Notre cité, Socrate, étant sous votre empire, c'est vous qui commandez ses troupes ; aussi n'a-t-elle point affaire d'un général. Quant à la vôtre et à celle des Lacédémoniens, elles ne me choisiraient pas pour général ; car vous vous croyez capables de commander vous-mêmes.

SOCRATE

Mon excellent Ion, tu ne connais donc pas Apollodore de Cyzique (1) ?

ION

Quel Apollodore ?

SOCRATE

Celui que les Athéniens ont souvent élu pour commander leurs troupes, malgré sa qualité d'étranger, tout comme Phanosthène d'Andros (2) et Héraclide de Clazomènes, que notre cité élève aux commandements et aux autres charges, bien qu'étrangers, parce qu'ils ont fait preuve de mérite ; et elle ne choisira pas pour général, elle n'honorera pas Ion d'Ephèse, s'il semble digne d'estime ! Quoi donc ! n'êtes-vous pas Athéniens d'origine, vous autres Ephésiens, et Ephèse n'égale-t-elle pas n'importe quelle ville ? Quant à toi, Ion, si tu dis vrai, que tu es capable de louer Homère par art et par science, tu en uses mal avec moi. Tu m'assures que tu sais quantité de belles choses sur Homère, tu promets de me donner une audition, et tu m'en frustres, et loin de tenir ta promesse, tu ne veux même pas dire les choses où tu

---

(1) Apollodore de Cyzique et Héraclide de Clazomènes ne sont connus que par ce passage de Platon. Elien qui en parle aussi (H. V., XIV, 5) ne fait sans doute que reproduire Platon.
(2) Xénophon (Hell., I, 5, 18 et 19) mentionne Phanosthène comme ayant remplacé Conon à Andros et ayant capturé deux trirèmes thuriennes, en 405 av. J.-C.

excelles, bien que je t'en presse depuis longtemps. Tu fais absolument comme Protée, tu prends toute sorte de formes et te tournes en tous sens, tant qu'enfin, après m'avoir échappé, tu reparais comme général, afin de ne pas montrer combien tu es habile dans l'intelligence d'Homère. Aussi je le répète, si ton habileté vient de la connaissance de l'art, et si, après avoir promis de me donner une audition sur Homère, tu m'en frustres, ton procédé est injurieux ; si au contraire ce n'est point par art, mais par une dispensation divine et une possession d'Homère que tu dis, sans rien comprendre, beaucoup de belles choses sur le poète, comme je disais que c'était ton cas, je n'ai rien à te reprocher. Choisis donc si tu veux passer à mes yeux pour un homme injurieux ou pour un homme divin.

ION

La différence est grande, Socrate ; car il est beaucoup plus beau de passer pour un homme divin.

SOCRATE

Garde donc le titre le plus beau, Ion : nous reconnaissons que tu es un homme divin et que tes beaux discours sur Homère ne doivent rien à l'art.

NOTICE SUR LE LYSIS

Le sujet du *Lysis* est l'amitié. Mais le mot n'a pas en grec le sens restreint que nous lui donnons aujourd'hui. Il s'applique non-seulement à l'amitié proprement dite, mais encore à l'amour, spécialement à cet étrange amour que les mœurs grecques autorisaient entre personnes de même sexe. C'est de ce sentiment complexe que Platon recherche l'essence et le principe dans le *Lysis*. Résumons d'abord le dialogue pour en dégager les grandes lignes et en mettre en lumière les idées essentielles.

Socrate rencontre à la porte d'un gymnase un groupe de jeunes gens parmi lesquels se trouvent Hippothalès et Ctésippe. Hippothalès le prie d'entrer pour prendre part aux entretiens des beaux jeunes gens qui célèbrent la fête d'Hermès. Socrate lui demande quel est le plus beau garçon de la troupe; Hippothalès rougit au lieu de répondre ; mais Ctésippe répond pour lui. Hippothalès aime le beau Lysis et ne cesse de chanter ses louanges : il en assourdit qui veut l'entendre. — « C'est une façon bien maladroite de faire ta cour, dit Socrate : c'est de quoi rendre Lysis fier et dédaigneux. — Enseigne-moi, dit Hippothalès, par quels discours je pourrais gagner ses bonnes grâces. — Fais-moi causer avec lui, dit Socrate. — Tu n'as qu'à entrer avec Ctésippe et à nouer un entretien. Ctésippe est en relation avec Lysis par son cousin Ménexène qui en est l'intime ami ; il pourra l'appeler, s'il ne vient pas de lui-même. » Socrate entre dans le gymnase où il voit les enfants jouer aux osselets. Il se retire en un coin tranquille et engage la conversation. Lysis, quoique friand de discours, le regardait sans oser s'approcher, quand Ménexène entra en jouant. A la vue de Socrate et de Ctésippe, Ménexène alla s'asseoir près d'eux, et Lysis, enhardi, vint se mettre près de lui, tandis qu'Hippothalès se glissait derrière les assistants pour écouter sans être vu de Lysis.

A peine Socrate avait-il fait quelques questions aux deux amis que le maître de la palestre fit appeler Ménexène. Dès lors Socrate, s'adressant à Lysis : « N'est-il pas vrai, dit-il, que ton père et ta mère veulent ton bonheur ? — Sans doute. — Alors ils te laissent faire tout ce que tu veux ? tu peux conduire les chars ou les mulets de ton père ? — Non, Socrate. — Au moins on te laisse maître de toi-même ? — Non, je suis sous les ordres d'un gouverneur. — Ta mère au moins ne met aucun obstacle à tes désirs ; ainsi, tu peux toucher à son métier, quand elle tisse ? — J'aurais sur les doigts, Socrate. — Tu n'as donc aucune liberté ? Pourquoi ? — C'est que je ne suis pas encore en âge. — Ce n'est pas la raison ; car tes parents ne te laissent-ils pas lire ou écrire pour eux, et jouer de la lyre à ta fantaisie ? — C'est que je sais lire, écrire et jouer. — A la bonne heure. Si donc ton père ne te confie pas ses affaires, c'est que l'expérience te manque. Quand tu seras instruit, non-seulement ton père, mais ton voisin, les Athéniens, le grand Roi lui-même s'en fieront plus à toi qu'à eux-mêmes pour administrer leurs propres affaires. Tout le monde s'adressera à toi, te recherchera, t'aimera. Mais tu n'es pas encore savant, puisque tu as besoin de maîtres ; dès lors tu ne peux pas être fier de toi-même. — Non, Socrate. » Hippothalès écoutait tout troublé cette leçon de modestie.

A ce moment Ménexène rentra. Lysis prie Socrate de lui répéter ce qu'il vient de dire ou tout au moins de causer avec lui pour le rendre plus modeste. Socrate y consent. « Ménexène, dit-il, s'il y a une chose que je désire au monde, c'est d'avoir un ami. Or toi, malgré ta jeunesse, tu as trouvé en Lysis un bien si précieux. Eclaire-moi donc de ton expérience et dis-moi : Quand un homme en aime un autre, lequel des deux est l'ami, est-ce celui qui aime, ou celui qui est aimé, ou tous les deux ? — Tous les deux. — Comment ? Ne peut-il se faire que celui qui aime ne soit pas payé de retour, et même soit haï ? En ce cas, quel est l'ami ? est-ce l'aimant, ou l'aimé, ou ni l'un ni l'autre ? — Ni l'un ni l'autre. — C'est une opinion diamétralement opposée à la précédente. Cependant le poète appelle ami celui qui est aimé. Que t'en semble ? — Il a raison. — Mais celui qui est aimé peut haïr celui qui l'aime : à ce compte on pourrait être l'ami de quelqu'un qu'on hait. C'est inadmissible. » Et Socrate en conclut que l'ami n'est ni celui qui aime, ni celui qui est aimé ; il ajoute même : ni celui qui tout ensemble aime et est aimé. Conclusion qui ne sort pas de la discussion, et d'ailleurs fausse, puisque l'amitié consiste dans un sentiment de bienveillance réciproque.

Mais ce que Socrate cherche, c'est moins à déterminer les cas où l'amitié existe que la cause et le fondement de l'amitié. Ne les trouvant pas dans l'opinion populaire, ni chez les poètes, il les demande aux philosophes. Les uns, dont le plus illustre est Empédocle, répondent que l'amitié est l'amour du semblable pour le semblable. On peut objecter tout d'abord que cette maxime n'est qu'à moitié vraie, puisque le méchant est naturellement ennemi du méchant ; elle ne s'appliquerait donc qu'aux gens de bien. Mais si l'on réfléchit que le semblable n'a pas besoin du semblable, puisqu'il n'en peut tirer aucun avantage qu'il ne puisse aussi bien tirer de lui-même, et que le bon n'a pas besoin du bon, puisqu'il se suffit à lui-même, on voit que la ressemblance, loin d'engendrer l'amitié, l'empêche de naître ; car elle isole, au lieu de les rapprocher, des êtres qui n'attendent rien les uns des autres.

D'autres, parmi lesquels Héraclite, prétendent que c'est le contraire qui est l'ami du contraire, parce que tout être désire, non pas ce qui lui ressemble, mais ce qui lui est opposé par nature. C'est ainsi que le sec désire l'humide, le froid le chaud, etc. Mais qui ne voit aussi que bien des contraires, loin de pouvoir s'aimer et s'unir, se repoussent et s'excluent, par exemple l'amitié et la haine, le juste et l'injuste, le bon et le mauvais. Ainsi, transportée de la nature physique dans la nature morale, la théorie des contraires est tout aussi fausse et inapplicable à l'amitié que la théorie des semblables.

Socrate hasarde alors une explication qui lui est personnelle. Il me semble, dit-il, qu'il y a trois genres : le bon, le mauvais, et ce qui n'est ni bon ni mauvais. Or le bon, nous l'avons vu, ne peut être l'ami du bon, ni le mauvais du mauvais, ni le bon du mauvais ; ce qui n'est ni bon ni mauvais ne peut être ami de ce qui lui ressemble ; reste qu'il soit l'ami du bon et du beau, lequel se confond avec le bon. Par exemple, le corps, qui en soi n'est ni bon ni mauvais, aime la médecine qui est un bien ; ajoutons qu'il l'aime à cause de la maladie qui est un mal. C'est ainsi que ce qui n'est ni bon ni mauvais aime le bon, à cause de la présence du mal, à condition pourtant que le mal ne l'ait pas encore gâté et rendu mauvais ; car le mauvais ne peut désirer le bon. D'après ce raisonnement l'amitié serait le rapport d'un être imparfait à un autre qu'il considère comme bon.

Platon aurait pu s'arrêter là ; mais il serait resté

dans le domaine du relatif, et il veut donner à l'amitié un fondement métaphysique. Il reprend donc l'exemple de la médecine et voici comment il raisonne : « Si la santé est aimée, c'est en vue de quelque chose ? — Oui. — De quelque chose d'aimé, pour être conséquent avec nos prémisses ? — Assurément. — Ce quelque chose à son tour sera aimé en vue d'un autre objet aimé ? — Oui. — Alors n'arrivera-t-il pas fatalement ou que nous nous lasserons de poursuivre dans cette voie, ou que nous arriverons à un principe qui ne nous renverra plus à un autre objet aimé, je veux dire à cet objet qui est le premier objet d'amour, en vue duquel nous disons que tous les autres sont aimés. Je dis donc qu'il faut prendre garde que tous les autres objets qui, comme nous l'avons dit, sont aimés en vue de celui-là, étant des sortes d'images de ce premier objet, ne nous fassent illusion, et « que c'est ce premier objet qui est véritablement aimé. »

Voilà, si je ne me trompe, la première ébauche du système des Idées ; sans doute le mot n'y est pas ; mais quel est ce premier objet aimé, sinon le Bien absolu, l'Idée du bien ? S'il est vrai que le *Lysis* ait été composé du vivant de Socrate, il en faut conclure que Platon avait déjà dépassé son maître, et agitait déjà dans son esprit les notions fécondes sur lesquelles il devait édifier sa philosophie.

Reste à déterminer quel est ce bien qui est le premier objet de l'amitié. Nous avons dit que nous aimions le bien en raison de l'existence du mal. Or, si le mal était aboli, nous n'aurions plus besoin du bon, et l'amitié disparaîtrait, à moins qu'elle ne repose sur autre chose. Mais, si le mal était anéanti, les désirs qui ne sont ni bons ni mauvais, subsisteraient encore. Or celui qui désire doit forcément aimer l'objet de ses désirs. Voilà une autre raison de l'amitié. Rendons-nous compte de ce qu'elle est réellement. Ce qui désire

désire ce dont il a besoin, ce qui a besoin aime ce dont il a besoin, et chacun a besoin de ce qui lui manque, c'est-à-dire de ce qui lui convient. C'est donc le convenable qui est l'objet de l'amitié, de l'amour et du désir. « Si quelqu'un en désire un autre ou en est épris, le désir, l'amour ou l'amitié qu'il éprouve supposent nécessairement entre lui et l'objet de son amour quelque convenance d'âme, de caractère, de mœurs ou d'extérieur. » Il est donc nécessaire que nous aimions ce qui nous convient ; il l'est également que celui qui aime soit aimé de celui qu'il aime.

Mais qu'est-ce que le convenable ? Est-ce le semblable ? est-ce le bon ? Qu'on admette l'un ou l'autre, on tombe toujours dans la contradiction, puisque le semblable ne peut être l'ami du semblable, ni le bon du bon.

Socrate allait reprendre la discussion, quand les gouverneurs de Lysis et de Ménexène vinrent chercher les enfants, et la discussion prit fin, sans avoir abouti à une conclusion.

Pourquoi Platon laisse-t-il à ses lecteurs le soin de conclure à sa place ? C'est que, comme il l'a dit à la fin du *Phèdre*, composer un ouvrage est une sorte de jeu qui ne suppose ni ne demande un grand sérieux. C'est dans cette idée qu'il semble avoir conçu le *Lysis*. Il s'amuse d'abord à montrer à Hippothalès comment il faut cultiver la modestie et non l'orgueil chez celui qu'on aime ; puis, pour complaire à Lysis lui-même qui lui demande malicieusement de rabattre aussi la présomption de Ménexène, il engage avec celui-ci une discussion sur l'amitié. Pauvre disputeur que Ménexène ! Socrate s'en joue comme le chat de la souris. Il lui fait successivement adopter, puis désavouer toute une série de théories sur l'amitié, et, quand à la fin il fait semblant de craindre que ses interlocuteurs et lui ne se soient rendus ridicules, on pense qu'en effet

Ménexène ne doit pas être très fier de la solidité de sa dialectique.

La conclusion d'ailleurs n'est pas difficile à tirer. Socrate a passé en revue toutes les opinions populaires en philosophie sur l'amitié, et s'est fait un jeu de les combattre les unes par les autres et de les renverser. Mais c'est moins parce qu'elles sont fausses que parce qu'elles sont incomplètes qu'il les rejette successivement, et la preuve, c'est que quand il a montré que l'homme imparfait aime en vue du bien, et qu'il désire ce qui lui convient, il n'a fait qu'ajuster ensemble les deux théories philosophiques du semblable ami du semblable et du contraire ami du contraire. Prises absolument et isolément, elles sont fausses ; appliquées à l'homme avec les tempéraments que comporte sa nature imparfaite et complétées l'une par l'autre, elles fournissent de l'amitié une explication juste et profonde. C'est le procédé ordinaire de Platon de choisir dans tous les systèmes ce qu'ils ont de juste et de vrai, et de faire entrer ces matériaux étrangers dans ses constructions philosophiques. Mais ce procédé n'est point un éclectisme étroit et terre à terre. Platon va plus loin et plus haut que ses devanciers ; il sort du relatif pour entrer dans l'absolu, et rattache l'amitié à l'Idée du bien, qui est le couronnement de toute la philosophie platonicienne.

La composition de Platon est souvent assez lâche, et l'on a quelquefois de la peine à réduire à l'unité les riches développements de ses ouvrages. Ici au contraire, si l'on met à part le premier entretien avec Lysis qui se rattache plutôt au préambule qu'au sujet principal, la composition est d'une rigueur mathématique. La discussion se borne strictement à la question de savoir quel est l'ami, autrement dit quel est le principe de l'amitié. Aucune digression sur les charmes, les effets, les devoirs du commerce amical ;

aucun de ces exemples illustres qui viennent naturellement à l'esprit, dès qu'on a prononcé le nom d'ami. Et cependant l'ouvrage n'est pas sec et aride ; au contraire. La grâce y est mêlée à la force. Platon nous peint d'abord le lieu de la scène, et c'est un tableau charmant que celui de ce gymnase bourdonnant des amusements des jeunes garçons en habits de fête. La jeunesse a toujours inspiré Platon, et il la dépeint avec une fraîcheur de touche exquise. Lysis, le héros de cette jolie comédie philosophique, est un des jeunes gens les plus attrayants de cette galerie de jeunesse. Il est beau, timide et naïf ; son abandon, ses manières câlines avec Socrate, sa vivacité et sa curiosité d'esprit, sa franchise et sa réserve décente lui prêtent un charme inexprimable. Son ami Ménexène est plus hardi, plus confiant en lui-même, plus disputeur, du moins il est donné pour tel ; en réalité il se borne à suivre le débat, sans y jeter aucune idée, ni même aucune objection ; ce n'est encore qu'un enfant naïf et franc, éveillé et curieux, mais un enfant. Au groupe de ces deux enfants s'oppose le groupe des deux jeunes gens Ctésippe et Hippothalès. Ctésippe, cousin de Ménexène, qui se modèle sans doute sur lui, est le digne émule de ses maîtres, les sophistes disputeurs ; il a dans sa manière de railler son camarade Hippothalès une brusquerie désobligeante. Hippothalès, tout entier à son amour, rougissant et docile devant Socrate, craintif et respectueux devant Lysis, épiant dans les discours de Socrate ce qui peut favoriser son amour, nous fait connaître ce que pouvait être cette étrange amitié qui fait le sujet du dialogue.

Parmi ces jeunes figures, esquissées en quelques traits rapides, celle de Socrate se détache avec le même relief que dans les grands dialogues. C'est toujours le philosophe qui s'intéresse à la jeunesse, parce que c'est en elle qu'il faut jeter des semences de sagesse et de vertu. Il aime les jeunes gens, et les jeunes gens aiment à l'entendre, le retiennent au passage, et s'empressent pour l'écouter. Il entre dans leurs affaires et dans leurs sentiments, il se prête complaisamment à leurs désirs ; mais il poursuit partout et toujours son but, qui est de les instruire dans la philosophie. Par des questions habilement choisies, par des exemples pris dans la vie familière, il les force à réfléchir et à découvrir eux-mêmes la vérité, ou tout au moins il les associe à ses recherches, leur fait contrôler ses idées, éveille la curiosité de leur esprit et leur fait leur part de responsabilité dans la conduite et la conclusion de la dispute. Il connaît et pénètre vite chaque esprit, et il accommode la discussion au caractère de chacun de ses interlocuteurs. Il lit sur leur visage l'effet de ses paroles, et réveille l'attention par les tours les plus variés ; c'est ainsi qu'il s'interrompt, tantôt pour exprimer sa joie d'avoir trouvé la solution cherchée, tantôt pour marquer ses craintes d'être tombé dans l'erreur. C'est un incomparable accoucheur d'esprits.

A quelle date faut-il placer la composition de cet ouvrage ? Si l'anecdote contée par Diogène Laërce est authentique, Platon l'aurait écrit du vivant de Socrate. C'est après avoir entendu la lecture du *Lysis* que Socrate se serait écrié : « Que de choses ce jeune homme me fait dire auxquelles je n'ai jamais pensé ! » Mais l'anecdote a été révoquée en doute. Certains critiques en effet ont eu peine à croire qu'une œuvre si originale pût être de la main d'un jeune homme. C'est précisément cette originalité précoce qui étonnait Socrate, et s'il n'y a pas d'autre raison de contester l'authenticité de l'anecdote, on peut l'accepter pour vraie.

LYSIS

ou

DE L'AMITIÉ

Personnages du dialogue :

Socrate, Hippothalès, Ctésippe, Ménexène,
Lysis

J'allais de l'Académie (1) directement au Lycée (2) par la route extérieure qui longe les murs. Parvenu à la petite porte où se trouve la source de Panops (3), je rencontrai là Hippothalès (4), fils d'Hiéronyme et Ctésippe de Pæanie (5), et avec eux un groupe nombreux d'autres jeunes gens. En me voyant approcher, Hippothalès s'écria : « Où vas-tu, Socrate, et

---

(1) Le gymnase de l'Académie, au nord-ouest d'Athènes, était consacré au héros Académos. Il avait été aménagé en parc par Cimon. Les éphèbes s'y exerçaient. Platon, qui possédait lui-même un domaine dans le voisinage, y donnait son enseignement.
(2) Le gymnase du Lycée était au nord-est d'Athènes, au pied du Lycabette. Ses premiers établissements remontaient aux Pisistratides ; il fut agrandi et décoré par Périclès. Aristote y tint école.
(3) Héros attique. On arrosait avec l'eau de cette source les jardins du Lycée.
(4) Nous ne le connaissons que par ce dialogue.
(5) Ctésippe de Pæanie, dème de la tribu Pandionide, figure aussi dans l'*Euthydème*. Il assista, comme Ménexène, à la mort de Socrate.

d'où viens-tu ? — Je viens de l'Académie, dis-je, et je vais droit au Lycée. — Par ici, s'écria-t-il, droit chez nous, consens à te détourner ; la chose en vaut la peine. — Où, dis-je, et qui entends-tu par nous ? — Là, répondit-il, en me montrant juste en face du mur une enceinte avec une porte ouverte. Nous nous y exerçons, ajouta-t-il, avec beaucoup d'autres jolis garçons. — Quelle est cette enceinte et à quels exercices vous livrez-vous ? — C'est une palestre, répondit-il, nouvellement bâtie ; nous nous y exerçons surtout à des entretiens, auxquels nous aimerions t'associer. — C'est bien, dis-je ; mais qui est le maître ici ? — Un de tes amis et admirateurs, dit-il, Miccos. — Par Zeus, dis-je, ce n'est pas un homme médiocre, mais bien un habile sophiste. — Eh bien ! reprit-il, veux-tu nous suivre pour voir ceux qui sont là dedans ? — Tout d'abord j'aimerais savoir pourquoi tu veux que j'entre et quel est là le beau garçon ?—Cela, reprit-il, dépend du goût de chacun, Socrate.—Mais toi, quel est ton goût, Hippothalès? dis-le moi ». A cette question, il se mit à rougir. J'ajoutai : « O fils d'Hiéronyme, Hippothalès, tu n'as plus besoin de me dire si tu aimes ou si tu n'aimes pas ; car je sais non seulement que tu aimes, mais même que l'amour t'a déjà mené loin. Je suis en tout le reste un pauvre homme qui n'est bon à rien ; mais il y a une chose que je tiens de la faveur des dieux, si je puis dire, c'est de pouvoir reconnaître tout de suite celui qui aime et celui qui est aimé ». A ces mots, il rougit bien davantage encore. Sur quoi Ctésippe se prit à dire : « C'est drôle que tu rougisses, Hippothalès, et que tu hésites à dire le nom à Socrate. S'il reste seulement quelques instants avec toi, il sera excédé de te l'entendre répéter. Quant à nous, Socrate, il nous a rebattu et rempli les oreilles de Lysis ; et pour peu qu'il ait bu, nous risquons fort en nous éveillant d'avoir encore dans les oreilles le nom de Lysis. Passe encore pour les rêveries qu'il débite dans la conversation, bien qu'elles soient déjà fortes ; c'est bien pis, quand il se met à déverser sur nos têtes ses vers et sa prose ; mais le comble, c'est qu'il chante en l'honneur de son bien aimé d'une voix admirable et qu'il nous faut essuyer ses chants. Et maintenant sur une question de toi, le voilà qui rougit. — Ce Lysis, dis-je, est sans doute un jeune, je le conjecture du moins ; car son nom ne me dit rien. — C'est qu'on ne prononce pas souvent son nom ; on l'appelle encore du nom de son père, qui est très connu. Au reste, je suis certain que tu ne peux manquer de le connaître de vue : sa figure suffit à elle seule à le faire reconnaître. — Dis-moi donc, repris-je, quel est son père. — C'est Démocrate d'Æxôné (1), répondit-il ; Lysis est son fils aîné. — Bravo ! Hippothalès, dis-je, c'est vraiment de nobles, de belles amours que tu as trouvées là ! Mais voyons, répète les propos que tu tiens devant ces jeunes gens, afin que je voie si tu sais ce qu'un amant doit dire de ses amours, soit à son bien-aimé, soit à d'autres. — Socrate, répondit-il, est-ce que tu t'arrêtes à ce qu'il dit ? — Vas-tu nier, lui dis-je, que tu aimes l'enfant dont il parle ? — Non pas, dit-il, mais je n'écris pour lui ni vers, ni prose. — Il a perdu le sens, reprit Ctésippe ; il extravague, il est fou. »

(1) Dème de la tribu Cécropide, renommé pour la grossièreté de ses habitants.

II

Je repris : « O Hippothalès, ce n'est ni tes vers ni tes chants, si tu en as composé pour le jeune homme, que je demande à entendre ; c'est la pensée que j'en veux connaître, pour voir comment tu te comportes à l'égard de ton bien-aimé. — Ctésippe te dira bien cela, répondit-il ; car il doit le savoir et s'en souvenir exactement, s'il est vrai, comme il le prétend, qu'il est assourdi de me l'entendre répéter. — Oui, par les dieux, s'écria Ctésippe, je puis le dire, et c'est tout à fait drôle, Socrate. Voilà un amant qui applique à ses amours la meilleure partie de ses pensées, et qui ne trouve rien à en dire de particulier qu'un enfant même ne puisse dire : n'est-ce pas drôle ? Les histoires que toute la ville ressasse sur Démocrate et sur Lysis, le grand-père de l'enfant, et sur tous ses ancêtres, leurs richesses, leurs écuries, leurs victoires à Delphes, à l'Isthme, à Némée, aux courses de chars ou de chevaux, il répète tout cela en vers et en prose, avec des rogatons encore plus rebattus que ceux-là. L'autre jour, c'est un poème sur la visite d'Hercule qu'il nous a débité : il y relatait comment l'ancêtre de leur maison avait reçu Hercule, en vertu de sa parenté avec lui, étant né lui-même de Jupiter et de la fille du fondateur de leur dème, histoires ressassées par les vieilles femmes, et mainte autre semblable, Socrate. Voilà ce qu'il met en vers et en prose et nous force nous-mêmes à écouter ». Là-dessus, je repris : « Tu es un plaisant personnage, Hippothalès, de mettre ton éloge en vers et en musique, avant d'avoir remporté la victoire. — Mais ce n'est pas pour moi, Socrate, dit-il, que je fais des vers et que je chante. — Du moins tu ne le crois pas. — Qu'entends-tu par là, dit-il. — C'est à toi-même avant tout que ces chants se rapportent ; car, si tu fais la conquête d'un garçon comme celui-là, tes vers et tes chants tourneront à ton honneur et seront en réalité un éloge de ta victoire, puisque tu auras gagné un tel ami ; mais s'il t'échappe, plus tu auras fait l'éloge de ton bien-aimé, plus les belles jouissances dont tu seras privé paraîtront grandes, et toi, ridicule. Aussi, mon ami, quand on est habile en amour, on ne loue pas le bien-aimé avant de l'avoir conquis : on se méfie de ce qui peut arriver. D'ailleurs les jolis garçons qui s'entendent louer et vanter, se gonflent de fierté et d'orgueil. N'est-ce pas ton avis ? — Si, dit-il. — Or plus ils sont orgueilleux, plus ils sont difficiles à gagner. — C'est juste. — Que penserais-tu d'un chasseur qui effraierait le gibier qu'il chasse et le rendrait plus difficile à prendre ? — Ce serait évidemment un piètre chasseur. — Pareillement c'est une grande maladresse d'effaroucher celui qu'on aime, au lieu de le charmer, par ses discours et par ses chants. N'est-ce pas vrai ? — Il me le semble. — Vois donc, Hippothalès, à ne pas t'exposer à ces inconvénients avec ta poésie. Je ne pense pas que tu veuilles prétendre qu'un homme qui se nuit par ses vers puisse être un bon poète, en se faisant tort à lui-même. — Non, par Zeus, répondit-il ; il faudrait pour cela être bien déraisonnable. C'est justement pour ce motif, Socrate, que je te consulte, et, si tu as un conseil à me donner, apprends-moi ce qu'il faut dire ou faire pour gagner les bonnes grâces d'un jeune garçon.

III

Cela, répondis-je, n'est pas facile à dire ; mais si tu voulais le faire entrer en conversation avec moi, peut-être pourrais-je te montrer de quels discours il faut l'entretenir, au lieu des pièces et des chants qu'ils prétendent que tu lui adresses. — Il n'y a là rien de difficile, répondit-il. Entre seulement avec Ctésippe, assieds-toi et mets-toi à causer, et je ne doute pas qu'il ne s'approche lui aussi ; car il a pour les discours, Socrate, une passion particulière. D'ailleurs, comme c'est la fête d'Hermès (1), les jeunes gens et les enfants sont réunis ensemble ; il ne manquera donc pas de s'approcher de toi. Sinon, Ctésippe, par son cousin Ménexène, est en relations avec lui · Ménexène est en effet son camarade préféré ; Ctésippe n'aura donc qu'à l'appeler, s'il ne s'approche pas de lui-même. — C'est cela », dis-je ; et en même temps j'entrai avec Ctésippe dans la palestre, et les autres nous suivirent.

En entrant, nous trouvâmes là les enfants, qui venaient de prendre part au sacrifice, en habits de fête (2) et jouant aux osselets ; car les cérémonies étaient à peu près terminées. La plupart s'amusaient dehors, dans la cour ; un certain nombre jouaient à pair ou impair dans un coin du vestiaire avec une quantité d'osselets qu'ils prenaient dans de petites corbeilles ; d'autres faisaient cercle autour d'eux et

---

(1) Hermès était, avec Héraclès, le patron des jeunes gens et des athlètes. Il avait, comme lui, sa statue dans la palestre.
(2) C'est-à-dire en habits blancs.

les regardaient ; Lysis était du nombre. Il était debout parmi les enfants et les jeunes gens, la couronne sur la tête, et on le distinguait entre tous, non-seulement à sa beauté, mais encore à son air de droiture et d'honnêteté. Pour nous, nous retirant juste en face, nous nous assîmes, car l'endroit était tranquille, et nous nous mîmes à causer. Dès lors Lysis à chaque instant se retournait pour lancer un coup d'œil de notre côté, et l'on voyait bien qu'il avait grande envie d'approcher. Il était dans cette perplexité, hésitant à venir seul, lorsque Ménexène entra, en jouant, de la cour. Quand il nous eut aperçus, Ctésippe et moi, il vint s'asseoir à nos côtés. En le voyant, Lysis le suivit et s'assit près de lui, et les autres aussi s'approchèrent. Alors Hippothalès, voyant la compagnie grossir autour de nous, vint se cacher derrière les autres, à un endroit où il pensait n'être pas vu de Lysis ; car il avait peur de l'importuner, et il resta là à nous écouter.

Alors me tournant vers Ménexène : « O fils de Démophon, lui dis-je, lequel de vous deux est le plus vieux ? — Nous ne sommes pas d'accord là-dessus, répondit-il. — Disputez-vous aussi lequel est le plus noble ? dis-je. — Oui, certes, répondit-il. — Et pareillement lequel est le plus beau ? » Ils se mirent à rire tous les deux. « Je ne vous demanderai pas, repris-je, lequel est le plus riche ; car vous êtes amis, n'est-ce pas ? — Certes, répondirent-ils ensemble. — Tout est commun entre amis, dit-on ; aussi n'y a-t-il aucune différence de fortune entre vous, si vous êtes bien amis, comme vous le dites ». — Ils en convinrent.

IV

J'allais lui demander après cela lequel des deux était le plus juste et le plus sage ; mais dans l'intervalle on vint, de la part du maître de la palestre, faire lever Ménexène : il était sans doute chargé de surveiller le sacrifice. Ménexène se retira donc. Alors je m'adressai à Lysis et je lui dis : « Sans doute, Lysis, ton père et ta mère t'aiment beaucoup. — Oui, beaucoup, me répondit-il. — Alors ils voudraient te voir le plus heureux possible. — Naturellement. — Mais tiens-tu pour un homme heureux celui qui est esclave et qui n'a le droit de rien faire de ce qu'il désire ? — Non, par Zeus, répondit-il. — Alors, si ton père et ta mère t'aiment et désirent ton bonheur, ils mettent évidemment tous leurs soins à te rendre heureux ? — Sans doute, répliqua-t-il. — Ils te laissent donc faire ce que tu veux, ils ne te réprimandent jamais et ne mettent aucun obstacle à tes désirs ? — Si, par Zeus, ils en mettent, Socrate, et ils me défendent même beaucoup de choses. — Que dis-tu ? repris-je. Ils veulent que tu sois heureux et ils t'empêchent de faire ce que tu veux ? Mais dis-moi un peu : si tu voulais monter sur un des chars de ton père et prendre les rênes, un jour de course, ils ne te laisseraient pas faire ? ils t'en empêcheraient ? — Non, par Zeus, dit-il, ils ne me laisseraient pas faire. — Pourquoi donc ? — C'est qu'il y a un cocher payé par mon père. — Que dis-tu ? Ils permettent à un mercenaire plutôt qu'à toi de faire ce qu'il veut des chevaux, et par-dessus le marché ils lui donnent encore de l'argent ? — Pourquoi pas ? dit-il. — Mais l'attelage des mulets, ils te permettent, je pense, de le conduire, et si tu voulais prendre le fouet et les frapper, ils te laisseraient faire ? — Comment veux-tu qu'ils me laissent faire ? dit-il. — Mais quoi ? dis-je, personne n'a-t-il le droit de les frapper ? — Si fait, dit-il, le muletier. — Est-ce un esclave ou un homme libre ? — C'est un esclave, dit-il. — Et ils font plus de cas, paraît-il, d'un esclave que de toi, leur fils, et ils lui confient ce qui leur appartient plutôt qu'à toi, et ils lui laissent faire ce qu'il veut, et toi, ils t'en empêchent ? Mais dis-moi encore : Te laissent-ils te gouverner toi-même ou te refusent-ils aussi cette liberté ? — Comment me la laisseraient-ils ? répondit-il. — Alors quelqu'un te commande ? — Mon pédagogue que voici, répondit-il. — C'est un esclave ? — Sans doute, et il est à nous, dit-il. — C'est un peu fort, dis-je, d'être commandé par un esclave, quand on est un homme libre. Mais en quoi ton gouverneur te commande-t-il ? — Il me conduit chez le maître, dit-il. — Et eux, les maîtres, te commandent-ils aussi ? — Assurément. — Voilà bien des maîtres et des gouverneurs que ton père t'impose volontairement. Mais naturellement, quand tu rentres au logis, près de ta mère, elle te laisse faire, elle, ce que tu veux de ses laines ou de sa toile, quand elle tisse, afin de te rendre heureux en ce qui dépend d'elle ? car elle ne t'empêche pas sans doute de toucher à sa spatule (1), ou à sa navette, ou à quelque autre des outils qui servent au travail de la laine ? Il se mit à rire et me dit : Non, par Zeus, Socrate ;

(1) Morceau de bois large et plat dont on se servait dans les métiers perpendiculaires pour frapper la trame et épaissir le tissu. Dans les métiers horizontaux on se servait du peigne pour le même usage.

non-seulement elle m'en empêche, mais encore j'aurais sur les doigts, si j'y touchais. — Par Héraclès, m'écriai-je, est-ce que tu n'aurais pas offensé ton père et ta mère ? — Non, par Zeus, je ne les ai pas offensés, répondit-il.

V

Que leur as-tu donc fait alors pour qu'ils mettent une telle rigueur à t'empêcher d'être heureux et d'agir à ta guise, et pourquoi te tiennent-ils sans relâche tout le jour sous la dépendance de quelqu'un, en un mot dans l'impossibilité de réaliser presque aucun de tes désirs ? si bien qu'on pourrait croire que de tant de richesses tu ne retires, toi, aucun profit, et que tout le monde a la haute main dessus plutôt que toi, et que ta personne même si heureusement douée ne t'est d'aucun usage et qu'elle aussi est remise à la direction et aux soins d'un autre, tandis que toi, Lysis, tu ne commandes à personne et tu ne fais rien de ce que tu désires. — C'est que, répondit-il, je n'ai pas encore l'âge, Socrate. — Peut-être n'est-ce pas cela qui t'en empêche, fils de Démocrate, puisqu'il y a, je crois, certaines choses que ton père et ta mère te laissent faire, sans attendre que tu aies l'âge. Ainsi quand ils veulent se faire lire ou écrire quelque chose, c'est toi, je pense, plutôt que toute autre personne de la maison, qu'ils chargent de ce soin, n'est-ce pas vrai ? — Si fait, répondit-il. — Ici tu peux, à ton gré, rédiger telle lettre la première, telle autre la seconde, et tu as la même liberté pour les lire. Et quand tu prends ta lyre, ni ton père, ni ta mère, je pense, ne t'empêchent de tendre ou de relâcher telle corde que tu veux, ni de la pincer avec les doigts ou de la frapper avec le plectre, n'est-ce pas vrai ? — Si, assurément. — Quel peut bien être, Lysis, le motif pour lequel ils ne s'opposent à ces sortes de choses, et s'opposent à celles dont je parlais tout à l'heure ? — C'est, je crois, parce que je sais les unes, répondit-il, et que je ne sais pas les autres. — A merveille, dis-je, excellent jeune homme. Ce n'est donc pas l'âge que ton père attend pour te confier toutes ses affaires ? mais le jour où il te jugera plus habile que lui, ce jour-là il te confiera et sa personne et sa fortune. — Je le crois, répondit-il. — Bien, dis-je. Mais dis-moi, ton voisin ne suivra-t-il pas à ton égard la même règle que ton père ? Penses-tu qu'il te confiera sa maison à gouverner, quand il te jugera plus habile que lui dans l'économie domestique, ou qu'il la dirigera lui-même ? — Je pense qu'il me la confiera. — Et les Athéniens, penses-tu qu'ils ne te confieront pas leurs affaires, quand ils t'auront reconnu la capacité convenable ? — Oui, je le pense. — Prenons, par Zeus, poursuivis-je, le cas du grand roi. Est-ce à son fils aîné, le futur maître de l'Asie, qu'il confierait le soin d'ajouter ce qu'il voudrait à la sauce des viandes que l'on cuit pour sa table, ou à nous, si, nous rendant à sa cour, nous lui faisions voir que nous sommes plus habiles que son fils dans la préparation des ragoûts ? — A nous évidemment, répondit-il. — Pour son fils, il ne lui laisserait pas mettre le moindre assaisonnement dans les ragoûts ; mais nous, si nous voulions prendre le sel à poignées, il nous laisserait le jeter dedans. — Sans doute. — Et si son fils avait les yeux malades, le laisserait-il toucher ses yeux lui-même, sachant qu'il n'entend rien à la médecine, où l'en empêcherait-il ? — Il l'en empêcherait. — Mais nous, s'il nous croyait habiles en médecine, nous pourrions, je pense, si nous voulions, lui ouvrir les yeux et y jeter de la cendre ; il ne s'y opposerait pas, persuadé que nous aurions raison de le faire. — C'est vrai. — N'en ferait-il pas de même en toutes choses, et ne s'en remettrait-il pas à nous plutôt qu'à lui-même ou à son fils en toutes les matières où nous lui paraîtrions plus habiles qu'eux ? — Nécessairement, Socrate, répondit-il.

VI

Tu vois donc ce qu'il en est, mon cher Lysis, lui dis-je : pour les choses où nous serons passés maîtres, tout le monde s'en rapportera à nous, Grecs et barbares, hommes et femmes, et nous en userons à notre guise, sans que personne y mette obstacle volontairement ; c'est un domaine où nous serons libres, où nous commanderons même aux autres, et ce domaine sera notre bien, puisque nous en tirerons profit. Mais pour les choses dont nous n'aurons pas acquis la connaissance, personne ne nous permettra d'en user à notre fantaisie ; tout le monde au contraire s'y opposera autant qu'il le pourra, et non-seulement les étrangers, mais encore notre père et notre mère et ceux qui pourraient nous toucher encore de plus près ; nous serons ici forcés d'obéir à d'autres, et ces choses seront pour nous des choses étrangères, car nous n'en tirerons aucun profit.

M'accordes-tu qu'il en est ainsi ? — Je te l'accorde. — Mais nous ferons-nous amis avec quelqu'un et quelqu'un nous aimera-t-il par rapport aux choses où nous ne serons d'aucune utilité ? — Non certes, dit-il. — Ainsi ton père n'aimera même pas son fils, ni personne n'aimera un homme, par rapport aux choses où il est inutile ? — Il ne me semble pas, dit-il. — Si donc tu deviens habile, mon enfant, tout le monde t'aimera, tout le monde s'attachera à toi ; car tu seras utile et bon. Sinon, ni ton père, ni ta mère, ni tes proches, ni personne ne t'aimera. Dès lors a-t-on le droit, Lysis, d'être fier de choses auxquelles on ne s'entend pas encore ? — Comment cela se pourrait-il ? dit-il. — Alors si tu as besoin d'un maître, tu n'es pas encore instruit ? — C'est vrai. — Tu n'es donc pas fier, puisque tu es encore ignorant. — Non, par Zeus, Socrate, me répondit-il, je ne crois pas l'être. »

VII

Là-dessus je tournai les yeux vers Hippothalès et je faillis faire une sottise ; car il me vint à l'idée de lui dire : « Voilà, Hippothalès, comment il faut s'entretenir avec celui qu'on aime, en rabattant et restreignant son amour-propre, et non pas, comme tu le fais, en le gonflant d'orgueil et en le gâtant ». Mais le voyant agité et troublé de ce qui venait d'être dit, je me rappelai que, tout en assistant à l'entretien, il désirait n'être pas vu de Lysis. Je me ressaisis donc et je retins ma langue.

A ce moment Ménexène revint et s'assit près de

Lysis à la place qu'il avait quittée. Alors Lysis, avec une gentillesse tout enfantine, me dit tout bas en cachette de Ménexène : « Répète à Ménexène, Socrate, ce que tu m'as dit à moi ». Je lui répondis : « Tu le lui répéteras toi-même, Lysis, car tu m'as prêté toute ton attention. — Oui, toute, répondit-il. — Tâche donc, lui dis-je, de te le rappeler de ton mieux, afin de lui redire tout avec exactitude ; si quelque chose t'échappe, tu me le redemanderas à notre première rencontre. — Je tâcherai, Socrate, répondit-il, et je ferai de mon mieux, tu peux y compter. Mais entame avec lui quelque autre sujet, afin que je t'écoute moi aussi, jusqu'à ce qu'il soit l'heure de rentrer à la maison. — Eh bien, soit ! j'y consens, dis-je, puisque tu le veux. Mais vois à me secourir, si Ménexène se met à me réfuter. Peut-être ne sais-tu pas qu'il est grand disputeur ! — Si, par Zeus, répondit-il, et même très grand disputeur ; c'est justement pour cela que je voudrais te voir aux prises avec lui. — Pour que je prête à rire ? répondis-je. — Non, par Zeus, dit-il, mais pour que tu le châties. — Comment faire ? dis-je, ce n'est pas chose facile, car c'est un terrible homme, un élève de Ctésippe, et lui-même, il est ici, Ctésippe, le vois-tu ? — Ne t'inquiète de personne, Socrate, dit-il, mais va, discute avec lui. — Eh bien ! discutons », dis-je.

VIII

Tandis que nous échangions ces propos entre nous : « Qu'avez-vous, dit Ctésippe, à vous régaler tous les deux seuls, sans nous faire part de ce que vous dites ?

— Eh bien ! dis-je, on va vous en faire part. Je demandais à Lysis une chose qu'il ne sait pas ; mais il pense, dit-il, que Ménexène la connaît et il me dit de la lui demander. — Eh bien ! dit-il, pourquoi ne le fais-tu pas ? — Je vais le faire, dis-je. Réponds, Ménexène à la question que je vais te poser. Il est un bien après lequel je soupire depuis mon enfance ; car l'un poursuit une chose, l'autre une autre ; tel voudrait avoir des chevaux, tel des chiens, celui-ci de l'or, celui-là des honneurs ; pour moi, tout cela ne trouble point ma quiétude ; mais avoir un ami, voilà ma passion, et j'aimerais mieux avoir un bon ami que la caille ou le coq, et même, par Zeus, que le cheval et le chien les plus beaux du monde. Je dirai même, par le chien, que j'aimerais beaucoup mieux avoir un ami que l'or de Darius et même que Darius en personne, tant je suis entêté d'amitié ! Or en vous voyant, toi et Lysis, je suis étonné et je vous envie parce que, tout jeunes que vous êtes, vous pouvez jouir si tôt et si facilement de ce bonheur, et que toi tu as déjà trouvé en cet enfant un excellent ami, comme il en a trouvé un en toi. Mais moi, je suis si loin d'un tel bonheur que je ne sais même pas comment un homme devient l'ami d'un autre, et c'est précisément sur ce point que je veux te questionner, puisque tu sais ce qui en est.

IX

Dis-moi donc : quand un homme en aime un autre, lequel des deux devient l'ami de l'autre ? Celui qui aime le devient-il de celui qui est aimé, ou celui qui est aimé de celui qui aime ? ou n'y a-t-il aucune différence entre eux ? — Aucune, il me semble, répondit-il. — Que dis-tu ? repris-je ; tous deux deviennent amis l'un de l'autre, si l'un des deux seulement aime l'autre ? — Il me le semble, répondit-il. — Mais quoi ! n'arrive-t-il pas qu'un homme qui aime ne soit pas payé de retour par celui qu'il aime ? — Si. — N'arrive-t-il pas aussi qu'un homme qui aime soit haï ? C'est le cas, ce semble, des amants à l'égard de leur bien-aimé ; ils aiment autant qu'on peut aimer, et ils se figurent qu'on ne les paye pas de retour ou même qu'on les hait. Cela ne te semble-t-il pas vrai ? — Tout à fait vrai, dit-il. — Donc en pareil cas, repris-je, l'un aime et l'autre est aimé ? — Oui. — Alors lequel des deux est l'ami de l'autre ? est-ce l'amant qui l'est de l'aimé, même s'il n'est pas payé de retour (1) et même s'il est haï, ou l'aimé qui l'est de l'amant ? ou aucun d'eux n'est-il en un tel cas l'ami de l'autre, si tous deux ne s'aiment pas réciproquement ? — Ni l'un ni l'autre, semble-t-il. — Nous en jugeons donc à présent autrement que nous ne l'avons fait tout à l'heure ; car tout à l'heure nous avons dit que, si l'un des deux aimait, ils étaient amis tous les deux ; et à présent, s'ils n'aiment pas tous les deux, nous disons qu'aucun d'eux n'est ami. — Nous pourrions bien, dit-il, être en contradiction. — Ainsi ce qui ne paye pas de retour ce qui l'aime, n'en saurait être l'ami ? — Il ne semble pas. — Et ils ne sont pas amis des chevaux ceux que les chevaux n'aiment pas en retour, non plus qu'ils ne sont amis des cailles, ou des chiens, ou du vin,

---

(1) Le texte porte le contraire : « même s'il est payé de retour », ce qui ne s'accorde ni avec ce qui précède, ni avec ce qui suit.

ou de la gymnastique, ni amis de la philosophie, si la philosophie ne les aime pas en retour ; ou bien chacun d'eux aime-t-il ces objets, bien que ceux-ci ne soient pas leurs amis ? Dès lors le poète se tromperait, quand il dit : « Heureux qui a pour amis (1) ses enfants, des chevaux solipèdes, des chiens de chasse, et un hôte à l'étranger ». — Pour moi, dit-il, je ne le crois pas. — Alors tu crois qu'il dit la vérité ? — Oui. — Selon toi, Ménexène, c'est donc l'aimé qui est l'ami de l'aimant, même si l'aimé n'aime pas (2) et même s'il hait, comme les enfants nouveau-nés qui n'aiment pas encore ou qui haïssent même leur père ou leur mère, quand ils sont châtiés par eux, sont malgré cela, et dans le temps même où ils les haïssent, plus chers que tout au monde à leurs parents. — Il me semble, dit-il, qu'il en est ainsi. — Ce n'est donc pas, à ce compte, celui qui aime qui est l'ami, c'est celui qui est aimé. — Il me paraît. — Conséquemment aussi c'est celui qui est haï qui est l'ennemi, ce n'est pas celui qui hait ? — Il semble. — Dès lors beaucoup de gens sont aimés par leurs ennemis et sont haïs par leurs amis, et sont les amis de leurs ennemis et les ennemis de leurs amis, si c'est l'aimé, non l'aimant, qui est l'ami. En réalité, c'est une chose par trop absurde, mon cher ami, ou plutôt, ce me semble, impossible, d'être l'ennemi de son ami et l'ami de son ennemi. — Je crois, dit-il, que tu as

(1) Vers de Solon dont Socrate fausse l'interprétation, comme il le fait des vers de Simonide dans le *Protagoras*. Le texte porte : « Heureux celui à qui sont des enfants amis, des chevaux, etc. ». Amis ne se rapporte qu'à enfants. Socrate le rapporte aussi à tous les noms qui suivent.
(2) Le texte porte : Si l'aimé aime. Il faut ajouter la négation pour les mêmes raisons que plus haut.

raison, Socrate. — Si c'est impossible, c'est celui qui aime qui doit être l'ami de l'objet aimé. — C'est vraisemblable. — Et celui qui hait qui est l'ennemi de l'objet haï. — Nécessairement. — Alors nous voilà contraints d'avouer, comme tout à l'heure, que souvent nous sommes amis de qui ne nous est point ami, souvent même de qui nous est ennemi, quand nous aimons qui ne nous aime pas ou même qui nous hait, et que souvent aussi nous sommes ennemis de qui ne nous hait pas ou même de qui nous aime, quand nous haïssons qui ne nous hait pas ou que nous haïssons qui nous aime. — Il y a apparence, dit-il. — Que conclure donc, repris-je, si l'ami n'est ni celui qui aime, ni celui qui est aimé, ni celui qui est à la fois aimant et aimé (1) ? Y a-t-il en dehors de ces cas des personnes que nous puissions dire amies les unes des autres ? — Par Zeus, Socrate, dit-il, tu me vois bien embarrassé. — Ne serait-ce pas, dis-je, Ménexène, que nous avons tout à fait mal engagé notre recherche ? — C'est mon avis, Socrate », s'écria Lysis, et en disant cela, il rougit. Il me sembla que le mot lui était échappé malgré lui, à cause de la grande attention qu'il avait à nos discours et qui se lisait sur son visage, tandis qu'il écoutait.

---

(1) Voilà une alternative qui n'a pas été discutée. Plusieurs fois Socrate a laissé entendre qu'il fallait qu'il y eût réciprocité d'affection pour qu'il y eût amitié. Il écarte à présent cette solution par un vrai tour de passe-passe, dont Ménexène est la dupe.

X

Voulant donc donner du relâche à Ménexène, et charmé de voir en Lysis un tel amour de la philosophie, je changeai d'interlocuteur et m'adressant à Lysis, je lui dis : « Je crois, Lysis, que tu as raison de dire que, si nous poussions notre recherche comme il faut, nous ne nous égarerions pas ainsi. Quittons donc ce chemin ; pour moi en effet notre recherche est comme un chemin ardu. Celui qu'il faut suivre, ce me semble, est celui où nous nous sommes engagés en examinant ce que disent les poètes ; car les poètes sont, si je puis dire, les pères et les guides de la sagesse. Or ils expriment sans doute une pensée profonde, quand, pour montrer quelles gens peuvent être amis, ils affirment que c'est Dieu même qui les rend amis, en les poussant l'un vers l'autre. Voici, je crois, comme ils ont exprimé cette pensée :

« Un Dieu conduit toujours le semblable vers son semblable (1) ».

et le lui fait connaître. N'as-tu pas lu ce vers quelque part ? — Si, répondit-il. — As-tu lu aussi les écrits de ces grands savants qui disent exactement la même chose, à savoir que le semblable est nécessairement toujours ami du semblable ? Ces savants sont ceux qui traitent de la nature et de l'univers dans leurs entretiens et dans leurs écrits (2). — Tu

---

(1) Hom., *Odyssée*, XVII, 218.
(2) Quels sont ces savants ? Les réponses à cette question sont diverses. Les uns prétendent qu'il s'agit des sophistes, les autres, d'Anaxagore et de son école (théorie des homœomérles), les autres enfin d'Empédocle, qui soutient que tantôt tout s'élève de la pluralité à l'unité sous l'influence de l'amour, et que tantôt tout passe de l'unité à la pluralité sous l'influence de l'inimitié.

dis vrai, répondit-il. — Eh bien ! dis-je, ont-ils raison ? — Peut-être, dit-il. — Peut-être, repris-je, n'ont-ils raison qu'à moitié, peut-être ont-ils raison entièrement ; en ce cas nous ne les comprendrions pas ; car il nous semble à nous que le méchant est l'ennemi du méchant, et cela d'autant plus qu'il l'approche de plus près et le fréquente davantage ; car le méchant fait du mal, et il est impossible que ceux qui font du mal et ceux qui en pâtissent soient amis. N'est-ce pas exact ? — Si, dit-il. — Ainsi donc la moitié de leur assertion est fausse, s'il est vrai que les méchants sont semblables aux méchants. — Tu as raison. — Mais peut-être veulent-ils dire que les bons sont semblables aux bons et amis entre eux, mais que les méchants, comme on l'a prétendu aussi, ne sont pas même semblables à eux-mêmes, mais sont changeants et inconsistants ; or ce qui est dissemblable et différent de soi-même ne saurait guère être semblable à un autre ou l'ami d'un autre. N'est-ce pas aussi ton avis ? — C'est mon avis, dit-il. — Ainsi donc, mon cher, quand on dit que le semblable est ami du semblable, on donne à entendre, si je ne me trompe, que l'homme de bien seul devient ami du seul homme de bien, et que le méchant n'entre jamais dans une amitié véritable ni avec le bon ni avec le méchant. Est-ce aussi ton avis ? — Il fit signe que oui. — Nous savons donc maintenant quelles gens sont amis ; car notre raisonnement nous a fait voir que ce sont les gens de bien. — C'est tout à fait ce que je pense, dit-il.

XI

Et moi aussi, repris-je. Pourtant il y a là quelque chose qui me contrarie. Eh bien donc, par Zeus, examinons ce qui me paraît suspect. Le semblable est-il ami du semblable en tant que semblable, et, comme tel, lui est-il utile ? Mais posons plutôt la question de cette manière : le semblable peut-il faire à son semblable quelque bien ou quelque tort qu'il ne puisse se faire à lui-même ? et peut-il en attendre quelque chose qu'il ne puisse attendre de lui-même (1) ? Dans ces conditions, comment sentiraient-ils de l'attrait l'un pour l'autre, s'ils ne sont l'un pour l'autre d'aucun secours ? Est-ce possible ? — Non. — Or ce qui n'attire pas peut-il être ami ? — Nullement. — Alors le semblable n'est point ami du semblable. Mais le bon ne pourrait-il pas être ami du bon, en tant que bon, non en tant que semblable ? — Peut-être. — Mais quoi ? le bon, en tant que bon, ne saurait-il se suffire à lui-même ? — Si. — Or celui qui se suffit à lui-même n'a, par là même, besoin de personne ? — Sans doute. — Mais celui qui n'a pas besoin d'un autre ne sent pas d'attrait pour lui ? — Non, effectivement. — Et s'il n'a pas d'attrait pour lui, il ne l'aime pas ? — Non, assurément. — Et

(1) Pour renverser l'opinion qu'il vient de faire accepter à Ménexène, Socrate use d'un procédé sophistique : il prend le mot semblable dans un autre sens, celui d'égal et d'identique. Le semblable peut fort bien attendre de son semblable des services qu'il ne saurait se rendre à lui-même ; l'identique au contraire ne peut rien attendre de l'identique qu'il ne puisse trouver en lui-même. Socrate va démontrer de même que le bon ne peut rien pour le bon. C'est vrai, s'il s'agit du bon absolu ; ce n'est plus vrai, s'il s'agit du bon relatif, qui seul existe parmi les hommes. Socrate le reconnaîtra plus loin, et fera du besoin que le bon relatif a du bon le fondement de sa propre théorie de l'amitié.

s'il ne l'aime pas, il n'est pas ami. — Il ne me
paraît pas. — Comment donc admettre que les bons
puissent aucunement être amis des bons, si, séparés,
ils ne se désirent pas les uns les autres, puisqu'ils se
suffisent à eux-mêmes même dans l'isolement, et si,
réunis, ils n'ont aucun besoin les uns des autres ? et
le moyen que de telles gens s'estiment les uns les
autres ? — Impossible, dit-il. — Mais ils ne sauraient
être amis, s'ils ne s'estiment pas les uns les autres ?
— C'est vrai.

XII

Vois, Lysis, comme nous nous sommes fourvoyés ;
ne penses-tu pas que nous nous sommes trompés du
tout au tout ? — Comment cela ? dit-il. — J'ai
entendu quelqu'un (1) dire un jour — c'est un souvenir qui me revient — que le semblable est le plus
grand ennemi du semblable et les gens de bien des
gens de bien ; il en appelait au témoignage d'Hésiode,
dont il citait ce passage :

« Le potier envie le potier, le chanteur, le chanteur,
le mendiant, le mendiant (2) ».

Il affirmait qu'il en était nécessairement ainsi en
toutes choses et que les êtres les plus semblables sont
les plus remplis d'envie, d'hostilité et de haine les
uns à l'égard des autres, et les êtres les plus dissemblables, les plus remplis d'amitié réciproque. Ainsi
le pauvre est forcément l'ami du riche et le faible du

(1) Héraclite.
(2) *Travaux et Jours*, v. 25 sq.

fort, à cause du secours qu'ils en attendent, comme le malade l'est du médecin, comme aussi l'ignorant recherche et aime le savant ; puis, haussant le ton, il poursuivait en disant qu'il s'en faut du tout que le semblable soit ami du semblable, et que c'est précisément le contraire qui est vrai et que c'est les êtres les plus opposés qui sont les plus amis ; car chacun désire son contraire, et non pas son semblable; c'est ainsi que le sec désire l'humide, le froid le chaud, l'amer le doux, l'aigu l'obtus, le vide le plein, le plein le vide, et ainsi du reste, parce que le contraire sert d'aliment au contraire et que le semblable ne saurait rien tirer du semblable. Et je puis t'assurer, mon ami, qu'il semblait à l'aise en disant cela, car il parlait à merveille. — Mais vous, dis-je, qu'en pensez-vous ? — Qu'il a raison, dit Ménexène, au moins à première vue. — Devons-nous donc admettre que le contraire est le plus grand ami du contraire ? — Oui. — Soit, dis-je ; mais n'est-ce pas étrange, Ménexène, et n'allons-nous pas être assaillis sur-le-champ par ces sages par excellence, ces amateurs de controverse (1), heureux de l'aubaine, qui vont nous demander si la haine n'est pas ce qu'il y a de plus contraire à l'amitié ? Que leur répondre ? N'est-on pas forcé de convenir qu'ils disent la vérité ? — Nécessairement. — Est-ce que, disent-ils, ce qui aime est ami de ce qui hait, et ce qui hait de ce qui aime ? — Ni l'un ni l'autre, dit-il. — Et le juste de l'injuste, le tempérant de l'intempérant, le bon du mauvais ? — Il ne semble pas qu'il

---

(1) Platon s'est moqué souvent de ces amateurs de controverse qui soutenaient le pour et le contre en se fondant sur les diverses significations d'un mot. Le premier de ces disputeurs était Protagoras.

en puisse être ainsi. — Et pourtant, repris-je, si c'est la dissemblance qui crée l'amitié entre deux êtres, il faut aussi que ces contraires soient amis. — Il le faut. — Ainsi donc ni le semblable n'est ami du semblable, ni le contraire du contraire. — Il ne semble pas.

XIII

Cherchons autre chose. Nous sommes sûrs désormais que l'amitié n'est véritablement aucune des choses dont nous venons de parler ; voyons si ce qui n'est ni bon ni mauvais ne peut pas à ce titre devenir l'ami du bon. — Que veux-tu dire, me dit-il. — Par Zeus, dis-je, je ne sais trop ; en vérité j'ai moi-même le vertige devant une question si embarrassante. Il se pourrait, selon le vieil adage, que l'ami soit le beau (1). C'est en tout cas un je ne sais quoi de mou, de lisse et de poli, et c'est pour cela sans doute qu'il nous glisse si facilement entre les doigts et nous échappe ; c'est l'effet de sa nature. Je dis donc que le bon est beau. Qu'en penses-tu, toi. — Je le crois aussi. Dès lors, cédant à une sorte de divination, j'avance que ce qui n'est ni bon ni mauvais est l'ami du beau et du bon. Ecoute sur quoi j'appuie ma conjecture. Il me semble qu'il existe trois genres : le bon, le mauvais, et ce qui n'est ni bon ni mauvais. Que t'en semble à toi ? — Je suis de ton avis, dit-il. — Or ni le bon n'est ami du bon, ni le mauvais du

---

(1) Théognis, v. 17 ; ὅττι καλόν, φίλον ἐστί· τὸ δ' οὐ καλὸν οὐ φίλον : « ce qui est beau nous est ami, ce qui n'est pas beau ne nous est pas ami », c'est-à-dire : « ce qui est beau nous plaît, ce qui ne l'est pas nous déplaît ». Socrate abuse du double sens du mot φίλον qui veut dire ici agréable.

mauvais, ni le bon du mauvais : les raisons que nous venons d'en donner s'y opposent ; reste donc, si l'amitié existe entre deux êtres, que ce qui n'est ni bon ni mauvais soit l'ami du bon ou de ce qui est de la même nature que le bon lui-même (1) ; car on ne saurait, n'est-ce pas, devenir l'ami du mauvais ? — C'est juste. — Le semblable non plus ne peut devenir l'ami du semblable, nous l'avons dit tout à l'heure. N'est-ce pas vrai ? — Si. — L'être qui n'est ni bon ni mauvais ne saurait donc avoir pour ami un être tel que lui. — Il ne semble pas. — Il s'ensuit donc que ce qui n'est ni bon ni mauvais ne peut devenir l'ami que du bon seul. — C'est forcé, à ce qu'il semble.

XIV.

Eh bien ! mes enfants, dis-je, ce qui vient d'être dit ne nous met-il pas sur la bonne voie ? Prenons un exemple : le corps en bonne santé n'a aucun besoin de la médecine ni d'aucun autre secours ; il se suffit à lui-même ; et, quand on est bien portant, on n'aime pas le médecin en raison de sa santé, n'est-ce pas ? — Non. — Mais le malade l'aime, je pense, en raison de sa maladie ? — Sans doute. — La maladie est en effet un mal, et la médecine une chose utile et bonne. — Oui. — Mais le corps, en tant que corps, n'est ni bon ni mauvais. — C'est vrai. — Or il est forcé par la maladie de rechercher et d'aimer la médecine. — Il me semble. — Donc ce qui n'est ni

(1) Le beau.

bon ni mauvais devient l'ami du bon par la présence du mal. — Il semble. — Mais il est évident que c'est avant d'être devenu mauvais lui-même sous l'influence du mal qui est en lui ; si en effet il était devenu mauvais, il ne désirerait plus le bien et ne l'aimerait plus ; car il est impossible, nous l'avons dit, que le mal soit l'ami du bien. — Impossible en effet. — Maintenant faites attention à ce que je vais dire : je dis que certaines choses sont telles que ce qui se trouve avec elles, certaines autres non. Supposé par exemple qu'on enduise quelque chose d'une certaine couleur, la teinture qu'on applique se trouve avec la chose teinte. — Oui. — Eh bien ! la chose teinte est-elle alors la même quant à la couleur que la teinture dont elle est enduite ? — Je ne saisis pas, dit-il. — Eh bien ! prenons l'exemple que voici, dis-je : si l'on enduisait de blanc de céruse tes cheveux qui sont blonds, seraient-ils blancs alors, ou n'en auraient-ils que l'apparence ? — Ils n'en auraient que l'apparence, répondit-il. — Et pourtant la blancheur s'y trouverait. — Oui. — Néanmoins ils n'en seraient pas pour cela plus blancs, et, malgré la présence de la blancheur, ils ne seraient ni blancs ni noirs ? — C'est vrai. — Mais, mon ami, quand la vieillesse leur apporte cette même couleur, ils deviennent alors tels que la chose apportée : ils deviennent blancs par la présence de la blancheur. — Sans doute. — Voici donc la question que je te pose : quand une chose se trouve avec une autre, celle qui la contient sera-t-elle pareille à celle qui est présente en elle ? ou le sera-t-elle, si la chose s'y trouve d'une certaine façon, mais non, si elle s'y trouve d'une autre façon ? — C'est plutôt la seconde alternative qui est la vraie, dit-il. — De même l'être qui n'est ni mauvais ni bon peut, malgré la présence du mal, n'être pas mauvais encore, comme il peut l'être déjà devenu. — C'est très juste. — Donc, quand il n'est pas encore mauvais, malgré la présence du mal, cette présence lui fait désirer le bien ; mais en le rendant mauvais, elle lui ôte tout ensemble et le désir du bien et la possibilité de l'aimer ; car il n'est plus ni bon ni mauvais, il est mauvais, et le bon, nous l'avons vu, n'est pas l'ami du mauvais. — Non, assurément. — Pour la même raison nous pourrions dire que ceux qui sont déjà sages, dieux ou hommes, n'aiment plus la sagesse, et que ceux-là non plus ne l'aiment pas qui sont ignorants au point d'en être mauvais ; car, quand on est mauvais et ignorant, on n'aime pas la sagesse (1). Restent donc ceux qui sont affligés de ce mal, l'ignorance, mais qu'il n'a pas encore rendus inintelligents et ignorants, et qui reconnaissent encore qu'ils ne savent pas ce qu'ils ne savent pas. Voilà pourquoi ceux qui aiment la sagesse sont ceux qui ne sont encore ni bons ni mauvais ; ceux au contraire qui sont mauvais ne l'aiment pas, ni les bons non plus ; car le contraire n'est pas l'ami du contraire, ni le semblable du semblable, nous l'avons reconnu précédemment, vous le rappelez-vous ? — Parfaitement, dirent-ils tous deux. — Eh bien ! maintenant, Lysis et Ménexène, nous avons fort bien trouvé qui est ami et qui ne l'est pas. Nous disons en effet, qu'il s'agisse de l'âme, ou du corps, ou de toute autre chose, que ce qui n'est ni bon ni mau-

(1) Ce sont les mêmes idées que Platon prête à Diotime dans le *Banquet*.

vais devient l'ami du bon à cause de la présence du mal ». Ils acquiescèrent tous deux et convinrent que c'était bien cela.

XV

Moi-même j'étais alors tout joyeux, comme un chasseur qui tient enfin, et non sans peine, le gibier qu'il poursuivait ; puis il me vint je ne sais d'où le plus étrange soupçon sur l'exactitude de nos conclusions. Je m'écriai aussitôt, tout contristé : « Oh ! Lysis et Ménexène, nous pourrions bien n'avoir fait qu'un beau rêve. — Et la raison ? dit Ménexène. — Je crains, répondis-je, que dans notre recherche de l'ami nous n'ayons rencontré des charlatans, je veux dire des raisonnements trompeurs. — Comment cela ? dit-il. — Voici, dis-je. Quand on est ami, l'est-on de quelque chose ou non ? — De quelque chose nécessairement, dit-il. — L'est-on en vue de rien et à cause de rien, ou en vue de quelque chose et à cause de quelque chose ? — En vue de quelque chose et à cause de quelque chose. — Et cet objet en vue duquel l'ami aime son ami, lui est-il ami, ou n'est-il ni ami ni ennemi (1) ? — Je ne te suis pas bien, dit-il. — Ce n'est pas étonnant, dis-je ; mais peut-être me suivras-tu de cette façon, et moi je crois que je saurai mieux ce que je dis. Le malade, nous le disions tout à l'heure, est ami du médecin, n'est-ce pas ? — Oui. — Mais s'il est ami du médecin, n'est-ce pas à cause de la maladie, en vue de la santé ?

(1) Dans ce passage les mots *ami* et *ennemi* sont pris tour à tour au sens actif de *qui aime, qui hait*, et au sens passif de *qui est aimé, qui est haï*.

— Si. — Or la maladie est un mal ? — C'est indéniable. — Et la santé, dis-je, est-elle un bien ou un mal, ou n'est-elle ni l'un ni l'autre ? — C'est un bien, répondit-il. — Nous avons dit, je crois, que le corps, qui n'est ni bon ni mauvais, est ami de la médecine à cause de la maladie, c'est-à-dire à cause du mal ; or la médecine est un bien, et c'est en vue de la santé que la médecine se fait aimer. Or la santé est un bien, n'est-ce pas ? — Oui. — Et la santé est-elle pour le corps amie ou non ? — Amie. — Mais la maladie lui est ennemie ? — Certes. — Donc ce qui n'est ni mauvais ni bon est ami de ce qui lui est bon, à cause de ce qui lui est mauvais et ennemi, en vue de ce qui est bon et ami ? — Il paraît. — C'est donc en vue de ce qui lui est ami que l'ami est ami, à cause de ce qui lui est ennemi ? — Il le semble.

XVI

Bien, dis-je. C'est ici, mes enfants, qu'il faut faire attention de ne pas tomber dans l'erreur. Que l'ami soit devenu l'ami de l'ami, et le semblable l'ami du semblable, bien que nous l'ayons jugé impossible, c'est un point que je laisse de côté. Mais il y a une chose qu'il faut examiner, pour ne pas nous tromper dans la discussion présente. La médecine, disons-nous, est aimée en vue de la santé ? — Oui. — La santé aussi est donc aimée ? — Assurément. — Si elle est aimée, c'est en vue de quelque chose ? — Oui. — De quelque chose d'aimé, pour être conséquent avec nos prémisses ? — Assurément. — Ce quelque chose à son tour sera aimé en vue d'un autre objet aimé ?

— Oui. — Alors n'arrivera-t-il pas fatalement ou que nous nous lasserons de poursuivre dans cette voie, ou (1) que nous arriverons à un principe qui ne nous renverra plus à un autre objet aimé, je veux dire à cet objet qui est le premier objet d'amour, en vue duquel nous disons que tous les autres sont aimés. — Il le faut. — Je dis donc qu'il faut prendre garde que tous les autres objets qui, comme nous l'avons dit, sont aimés en vue de celui-là, étant des sortes d'images de ce premier objet, ne nous fassent illusion, et que c'est ce premier objet qui est le véritable ami. Représentons-nous la chose comme il suit. Quand on tient beaucoup à quelque chose, quand, par exemple, un père préfère un fils à tout au monde, n'arrive-t-il pas, parce qu'il met son fils au-dessus de tout, qu'il fasse cas d'autre chose aussi ? Supposons qu'il apprenne que son fils a bu de la ciguë : est-ce qu'il ne fera pas cas du vin, s'il juge que le vin sauvera son fils ? — Sans doute, répondit-il. — Ne fera-t-il pas cas aussi du vase où est le vin ? — Si fait. — Et alors ne fait-il aucune différence entre la coupe d'argile et son fils, entre trois cotyles (2) de vin et son fils ? N'est-il pas juste de dire au contraire que tout le zèle dépensé en pareil cas ne va point aux objets qu'on cherche à se procurer en vue d'autre chose, mais à celui en vue duquel on se procure tous les autres ? Bien que nous disions souvent que nous faisons cas de l'or et de l'argent, nous n'en disons pas moins une chose fausse ; en réalité ce que nous plaçons au-dessus de tout dans notre estime, c'est l'objet, quel qu'il soit, en vue duquel nous

(1) Je lis ἤ, au lieu de καί, avec Schanz.
(2) Le cotyle valait environ un quart de litre (27 centilitres).

recherchons l'or et tous les biens que nous poursuivons. N'est-ce pas ainsi qu'il faut parler ? — Si fait. — Le même raisonnement ne s'applique-t-il pas à l'ami ? Toutes les choses que nous appelons amies et que nous aimons en vue d'un autre objet d'amour, portent un nom qui n'est évidemment pas le leur ; ce qui est réellement ami semble bien être ce principe même auquel se rapportent toutes ces amitiés prétendues. — Il pourrait bien en être ainsi, dit-il. — Donc l'ami véritable n'est pas aimé en vue d'un autre ami ? — C'est vrai.

XVII

C'est donc une question réglée : l'ami qui aime en vue d'un autre ami n'est pas un ami. Mais le bon n'est-il aimé ? — C'est mon avis. — N'est-ce pas à cause du mal que le bien est aimé ? La question peut se poser ainsi : si des trois genres dont nous parlions tout à l'heure, le bon, le mauvais et ce qui n'est ni bon ni mauvais, il n'en restait que deux, et que le troisième, le mauvais, disparût et n'attaquât plus ni le corps ni l'âme, ni les autres choses que nous disons n'être en soi ni bonnes ni mauvaises, est-ce qu'en ce cas le bien nous serait encore utile à quelque chose, ne serait-il pas devenu sans usage ? Si en effet rien ne pouvait plus nous nuire, nous n'aurions plus besoin d'aucun secours. Nous verrions dès lors dans une entière évidence que c'est à cause du mal que nous recherchions et aimions le bon, parce qu'il est le remède du mal et que le mal est une maladie ; mais si la maladie n'existe plus, nous n'avons plus besoin de remède. Le bon est donc de telle nature que nous l'aimons à cause du mal, nous qui tenons le milieu entre le mal et le bien, et que par lui-même et relativement à lui-même il n'est d'aucune utilité. — Il me semble, dit-il, qu'il en est ainsi. — Donc cet objet de notre amitié auquel nous rapportions tous les autres objets que nous disions aimés en vue d'autre chose, ne leur ressemble en rien. De ceux-ci nous disons qu'ils sont amis en vue d'un ami ; mais l'ami véritable est visiblement d'une nature tout opposée ; car c'est en vue d'un ennemi, nous l'avons démontré, qu'il est ami ; mais, supposé que l'ennemi disparaisse, il cessera de nous être ami, semble-t-il. — Je le crois(1), à t'entendre parler ainsi. — Par Zeus, repris-je, à supposer que le mal soit détruit, n'y aura-t-il plus aussi ni faim, ni soif, ni rien de pareil ; ou bien la faim subsistera-t-elle, au moins tant qu'il y aura des hommes et des animaux, mais sans être nuisible ; et la soif et les autres appétits existeront-ils, mais sans être mauvais, puisque le mal sera détruit, ou est-ce une question ridicule de demander ce qui en pareil cas sera ou ne sera pas ? Qui le sait en effet ? De même quand on a soif ou tout autre appétit du même genre, on éprouve à désirer tantôt du plaisir, tantôt de la douleur, tantôt ni l'un ni l'autre. — C'est très vrai. — A supposer que le mal périsse, ce qui n'est pas naturellement un mal devrait-il périr avec le mal ? — Nullement. — Les désirs qui ne sont ni bons ni mauvais subsis-

---

(1) On traduit généralement : Je ne le crois pas, parce qu'on ne fait pas attention que la tournure négative οὐ δοκεῖ : il ne me semble pas, répond à une proposition négative οὐκέτι ἐστὶ φίλον. « Il n'est plus ami. — Il ne semble pas qu'il le soit encore. »

teraient donc, même si le mal périssait ? — Il semble. — Est-il possible qu'un homme qui désire et qui est amoureux n'aime pas l'objet de son désir et de son amour ? — Je ne crois pas. — Il y aurait donc, ce semble, même si le mal disparaissait, place pour l'amitié ? — Oui. — Il n'y aurait plus, si le mal était bien la cause que l'amitié existe, il n'y aurait plus, le mal une fois disparu, d'amitié entre les êtres ; car, la cause disparue, il serait impossible que l'effet de cette cause subsistât. — C'est juste. — N'avons-nous pas admis que l'ami aime quelque chose et à cause de quelque chose, et n'avons-nous pas reconnu alors que c'était à cause du mal que ce qui n'est ni bon ni mauvais aimait le bien ? — C'est vrai. — Mais à présent, semble-t-il, nous découvrons une autre raison d'aimer et d'être aimé. — Il le semble. — Le désir est-il donc réellement, comme nous le disions tout à l'heure, la cause de l'amitié ? Celui qui désire est-il, au moment même où il désire, l'ami de l'objet désiré ? et notre discussion précédente sur l'amitié n'est-elle qu'un bavardage, une manière de poème datant de Cronos (1). — Je le crains, dit-il. — Mais, repris-je, ce qui désire désire ce dont il a besoin, n'est-ce pas ? — Oui. — Ce qui a besoin est donc ami de ce dont il a besoin ? — Il me semble. — Or on a besoin de ce dont on est privé ? — Sans doute. — Dès lors c'est ce qui convient, semble-t-il, qui est l'objet de l'amour, de l'amitié et du désir ; cela paraît évident, Ménexène et Lysis. — Ils en convinrent tous deux. — Donc si vous êtes amis l'un de l'autre, c'est que vous avez quelque convenance de nature. — Assu-

---

(1) « Datant de Cronos » est une correction de Madvig. Les manuscrits portent : « une manière de long poème ».

rément, dirent-ils ensemble. — Conséquemment, mes enfants, dis-je, si quelqu'un en désire un autre, ou en est épris, le désir, l'amour ou l'amitié qu'il éprouve supposent nécessairement entre lui et l'objet de son amour quelque convenance d'âme, de caractère, de mœurs ou d'extérieur. — Assurément, dit Ménexène ; pour Lysis, il ne dit rien. — Bon ! dis-je. Il est donc nécessaire que nous aimions ce qui a une convenance naturelle avec nous, voilà qui est démontré. — Il le semble, dit-il. — Il est donc nécessaire que l'amant véritable et sincère soit aimé de l'enfant qu'il aime ? » — Lysis et Ménexène eurent bien de la peine à faire un signe d'assentiment ; mais Hippothalès était si content que son visage passait par toutes les couleurs.

XVIII

Je repris, voulant soumettre cette idée à l'examen : « S'il y avait quelque différence entre le convenable et le semblable, notre opinion sur la nature de l'amitié ne serait pas sans valeur, ce me semble, Lysis et Ménexène. Mais si le semblable et le convenable se trouvent être la même chose, il n'est pas facile de rejeter le raisonnement que nous avons fait précédemment, à savoir qu'en vertu de leur ressemblance, le semblable est inutile au semblable et qu'admettre que l'ami est inutile est absurde. Voulez-vous donc, dis-je, puisque la discussion nous a donné pour ainsi dire l'étourdissement de l'ivresse, que nous admettions cette idée que le convenable est autre chose que le semblable ? — Oui. — Admettrons-nous aussi que le bon convient à chacun et que le mauvais lui est étranger, ou que le mauvais convient au mauvais, le bon au bon, ce qui n'est ni bon ni mauvais à ce qui n'est ni bon ni mauvais ? — Ils furent d'avis que ces choses se convenaient respectivement les unes aux autres. Alors, mes enfants, repris-je, nous voici ramenés à ces premières opinions sur l'amitié que nous avons rejetées ; car à ce compte l'injuste ne sera pas moins ami de l'injuste, et le mauvais du mauvais que le bon du bon. — Il semble, dit-il. — Quoi donc ! Si nous disons que le bon et le convenable sont la même chose, le bon n'est-il pas seul l'ami du bon ? — Si fait. — Mais sur ce point aussi nous pensions nous être réfutés nous-mêmes, vous le rappelez-vous ? — Nous nous le rappelons. — A quoi bon raisonner encore ? C'est évidemment inutile. Je veux seulement, comme les habiles avocats dans les tribunaux, résumer tout ce que nous avons dit. Si en effet ni ceux qui sont aimés, ni ceux qui aiment, ni les semblables, ni les dissemblables, ni les bons, ni les convenables ni toutes les autres choses que nous avons passées en revue, car je n'en ai plus souvenir, tant elles sont nombreuses, si, dis-je, rien de tout cela n'est l'ami, je ne sais plus que dire ».

En parlant ainsi, je pensais à provoquer quelqu'un de plus âgé. Mais voilà que, comme des démons, les pédagogues, celui de Ménexène et celui de Lysis, s'approchent, tenant par la main les frères de ces jeunes gens, et ils les appellent et leur disent de rentrer à la maison ; car il était déjà tard. Tout d'abord les assistants et nous, nous essayâmes de les faire partir ; mais comme ils se fâchaient sans se soucier de nous et continuaient à appeler leurs jeunes maîtres dans leur langage à demi barbare ; comme d'autre part ils avaient un peu bu aux fêtes d'Hermès et paraissaient intraitables, nous cédâmes et rompîmes l'entretien.

Néanmoins, comme ils partaient, je leur dis : « Nous venons de nous rendre ridicules, Lysis et Ménexène, moi qui suis vieux, et vous-mêmes ; car nos auditeurs vont dire en s'allant que nous avons la prétention d'être amis les uns des autres, car je me mets des vôtres, mais que nous n'avons pas encore pu découvrir ce que c'est que l'ami. »

NOTICE SUR LE PROTAGORAS

On pourrait appeler le *Protagoras* une comédie philosophique : la distribution du sujet en actes marqués par des intermèdes, la peinture des caractères, la touche exacte et pittoresque dans l'invention du détail, l'ironie fine et légère, la parodie et la caricature, en un mot toutes les ressources de l'art dramatique servent à égayer la gravité de la matière, et l'aisance avec laquelle Platon les emploie fait souvenir qu'avant de s'adonner à la philosophie, il avait été séduit par le théâtre, et que l'admiration exclusive que lui inspira Socrate, a peut-être coûté à la Grèce un grand poète comique. L'idée du *Protagoras* semble avoir été empruntée à la comédie d'Eupolis « *les Flatteurs* », qui remporta le prix sur *la Paix* d'Aristophane en 421 av. J.-C. Eupolis avait placé la scène de sa pièce dans la maison du riche Callias, fils d'Hipponicos, le vainqueur de Tanagra (en 426), et les flatteurs désignés par le titre n'étaient autres que les sophistes, au nombre desquels figurait Socrate ; dans cette troupe de parasites qui aidaient Callias à dévorer son patrimoine, Protagoras tenait le premier rôle. C'est aussi chez Callias qu'a lieu le dialogue de Platon, et c'est aussi sur les sophistes, en particulier sur Protagoras, que tombent les traits de la satire ; mais au lieu d'être confondu avec les sophistes, Socrate est ici dans son vrai rôle : c'est lui qui les combat et les perce de son ironie.

Le siècle qui vit naître les luttes mémorables de Socrate et des sophistes est une des époques les plus intéressantes de l'histoire de la philosophie. Or il semble que Platon ait voulu dans le *Protagoras* tracer pour la postérité le tableau de cette vie intellectuelle intense qui fut celle d'Athènes au temps de Périclès, et perpétuer le souvenir des controverses pour lesquelles la jeunesse athénienne se passionnait alors. Athènes était le « prytanée » intellectuel et le rendez-vous des hommes de talent du monde grec. Sans parler des philosophes Anaxagore, Archélaos, maître de Socrate, Diogène d'Apollonie, les sophistes Protagoras d'Abdère, Gorgias de Léontium, Prodicos de Céos, Hippias d'Elis vinrent s'y établir ou y séjourner. Ils y apportaient des nouveautés propres à intéresser la jeunesse, surtout la jeunesse ambitieuse de jouer un rôle politique. On a dit que Socrate avait fait descendre la philosophie du ciel sur la terre : les sophistes l'avaient tenté avant lui. C'est à l'homme en effet et aux expressions diverses de sa vie spirituelle que les sophistes s'intéressaient avant tout : langue, poésie, dialectique, rhétorique, arts, politique et religion, voilà quels furent les objets essentiels de leur activité. Ils cherchaient à acquérir sur l'homme la plus grande somme de connaissances possibles, dans le but d'apprendre, puis d'enseigner l'art de bien vivre. Ils furent des maîtres de sagesse (σοφία) ; c'est ce que veut dire leur nom même de sophistes. Leurs disciples préférés furent les jeunes gens riches que tentait la politique. Ils les dressaient au rôle d'hommes d'Etat par des exercices de rhétorique, de dialectique, de critique, où la lecture des poètes tenait une place importante. Comme la grande question pour un homme politique est de l'emporter sur son adversaire, il arriva que les sophistes insistèrent moins sur la justice et la vérité que sur la vraisemblance et sur les artifices de la rhétorique. C'était un abus que les poètes comiques relevèrent à l'envi, abus d'autant plus dangereux que les théories philosophiques de certains sophistes, Protagoras et Gorgias, semblaient les justifier. Outre ces cours de rhétorique, pour lesquels ils exigeaient des honoraires élevés (le taux ordinaire variait de 250 à 350 fr., mais monta parfois jusqu'à 8.750 fr.), les sophistes donnaient des conférences populaires dans les maisons privées ou dans les gymnases à des prix plus accessibles au public (de 1/2 à 4 drachmes d'entrée). Là, ils prononçaient des discours soigneusement préparés ou se livraient à l'improvisation sur des sujets fournis par les assistants.

Tels étaient les hommes dont Socrate combattait les pratiques et les doctrines. Ils avaient un grand nom dans le monde grec, leur influence était considérable, et leurs disciples leur étaient très attachés. Le plus illustre peut-être était Protagoras d'Abdère (485-415). Il parcourut la Grèce, la Sicile et la Grande Grèce, et séjourna longtemps à Athènes, où il gagna la confiance de Périclès. Accusé d'impiété pour un écrit qui commençait ainsi : « Pour les dieux, je ne sais s'ils sont ou s'ils ne sont pas », il se déroba par la fuite à une condamnation, mais il périt en mer. Disciple d'Héraclite, il professait que l'homme est la mesure de toutes choses, théorie qui aboutit logiquement à la négation de toute vertu et de toute moralité ; mais dans la pratique Protagoras n'était pas conséquent avec lui-même ; il suivait dans son enseignement les idées traditionnelles sur la vertu et la piété. Esprit curieux et pénétrant, il fonda l'art grammatical, et fut un professeur d'éloquence fort goûté. Son influence fut si grande que Platon consacra deux dialogues à l'exposition et à la réfutation de ses doctrines ; il attaqua sa théorie de la connaissance dans le *Théétète* et sa théorie de la vertu dans le *Protagoras*.

Protagoras avait un rival célèbre dans l'art de la rhétorique, c'était Gorgias de Léontium (483-375), maître de Thucydide et d'Isocrate ; mais il ne figure pas dans notre dialogue. Platon le considérait sans doute comme un personnage trop important pour lui donner ici un rôle effacé, comme à Prodicos et à Hippias, et il lui a consacré un dialogue entier, le *Gorgias*.

Prodicos de Céos qui tint école à Athènes vers 430 av. J.-C. est surtout connu par sa doctrine sur les dieux, qui furent d'abord, selon lui, les objets qui nourrissent l'homme et lui sont utiles (soleil, lune, Nil), puis les inventeurs des arts et des cultures nourricières (Héphaistos, Déméter, Dionysos). Il est l'auteur du beau mythe d'Hercule entre le vice et la vertu. Enfin il est le premier en date des synonymistes, et Platon parodie fort ingénieusement sa manie d'insérer dans ses discours des synonymes qui lui donnent l'occasion d'étaler sa finesse.

Hippias d'Elis qui florissait vers 460 avait une science étendue : astronomie, mathématiques, esthétique de la poésie et des arts, mythologie, littérature et histoire, tout était de sa compétence. Il avait rassemblé ses connaissances dans un livre intitulé Συναγωγή (somme). Il professait en morale une sorte de retour à la nature ; il opposait au sentiment étroit de la nationalité la parenté naturelle de tous les hommes, à l'orgueil de caste l'égalité sociale ; enfin il recommandait aux hommes de s'affranchir des besoins du luxe et de se suffire à eux-mêmes. C'est un lointain précurseur de J.-J. Rousseau.

Le riche Callias, chez qui les sophistes trouvaient une large hospitalité, appartenait à la famille des « hérauts » qui remontait à Triptolème ; il était par droit héréditaire porteur de torche à Eleusis et hôte de

Lacédémone. Son père Hipponicos, qui avait vaincu les Béotiens à Tanagra en 426, tomba deux ans plus tard au combat malheureux de Délion. Lui-même fut stratège dans la guerre de Corinthe en 390. Sa mère avait épousé en secondes noces Périclès.

Une brillante société se presse chez lui pour entendre les sophistes. Ce sont d'abord ses frères utérins, les fils de Périclès, Paralos et Xanthippe ; puis Charmide, l'oncle de Platon, grand amateur de philosophie, ce qui lui a valu l'honneur de donner son nom à un dialogue de son neveu ; il fut l'un des Dix qui gouvernèrent Athènes après la victoire de Lysandre ; puis Critias, « profane parmi les philosophes, philosophe parmi les profanes » ; il fut un des trente Tyrans et mourut avec Charmide à la bataille de Munychie en 404 ; il était aussi parent de Platon ; puis quatre personnages qui sont ici muets, mais qui tiennent des rôles importants dans le *Banquet* : le médecin Éryximaque et son ami Phèdre, interlocuteur de Socrate dans le *Phèdre*, Agathon et son inséparable ami Pausanias (1).

La discussion porte sur l'enseignement des sophistes, et particulièrement sur celui de Protagoras. Protagoras se donne pour un professeur de vertu : est-il instruit de ce qu'il enseigne, et pourrait-il définir ce qu'est en elle-même la vertu ? L'occasion qui amène Socrate à lui poser ces questions nous est rapportée dans une sorte d'introduction dialoguée entre Socrate et son jeune ami Hippocrate. De grand matin, Hippocrate était allé heurter à la porte de Socrate : il avait appris la veille l'arrivée de Protagoras à Athènes, et, sans savoir au juste en quoi consistait l'enseignement du sophiste, il ne tenait plus d'impatience de l'entendre et de s'attacher à lui. Socrate consent à le pré-

(1) Sur ces quatre personnages voyez la Notice sur le *Banquet*.

senter à Protagoras, mais il se réserve d'interroger le sophiste et de soumettre ses réponses à un examen rigoureux.

Ils se rendent donc chez Callias. En pénétrant dans le vestibule, ils s'arrêtent un moment à contempler la scène qui s'offre à eux. Sur le devant du portique Protagoras se promenait, ayant d'un côté Callias, Paralos et Charmide, de l'autre Xanthippe, Philippide et Antimoiros de Mende, qui tous marchaient en ligne avec lui, tandis qu'une foule d'autres les suivaient en prêtant l'oreille. Au fond du portique, sur un siège élevé, Hippias d'Elis répondait aux questions d'Eryximaque et de Phèdre et de quelques autres ; enfin on apercevait, couché dans une chambre, Prodicos de Céos, et, près de son lit, ses disciples Pausanias, Agathon et d'autres. Alcibiade et Critias arrivent quelques moments après.

Socrate présente à Protagoras le jeune Hippocrate et le prie de s'expliquer sur son art. Protagoras, flatté de la préférence qu'on lui donne, saisit l'occasion de montrer à ses collègues en sophistique le cas qu'on fait de lui, et le cas que lui-même fait de son art. Il propose en conséquence de s'expliquer devant toute la compagnie. Aussitôt Hippias, Prodicos et leurs disciples se groupent autour de lui. Socrate alors lui renouvelle sa question et lui demande quels avantages Hippocrate doit retirer de son commerce. — Je lui apprendrai, dit Protagoras, à gouverner ses affaires et celles de l'Etat. — C'est la politique dont tu parles, répond Socrate. — Oui. — Jusqu'ici, dit Socrate, j'avais cru que cette science ne pouvait être enseignée, et cela pour deux raisons : la première, c'est que dans les assemblées publiques on n'écoute que les gens de métier en toute affaire qui exige des connaissances spéciales, et qu'on écoute tout le monde en matière politique, sans exiger qu'on ait fait aucune étude de la politique, et la deuxième, c'est que les grands hommes eux-mêmes sont incapables de communiquer leur vertu à leurs enfants.

Protagoras répond par une fable : Quand les dieux eurent façonné les êtres vivants, ils chargèrent Prométhée et Epiméthée de leur distribuer les qualités nécessaires à leur existence. Epiméthée qui fit la distribution oublia l'homme. Pour réparer cet oubli, Prométhée ravit à Minerve et à Vulcain le secret des arts et du feu ; mais incapables de fonder une communauté politique, les hommes vivaient dispersés, à la merci des bêtes de proie, et ils auraient péri si Jupiter ne leur eût fait donner à tous la pudeur et la justice, fondements de la politique ; et voilà pourquoi dans les assemblées de la cité on écoute indifféremment tout le monde quand il s'agit de politique. D'autre part, ce qui prouve que ces vertus peuvent être enseignées, c'est qu'on punit ceux qui ne les ont pas, tandis qu'on ne reproche à personne des défauts physiques, comme la laideur et la maladie. Or si l'on punit, c'est en vue d'améliorer le coupable et de détourner les autres de l'imiter, c'est-à-dire d'enseigner la vertu. C'est le but de toute l'éducation à Athènes : pères, mères, nourrices, précepteurs s'y emploient à l'envi ; l'Etat lui-même par ses lois commande et enseigne la vertu. Si les fils des grands hommes sont moins vertueux que leurs pères, ce n'est pas qu'on néglige de les instruire, bien au contraire ; c'est qu'ils sont doués de moindres aptitudes. Ils ne semblent d'ailleurs mauvais que par comparaison avec les meilleurs ; confrontés à des sauvages sans culture, ils paraîtraient des modèles de vertu.

Socrate se déclare persuadé ; mais pour enseigner la vertu, il faut savoir exactement en quoi elle consiste. Protagoras le sait-il ? Sait-il si la vertu est une en soi, ou comprend des parties distinctes ? Il déclare que la justice, la piété, la tempérance, la sagesse et le courage sont des parties de la vertu aussi distinctes que le sont les parties du visage, des parties qualitatives, comme nous dirions, et non quantitatives. Mais Socrate l'amène, en lui montrant que la justice ne saurait être quelque chose d'impie, ni la piété quelque chose d'injuste, à reconnaître, sinon qu'elles sont identiques, au moins qu'elles ont des rapports de ressemblance ; puis, se basant sur ce principe qu'un contraire n'a qu'un seul contraire, il essaie de prouver que la tempérance (σωφροσύνη) et la sagesse (σοφία) sont identiques, parce que toutes deux sont, dans l'usage de la langue grecque, le contraire de la folie (ἀφροσύνη). Enfin il s'apprêtait à démontrer que la tempérance et la justice se confondent, en s'appuyant sur l'équivalence du bien et de l'utile ; mais Protagoras qui goûte peu cette « maïeutique » se dérobe, et fait sur la relativité de l'utile un discours peu pertinent qui impatiente Socrate.

Il n'entend rien, dit-il, aux longs discours, et, si Protagoras ne veut pas se proportionner à la faiblesse de son esprit et répondre brièvement, il rompra l'entretien. Il se lève même pour se retirer ; mais Callias le retient, et Alcibiade et Critias interviennent pour amener Protagoras et Socrate à composition. Prodicos et Hippias s'entremettent aussi, et profitent de l'occasion pour étaler, le premier, tout un choix de distinctions synonymiques, le second, sa théorie favorite sur la tyrannie de la loi. Les deux champions consentent enfin à renouer l'entretien.

Après cet intermède qui coupe agréablement une discussion qui devenait ardue, Protagoras porte l'entretien sur le terrain de la poésie, sous prétexte que l'explication des poètes est une partie essentielle de l'éducation, et il entreprend de démontrer que Simonide se contredit dans une pièce adressée à Scopas, quand il dit lui-même qu'il est difficile de devenir vertueux et qu'il blâme ensuite Pittacos d'avoir dit qu'il est difficile d'être vertueux. Pour résoudre la contradiction, Socrate suggère une interprétation insoutenable, qu'il fait malignement endosser à Prodicos, c'est que le mot difficile ($\chi\alpha\lambda\epsilon\pi\delta\varsigma$) est employé au sens de mauvais ($\varkappa\alpha\varkappa\delta\varsigma$). Il la répudie d'ailleurs aussitôt pour proposer sa propre interprétation : c'est que Simonide a voulu dire qu'il est difficile, mais possible de devenir vertueux pour un temps, mais qu'il est non-seulement difficile, comme l'a dit Pittacos, mais impossible de l'être toujours. Aussi faut-il, sans aspirer à un idéal au-dessus de l'humanité, louer *volontairement* l'homme qui ne commet pas le mal. En réalité, Simonide a écrit : Il faut louer l'homme qui ne commet pas volontairement le mal. Mais Socrate n'admet pas qu'on fasse le mal volontairement : c'est contraire à sa théorie que la vertu est la connaissance et le vice l'ignorance du bien. Aussi a-t-il donné une entorse au texte de Simonide, pour y retrouver ses propres idées. Il déclare d'ailleurs qu'il n'y a aucun profit à tirer de l'étude des poètes, parce que chacun les interprète comme il l'entend, et il prie Protagoras de revenir à la question de l'unité de la vertu. Protagoras y consent, mais de mauvaise grâce.

Il reconnaît que quatre vertus, la justice, la tempérance, la sagesse et la piété sont assez semblables entre elles, mais il maintient que le courage est tout à fait différent. — Ne penses-tu pas, dit Socrate, que la vertu est une chose belle de tout point ? — Si, répond Protagoras. — Le courage n'est-il pas la hardiesse ? — Si. — Mais une hardiesse déraisonnable, est-ce du courage ? — Non, c'est de la folie. — Il faut donc, pour qu'il y ait courage, qu'il y ait raison et connaissance, autrement le courage ne serait pas une belle chose, mais une chose folle ? — Oui. — Donc le courage se confond avec la sagesse. Mais Protagoras rejette cette conclusion, et soutient que si la hardiesse vient de la science, le courage est un don de la nature.

Au lieu de réfuter l'objection, Socrate se place à un autre point de vue. Il fait d'abord avouer à Protagoras que la science est toute-puissante sur l'homme qui la possède, puis, partant de ce principe qu'agréable et bon, désagréable et mauvais ne font qu'un dans leur essence et que personne ne choisit sciemment ce qui est désagréable et n'évite sciemment ce qui est agréable, il fait voir que, quand un homme fait le mal, parce qu'il est, comme on dit, vaincu par le plaisir, c'est qu'il s'est trompé dans ses mesures des choses agréables et des choses désagréables, qu'il a péché faute de science. Or qu'est-ce que la crainte, sinon l'attente d'un mal ? Donc, quand un homme craint une chose, c'est qu'il la croit mauvaise, et les lâches ne sont lâches que par l'ignorance où ils sont des choses à craindre ; et, si le courage est le contraire de la lâcheté, il faut qu'il soit la connaissance des choses à craindre et de celles qui ne le sont point.

Ainsi toute vertu est science et par conséquent peut être enseignée. C'est la conclusion où la dialectique a conduit les deux interlocuteurs, conclusion contraire à l'opinion que chacun d'eux professait avant la discussion. L'entretien se termine par des compliments de Protagoras à Socrate : il lui prédit qu'il prendra place un jour parmi les sages.

On s'est demandé souvent quel était l'objet essentiel du *Protagoras*, et les critiques n'ont pas encore pu se mettre d'accord. C'est qu'en effet l'œuvre est complexe. L'accessoire scénique y occupe une telle place qu'on pourrait croire que le but essentiel de l'auteur a été de présenter un tableau du mouvement philosophique à Athènes au temps où Socrate entamait la lutte avec les sophistes. D'autre part la peinture de ces singuliers maîtres de morale qui trafiquent de la vertu sans être capables de la définir, et qui, au lieu de rechercher sincèrement la vérité, ne songent qu'à faire parade de leur virtuosité et à éclipser leurs rivaux ou à se disputer les élèves riches, a fait longtemps regarder ce dialogue comme une critique de la méthode et de l'esprit des sophistes, auxquels Platon oppose la méthode et l'esprit de Socrate, c'est-à-dire la dialectique et la passion de la vérité pour elle-même. Et c'est évidemment ce qu'a voulu faire Platon ; mais ce n'est là qu'un côté de son œuvre. Une recherche bien menée doit aboutir à des résultats positifs. Celle que Socrate a poursuivie avec la collaboration de Protagoras a démontré que la vertu est une, qu'elle n'est autre chose que la science, et que par conséquent elle est susceptible d'être enseignée. Outre ce résultat essentiel, Socrate a établi aussi que le bon est l'utile ou plus exactement l'agréable, mais l'agréable bien entendu, et que le bonheur consiste dans le contentement durable que procure l'action morale, le déplaisir ou le malheur dans les conséquences inévitables d'une conduite immorale. L'ontologie de Platon se dessine ainsi dans ce dialogue ; elle aura sa forme dernière dans la doctrine des idées ; mais quand il appelle la justice πρᾶγμά τι (quelque chose de réel) et les autres vertus χρήματα (des choses), et qu'il demande s'il y a sous chaque nom de vertu une substance ou une chose ayant sa force propre, c'est déjà une amorce de la doctrine des idées qu'il présente ici. Ainsi le dialogue est un essai de morale indépendante : il fonde la morale sur la science et aboutit par conséquent au déterminisme intellectuel.

Il reste quelques mots à dire sur la date de l'entretien entre Protagoras et Socrate, et sur la date de la composition. L'entretien semble pouvoir se placer entre 432 et 430 avant J.-C., en tout cas avant l'année 429, puisque c'est en 429 que moururent les deux fils de Périclès, présents à la réunion. Il est vrai qu'il est question dans le dialogue des « Sauvages », pièce de Phérécrate qui fut jouée en 421, et que Callias a déjà hérité de son père qui ne mourra que dix ans plus tard ; mais Platon est coutumier de ces anachronismes ; il vise à la vérité idéale plutôt qu'à la vérité historique ; or la pièce d'Eupolis « les Flatteurs » avait imposé au public cette idée que la maison de Callias était le rendez-vous des sophistes. Platon a fait comme les poètes dramatiques qui préfèrent la légende populaire à la vérité historique sans racine dans l'imagination des spectateurs : il a opté pour la tradition établie et lui a sacrifié l'exactitude chronologique.

Divers indices nous font penser que le Protagoras est un ouvrage de jeunesse. Il n'y a pas longtemps sans doute que Platon a brûlé ses œuvres de théâtre ; car il est aussi préoccupé des effets dramatiques que de la recherche philosophique. En outre il reconnaît ici parmi les vertus la piété : c'est la doctrine de Socrate qu'il suit en ce point ; plus tard il ne reconnaîtra que quatre vertus, la justice, la tempérance, la sagesse et le courage. Il suit encore Socrate quand il ramène le bon à l'agréable, tandis que plus tard il déterminera plus profondément l'idée de bien. Toujours en conformité avec Socrate, il ne reconnaît que la vertu consciente (μετ' ἐπιστήμης), tandis que plus tard il admettra dans une certaine mesure la vertu naturelle qui repose sur l'opinion vraie (μετ' ἀληθοῦς δόξης). Enfin la parenté des sujets pourrait faire conjecturer que le *Protagoras* est du même temps que l'*Hippias minor*, le *Lachès* et le *Charmide* qui traitent des vertus isolées de la sagesse, du courage et de la tempérance. Le *Protagoras*, qui établit que la vertu est une, semble avoir été composé en manière de conclusion à ces trois ouvrages de jeunesse. On a même voulu, à cause de la gaieté qui pénètre tout le dialogue et de l'absence d'allusion à la mort de Socrate, tandis qu'il est fait clairement allusion au destin de Protagoras, placer la composition de cet ouvrage avant la mort de Socrate. Ce sont de trop faibles indices pour qu'on puisse en tirer des conclusions. Ce qui paraît assuré, c'est que le *Protagoras* est une des premières œuvres de Platon, soit qu'il ait précédé, soit qu'il ait suivi la mort de Socrate ; ce qui l'est davantage encore, c'est qu'il a une beauté littéraire égale à sa portée philosophique, et qu'il a tout le charme et l'éclat d'un chef-d'œuvre.

PROTAGORAS

ou

LES SOPHISTES

Interlocuteurs :

D'abord UN AMI DE SOCRATE ET SOCRATE.
Ensuite HIPPOCRATE, PROTAGORAS, ALCIBIADE,
CRITIAS, PRODICOS, HIPPIAS.

I

L'AMI DE SOCRATE

D'où viens-tu, Socrate ? sans doute de la chasse, de la chasse à la beauté d'Alcibiade ? A dire vrai, je l'ai vu il n'y a pas longtemps, et je trouve que c'est toujours un bel homme, mais un homme pourtant, soit dit entre nous, Socrate, et déjà bien barbu.

SOCRATE

Eh bien ! qu'est-ce que cela fait ? n'es-tu pas de l'avis d'Homère qui a dit que l'âge le plus charmant était celui du premier duvet (1), justement l'âge d'Alcibiade ?

---

(1) Homère, *Il.*, 24, 347 : « (Hermès) se mit en marche, semblable à un jeune prince, dont la barbe commence à pousser, moment où la jeunesse a le plus de grâce ». Cf. aussi *Odyssée*, X, 277.

L'AMI DE SOCRATE

Et alors tu viens de le quitter ? Comment le jeune homme est-il disposé à ton égard ?

SOCRATE

Bien, ce me semble, et aujourd'hui mieux que jamais ; car il a pris mon parti plus d'une fois, et je viens seulement de le quitter. Je vais cependant te dire une chose qui te surprendra : c'est qu'en sa présence je n'ai pas fait attention à lui, et que j'ai oublié souvent qu'il était là.

L'AMI DE SOCRATE

Qu'est-ce qui peut bien être arrivé de si grave entre vous deux ? tu n'as pourtant pas rencontré de plus beau garçon que lui, du moins dans notre ville ?

SOCRATE

Si, beaucoup plus beau.

L'AMI DE SOCRATE

Que dis-tu ? Est-ce un Athénien ou un étranger ?

SOCRATE

Un étranger.

L'AMI DE SOCRATE

D'où est-il ?

SOCRATE

D'Abdère.

L'AMI DE SOCRATE

Et cet étranger t'a paru si beau qu'il surpasse à tes yeux le fils de Clinias ?

SOCRATE

Et comment, mon cher, le plus sage ne paraîtrait-il pas le plus beau ?

L'AMI DE SOCRATE

Ah ! c'est un sage que tu as rencontré en venant ici ?

SOCRATE

Oui, et le plus sage sans contredit des hommes de ce temps, si tu crois que Protagoras mérite ce titre.

L'AMI DE SOCRATE

Oh ! que dis-tu ? Protagoras est ici ?

SOCRATE

Depuis deux jours.

L'AMI DE SOCRATE

Et c'est avec lui que tu étais tout à l'heure ?

SOCRATE

Oui, et nous avons échangé force propos.

L'AMI DE SOCRATE

Raconte-moi vite cet entretien, si tu n'as rien de plus pressé ; assieds-toi là, à la place de mon esclave (1).

SOCRATE

Très volontiers, et même je vous serai obligé de m'écouter.

---

(1) Les Athéniens ne sortaient guère sans être accompagnés d'un esclave ou deux. Sans doute la scène se passe à la palestre ou à la lesché, comme dans le *Charmide*.

L'AMI DE SOCRATE

Nous aussi, de t'entendre.

SOCRATE

L'obligation sera réciproque.

II. — Ecoutez donc. Ce matin, dans l'obscurité du petit jour, Hippocrate, fils d'Apollodore et frère de Phason, est venu frapper violemment à ma porte avec son bâton ; aussitôt qu'on lui a eu ouvert la porte, il est entré en coup de vent et m'a crié : « Socrate, es-tu éveillé ou dors-tu ? » J'ai reconnu sa voix. « C'est Hippocrate, ai-je dit. Tu as des nouvelles à m'annoncer ? — Rien que de bonnes. — Tant mieux ; mais qu'y a-t-il, et pourquoi viens-tu à pareille heure ? — Protagoras est ici, me dit-il, en se plantant devant moi. — Depuis avant-hier, dis-je. Tu viens seulement de l'apprendre ? — Oui, par les dieux, hier au soir. » En même temps il tâtait mon lit et s'asseyait à mes pieds. « Oui, hier au soir, » poursuivit-il, « très tard, en revenant d'Œnoé (1). Il faut te dire que mon esclave Satyros s'était enfui ; j'étais sur le point de venir t'avertir que j'allais me mettre à sa poursuite, quand un incident me l'a fait oublier. A mon retour nous avons dîné et nous allions nous coucher, quand mon frère me dit : Protagoras est ici. Tout d'abord je voulus encore accourir te le dire ; puis je pensai que la nuit était trop avancée. Mais dès que le sommeil m'a eu remis de ma fatigue, je

(1) Il y avait deux dèmes de ce nom, l'un au nord-ouest d'Athènes, du côté d'Éleuthères, sur la route de Thèbes ; l'autre au nord-est, du côté de Marathon. C'est sans doute du premier qu'il s'agit, parce que c'était le plus rapproché de la frontière.

me suis levé et je suis venu ici comme tu vois. » En le voyant si décidé et si exalté, je lui ai dit : « Qu'est ce que cela te fait ? Protagoras a-t-il quelque tort envers toi. » Il m'a répondu en riant : « Oui, par les dieux, Socrate : il a le tort de garder sa science pour lui seul, sans m'en faire part. — Mais, par Zeus, tu n'as qu'à lui donner de l'argent et à le décider, il te rendra savant, toi aussi. — Si seulement, ô Zeus et tous les dieux, il ne tenait qu'à cela, je ne me laisserais rien à moi, ni à mes amis : c'est justement pour cela que je viens te trouver à présent, c'est pour que tu lui parles de moi ; car je suis trop jeune et je n'ai jamais ni vu ni entendu Protagoras; j'étais encore enfant lors de son premier séjour ici. Mais tout le monde, Socrate, fait l'éloge du personnage, et on le donne pour le plus éloquent des hommes. Rendons-nous vite chez lui, afin de le trouver au logis ; il est descendu, dit-on, chez Callias, fils d'Hipponicos ; allons-y. — Pas encore, mon bon ami, c'est trop matin ; restons ici, levons-nous et allons dans la cour pour nous promener et passer le temps jusqu'à ce qu'il fasse jour ; nous irons alors. Protagoras ne sort guère ; ainsi n'aie pas peur, nous le trouverons, selon toute vraisemblance, au logis. »

III. — Alors nous nous sommes levés et nous nous sommes promenés dans la cour. Pour éprouver la résolution d'Hippocrate je lui ai demandé en l'observant de l'œil : « Dis-moi, Hippocrate, te voilà prêt à aller trouver Protagoras et à lui donner de l'argent en retour des soins qu'il prendra de toi ; mais sais-tu bien chez qui tu vas et ce que tu veux devenir ? Si par exemple tu te proposais d'aller chez ton homonyme, Hippocrate de Cos (1), de la famille des Asclépiades, et de lui donner de l'argent pour s'occuper de toi, et qu'on te demandât : « Dis-moi, Hippocrate, tu vas payer un salaire à Hippocrate, mais sais-tu bien à quel titre ? Que répondrais-tu ? — Je répondrais : à titre de médecin. — Et dans quel but ? — Dans le but de devenir médecin. — Et si tu te proposais d'aller chez Polyclète d'Argos ou Phidias d'Athènes (2) et de leur payer un salaire pour s'occuper de toi, et qu'on te demandât : En donnant cet argent à Polyclète et à Phidias, à quel titre le leur donnes-tu ? que répondrais-tu ? — Je répondrais : à titre de sculpteurs. — Et quel est ton but à toi ? — Evidemment de devenir sculpteur. — Bien, lui dis-je. A présent c'est chez Protagoras que nous allons nous rendre, toi et moi, prêts à lui donner de l'argent pour qu'il s'occupe de toi, si notre fortune peut y suffire et si nous pouvons le décider par là ; sinon, nous y ajouterons celle de nos amis. Si donc en nous voyant mettre tant d'ardeur à ce projet, quelqu'un nous demandait : Dites-moi, Socrate et Hippocrate, à quel titre avez-vous l'intention d'offrir de l'argent à Protagoras ? Que lui répondrions-nous ? Quel est le nom particulier dont on appelle

---

(1) Le père de la médecine, qui florissait vers 430 avant Jésus-Christ. Il appartenait à la famille des Asclépiades, dans laquelle la prêtrise d'Asclépios et l'art de guérir étaient héréditaires.
(2) Polyclète et Phidias sont les deux sculpteurs les plus célèbres de la Grèce, au v° siècle. Le premier, chef de l'école d'Argos, travaillait en bronze ; son chef-d'œuvre est le *Doryphore*, représentation idéale de la beauté athlétique. Le second, choisi par Périclès, pour diriger les travaux de sculpture du Parthénon, nous est surtout connu par les trois *Athénas* de l'Acropole (*Lemnia, Promachos, Parthénos*) et par le *Zeus* d'Olympie. On a dit qu'il avait ajouté à la religion, parce qu'il avait montré ce qu'étaient la beauté et la majesté des dieux. (Cf. LECHAT, *Phidias*).

Protagoras, comme on appelle Phidias sculpteur, Homère poète ? Quel est le nom analogue qu'on donne à Protagoras ? — Celui de sophiste, Socrate : c'est ainsi qu'on le désigne. — C'est donc à titre de sophiste que nous allons lui payer cet argent ? — Oui. — Si on te posait encore cette question : Mais toi, que veux-tu devenir, en allant chez Protagoras ? » Il m'a répondu en rougissant, car il faisait alors assez de jour pour qu'on pût bien le voir : « S'il faut être conséquent, je veux évidemment devenir un sophiste. — Au nom des dieux, lui ai-je dit, ne rougirais-tu pas de te donner pour sophiste à la face des Grecs ? — Si, par Zeus, Socrate, s'il faut dire ce que je pense. — Mais peut-être, Hippocrate, penses-tu que tes études chez Protagoras auront un autre but, comme celles que tu as faites chez le maître d'école, le maître de cithare, le maître de gymnastique ; tu as reçu l'enseignement de chacun de ces maîtres non point en vue d'en faire métier et profession, mais pour te cultiver, comme il convient à un profane et à un homme libre. — Je suis tout à fait de ton avis : c'est plutôt dans cet esprit que je suivrai les leçons de Protagoras.

IV. — Mais sais-tu bien ce que tu vas faire maintenant, ou cela t'échappe-t-il ? — A quel propos ? — Je veux dire que tu vas confier le soin de ton âme à un homme qui est, tu le reconnais, un sophiste ; mais qu'est-ce que peut bien être un sophiste, je serais surpris si tu le savais ; or, si tu l'ignores, tu ne sais pas non plus à qui tu remets ton âme, si c'est entre bonnes ou mauvaises mains. — Je crois le savoir.

— Alors dis-le ; qu'est-ce qu'un sophiste, selon toi ?
— Selon moi, c'est, comme le nom l'indique, un maître en savoir. — On peut en dire autant des peintres et des charpentiers : ce sont aussi des maîtres en savoir. Mais si l'on nous demandait en quoi les peintres sont des maîtres en savoir, nous répondrions sans doute que c'est dans l'exécution des portraits, et ainsi du reste. Mais si l'on nous posait cette question : Le sophiste, en quoi est-il un maître en savoir, que répondrions-nous ? en quel art est-il maître ?
— Ce que nous répondrions, Socrate ? qu'il est maître en l'art de rendre les hommes habiles à parler.
— La réponse serait peut-être juste, mais insuffisante ; car elle appelle une autre question : sur quoi le sophiste rend-il habile à parler ? Ainsi le joueur de cithare rend habile à parler sur la matière qu'il enseigne, l'art de jouer de la cithare ; n'est-ce pas vrai ? — Si. — Bien ; mais le sophiste, sur quoi rend-il habile à parler ? évidemment, n'est-ce pas, sur la matière où il est lui-même savant ? — Sans doute. — Mais quelle est la matière où le sophiste est lui-même savant et rend savant son élève ? — Par Zeus, je ne sais plus que répondre.

V. — Quoi donc ! repris-je, sais-tu à quel danger tu vas soumettre ton âme ? S'il te fallait confier ton corps à quelqu'un et courir le hasard de fortifier ou de gâter ta santé, tu y regarderais à deux fois pour t'en remettre ou non à ses soins, tu appellerais en consultation tes amis et tes parents et tu réfléchirais plus d'un jour ; et pour une chose que tu mets bien au-dessus de ton corps, pour ton âme, dont dépend tout ton sort, puisque tu seras heureux ou malheureux selon que ton âme sera bonne ou mauvaise, pour ton âme, dis-je, tu n'as consulté ni ton père, ni ton frère, ni aucun de nous, tes amis, pour décider s'il fallait la confier ou non à cet étranger qui vient d'arriver ; c'est d'hier soir que tu sais, dis-tu, son arrivée et tu t'en viens dès la pointe du jour, sans prendre le temps de réfléchir ni de consulter s'il faut ou non remettre ton âme entre ses mains, tout prêt à dépenser ta fortune et celle de tes amis ; car tu as décidé tout de suite qu'il fallait absolument t'attacher à Protagoras, que tu ne connais pas, dis-tu, à qui tu n'as jamais parlé ; tu l'appelles sophiste, mais il est visible que tu ignores ce qu'est ce sophiste à qui tu veux te confier ». Lui, là-dessus, m'a répondu : « Il semble bien, à t'entendre, que tu as raison. — Est-ce qu'un sophiste, Hippocrate, n'est pas une sorte de marchand et de trafiquant des denrées dont l'âme se nourrit ? — Il me paraît que c'est quelque chose comme cela ; mais l'âme, Socrate, de quoi se nourrit-elle ? — De sciences, je suppose ; aussi faut-il craindre, ami, que le sophiste, en vantant sa marchandise, ne nous trompe comme ceux qui trafiquent des aliments du corps, marchands et détaillants ; ceux-ci en effet ignorent ce qui, dans les denrées qu'ils colportent, est bon ou mauvais pour le corps ; mais ils n'en vantent pas moins toute leur marchandise, et leurs acheteurs ne s'y connaissent pas mieux, à moins qu'il ne s'y trouve quelque maître de gymnastique (1) ou quelque médecin. Il en est de même de ceux qui colportent les sciences de ville en ville, qui les vendent

---

(1) Les maîtres de gymnastique étaient compétents dans les questions d'hygiène et de régime. Cf. Platon, *Gorg.*, 464 b.

et les détaillent ; ils ne manquent jamais de vanter aux amateurs tout ce qu'ils vendent ; mais il peut se faire, mon bon ami, qu'un certain nombre d'entre eux ignorent ce qui dans leurs marchandises est bon ou mauvais pour l'âme, et leurs acheteurs l'ignorent aussi, à moins qu'il ne s'y trouve quelque médecin de l'âme. Si donc tu sais ce qu'il y a dans ces marchandises de bon ou de mauvais pour l'âme, tu peux sans danger acheter les sciences et à Protagoras et à tout autre ; sinon, prends garde, bon jeune homme, de hasarder sur un coup de dés ce que tu as de plus cher ; car le danger est beaucoup plus grand dans l'achat des sciences que dans l'achat des aliments ; si en effet on achète des vivres et des boissons à un détaillant ou à un marchand, on peut les emporter dans des vases appropriés, et, avant de les introduire dans le corps en les buvant et en les mangeant, on peut les déposer chez soi, consulter, et faire appel à quelqu'un qui sait ce qu'il faut manger ou boire, et ce qu'il ne faut pas, combien il faut en prendre, et à quel moment, de sorte qu'on ne court pas grand danger à les acheter ; mais les sciences, on ne peut les emporter dans un autre vase, il faut, le prix payé, loger la science dans son âme même et s'en aller, empoisonné ou conforté. Examinons donc la question avec des gens plus vieux que nous ; car nous sommes encore jeunes pour trancher une affaire si importante. Mais à présent, puisque nous sommes en train, allons écouter cet homme, puis nous communiquerons à d'autres ce que nous aurons entendu. Aussi bien Protagoras n'est pas tout seul là-bas ; nous trouverons avec lui Hippias d'Elée et, je crois aussi, Prodicos de Céos et plusieurs autres sages.

VI. — Cette résolution prise, nous partons. Arrivés au vestibule, nous nous sommes arrrêtés ; nous étions en train de discuter sur un sujet sur lequel nous étions tombés chemin faisant ; ne voulant pas rester au milieu de notre discussion et entrer sans l'avoir épuisée, nous l'avons continuée, debout, dans le vestibule, jusqu'à ce que nous soyons tombés d'accord. Je crois bien que le portier, un eunuque, nous entendait, et il semble qu'à voir tant de sophistes il avait pris de l'humeur contre les visiteurs ; car à peine avons-nous frappé à la porte et nous a-t-il ouvert, qu'en nous apercevant il s'écrie : « Ah ! des sophistes ! mon maître n'a pas le temps » ; et en même temps de ses deux mains il nous ferme la porte au nez avec tout l'entrain dont il était capable. Nous frappons de nouveau. Il nous répond à travers la porte : « Vous n'avez pas entendu ? Je vous ai dit que mon maître n'avait pas le temps. — Mais, mon brave, ce n'est pas Callias que nous demandons et nous ne sommes pas des sophistes ; rassure-toi. Nous sommes venus pour voir Protagoras, va donc nous annoncer. » Alors enfin il nous a ouvert, mais à grand-peine encore.

VII. — En entrant, nous avons trouvé Protagoras qui se promenait dans le portique, accompagné d'un côté de Callias, fils d'Hipponicos, de son frère utérin, Paralos (1), fils de Périclès, et de Charmide (2), fils de Glaucon ; de l'autre côté, de l'autre fils de Péri-

---

(1) Périclès avait épousé une de ses parentes dont il eut deux fils, Xanthippe et Paralos ; mais elle avait d'abord été mariée à Hipponicos, dont elle avait eu Callias.
(2) Oncle maternel de Platon.

clès, Xanthippe, de Philippide (1), fils de Philomélos, d'Antimoiros de Mende (2), le plus renommé des disciples de Protagoras, qui étudie pour faire le métier de sophiste ; derrière eux, tendant l'oreille pour écouter, marchait une troupe de gens où dominaient évidemment les étrangers que Protagoras amène de chacune des villes par où il passe : il les charme de sa voix, comme Orphée, et, enchantés par cette voix magique, ils s'attachent à ses pas ; il y avait aussi des gens d'ici dans le chœur. En voyant ce chœur (3), j'ai pris plaisir à observer avec quelle déférence ils évitaient de gêner Protagoras, en se trouvant devant lui ; toutes les fois qu'il se retournait avec sa compagnie, toute la suite des écouteurs s'écartait à droite et à gauche dans un ordre parfait, et, se rangeant en cercle, se replaçait chaque fois derrière lui avec un ensemble admirable.

« Après lui, j'avisai », pour me servir de l'expression d'Homère (4), Hippias d'Élée (5), assis dans la galerie du fond (6), sur un siège élevé ; autour de lui, sur

---

(1) Descendant d'une ancienne famille d'Athènes.
(2) Ville située sur la côte occidentale de la péninsule de Pallène. Antimoiros ne nous est connu que par ce passage de Platon.
(3) Le chœur tragique comprenait trois rangs de cinq choreutes ; le coryphée se tenait au milieu du premier rang. Protagoras se tient de même au milieu du premier rang qui compte sept personnes ; les autres se tiennent derrière lui.
(4) Début du vers 601 du livre XI de l'*Odyssée*.
(5) Hippias d'Élée possédait une science étendue et se vantait, comme le fit plus tard Pic de la Mirandole, de pouvoir improviser un discours sur n'importe quel sujet. Il réunit ses connaissances dans une sorte de *Somme* (Συναγωγή). On connaît aussi de lui un *Dialogue troyen* (Τρωϊκὸς διάλογος) où Nestor enseignait au jeune Néoptolème ce qu'on pourrait appeler le code de l'honneur de ce temps-là. Il distinguait la loi naturelle (φύσις) de la loi humaine (νόμος) fondée sur l'usage et la convention. Pour échapper à la tyrannie de la loi, il prêchait le retour à la nature, le renoncement à l'orgueil national, le nivellement des classes sociales et le cosmopolitisme.
(6) De la porte de la maison un étroit couloir conduisait dans la galerie de colonnes ou portique qui entourait des quatre côtés la

des bancs, étaient assis Eryximaque (1), fils d'Acoumène, Phèdre de Myrrhinunte, Andron (2), fils d'Androtion, des concitoyens d'Hippias et quelques autres étrangers ; ils semblaient questionner Hippias sur la nature et les phénomènes astronomiques, et lui, du haut de son siège, tranchait et débrouillait les difficultés que chacun lui soumettait. « En ce moment mes yeux s'arrêtèrent sur Tantale (3) » c'est-à-dire Prodicos de Céos ; car il était bien présent (4) ; il était dans une chambre qui auparavant servait de cellier à Hipponicos, mais que Callias, vu l'affluence des hôtes, avait débarrassée pour la mettre aussi à la disposition des étrangers. Prodicos était encore couché, enfoui, à ce qu'il m'a semblé, sous les fourrures et les couvertures entassées ; auprès de lui, sur les lits voisins, se trouvaient Pausanias (5) des Kéramées (6), et avec Pausanias un jeune adolescent qui m'a paru d'un excellent naturel et qui est à coup sûr d'une beauté parfaite. J'ai cru entendre qu'il s'appelait Agathon, et je ne serais pas étonné qu'il fût le mignon de Pausanias ; il y avait donc cet adolescent,

cour. Il faut supposer que Protagoras se promène dans la partie du portique qui touche à l'entrée, qu'Hippias est dans la galerie du fond et que Socrate et Hippocrate s'arrêtent quelques instants dans le couloir. De là ils embrassent d'un coup d'œil tout le portique et plongent leurs regards dans la chambre de Prodicos qui s'ouvre sur la galerie du fond.

(1) Le médecin Eryximaque et son ami Phèdre sont deux personnages importants du *Banquet*. Voir ce dialogue. Myrrhinunte est un dème de la tribu Pandionide.

(2) Andron figure aussi dans le *Gorgias*. Peut-être l'orateur Androtion était-il son fils.

(3) Début du vers 583 du livre XI de l'*Odyssée*.

(4) Comme Socrate l'avait supposé à la fin de sa conversation avec Hippocrate.

(5) Pausanias, amant d'Agathon, est comme lui un des protagonistes du *Banquet*.

(6) Dème de la tribu Acamantide, au nord-ouest d'Athènes ; primitivement le quartier des potiers.

et les deux Adimantes, l'un (1) fils de Képis, et l'autre (2), de Leucolophide, et quelques autres ; pour le sujet de leur entretien, je n'ai pu, du dehors où j'étais, le saisir, malgré mon vif désir d'entendre Prodicos, qui me paraît être un sage accompli, un homme divin ; sa voix de basse-taille, résonnant dans la chambre, arrivait en sons indistincts. A peine étions-nous entrés qu'entraient derrière nous Alcibiade le beau, comme tu dis, avec raison, selon moi, et Critias (3), fils de Kallaischros.

VIII. — Pour nous, après avoir franchi la porte, nous avons passé quelques instants à regarder ce tableau ; puis nous nous sommes avancés vers Protagoras et je lui ai dit : « C'est toi que nous cherchons, Protagoras, Hippocrate que voici et moi.

— Voulez-vous me parler en particulier ou en présence de tout le monde ?

— Cela nous est égal à nous, mais écoute ce qui nous amène et vois toi-même.

— Qu'est-ce donc qui vous amène ?

— Hippocrate que voici est d'Athènes, fils d'Apollodore, d'une maison considérable et opulente ; personnellement il paraît aussi bien doué qu'aucun jeune homme de son âge ; il aspire, je crois, à tenir un rang illustre dans l'Etat, et il croit que

---

(1) C'est la seule mention que nous connaissions de ce personnage.
(2) Il était stratège à la bataille d'Ægos-Potamos où il fut fait prisonnier. Il fut accusé par Conon d'avoir trahi son pays et sa fortune fut confisquée.
(3) Critias, le plus connu des trente tyrans. Son père et le grand-père de Platon du côté maternel étaient frères. Un scholiaste du *Timée* nous dit qu'il s'occupait de philosophie et qu'il passait pour un profane chez les philosophes, pour un philosophe chez les profanes.

8.

le meilleur moyen d'y réussir est de prendre tes leçons ; vois maintenant s'il te convient de nous entretenir là-dessus en particulier ou devant les autres.

— C'est bien fait à toi, Socrate, de veiller avec cette prévoyance à mes intérêts ; car un étranger qui vient dans de grandes villes pour y persuader à l'élite des jeunes gens de quitter toute autre société de parents et d'amis, soit vieux, soit jeunes, pour s'attacher à lui, afin de devenir meilleurs par son commerce, un étranger qui fait cela doit user de circonspection ; car c'est un métier qui soulève contre lui des jalousies, des haines et des embûches redoutables. Pour moi, j'ose affirmer que la profession de sophiste est ancienne ; mais ceux qui la pratiquaient dans les premiers temps, craignant la défaveur qui s'y attache, la pratiquaient sous le déguisement ou le voile de la poésie, comme Homère, Hésiode, Simonide, ou des mystères et des oracles, comme Orphée, Musée (1) et leurs disciples ; j'ai remarqué que quelques-uns mêmes l'abritaient derrière la gymnastique, comme Ikkos (2) de Tarente et cet Hérodicos de Sélymbrie (3), originaire de Mégare, sophiste encore vivant, qui ne craint aucun rival ; c'est sous le manteau de la musique que votre Agathoclès (4), ce grand sophiste, s'est caché, ainsi que Pythocli-

(1) On avait sous le nom d'Orphée et de Musée des oracles en vers qui furent recueillis par Onomacrite.
(2) Ikkos est mentionné dans les *Lois*, comme un modèle de tempérance. Il remporta le prix du pentathle aux jeux olympiques en 472 av. J.-C., et se fit maître de gymnastique.
(3) Hérodicos était maître de gymnastique et médecin. Valétudinaire, il sut prolonger sa vie jusqu'à un âge avancé par un régime sévère. Natif de Mégare, il s'était fixé à Sélymbrie, sur la Propontide.
(4) Agathoclès est mentionné dans le *Lachès*, comme maître de Damon, le maître de musique de Périclès.

dès (1) de Céos et beaucoup d'autres. Tous ces gens-là, je le répète, ont pris prétexte de ces arts pour se mettre à l'abri de l'envie. Pour moi, je ne partage pas leur avis sur ce point, persuadé que je suis qu'ils ont entièrement manqué leur but ; car ceux qui détiennent le pouvoir dans les cités ne se laissent pas prendre à ces finesses imaginées pour eux ; quant à la foule elle ne s'aperçoit pour ainsi dire de rien, elle répète seulement ce que ceux-ci lui font dire. Vouloir se dérober, comme un esclave marron, alors qu'on n'y peut réussir et qu'on est forcément découvert, c'est folie même de l'entreprendre, et cela ne peut aboutir qu'à renforcer la malveillance ; car c'est ajouter la fourberie aux autres griefs que le vulgaire a contre nous. Aussi moi, je suis une voie toute différente : je confesse que je suis sophiste et que j'instruis les hommes, et je crois ma précaution meilleure que la leur, et qu'il vaut mieux avouer que nier. Outre cette précaution, j'en ai imaginé d'autres, de manière à éviter, avec l'aide de Dieu, les disgrâces que je pourrais encourir en me donnant pour sophiste. Il y a pourtant déjà bien des années que j'exerce cette profession, car le total de mes années est considérable, et il n'y en a pas un d'entre vous dont, par mon âge, je ne pusse être le père ; aussi rien ne peut me faire autant de plaisir, si vous le voulez bien, que de traiter toutes ces questions devant toute la compagnie qui est ici. » Alors moi qui me doutais bien qu'il voulait se faire valoir en montrant à Prodicos et à Hippias que nous étions venus pour l'amour de lui, je lui dis : « Alors, il faut

---

(1) Pythoclidès enseigna aussi la musique à Périclès.

vite appeler Prodicos et Hippias et ceux qui sont avec eux, pour qu'ils nous écoutent ? — Oui, dit Protagoras. — Voulez-vous, dit Callias, que nous disposions des sièges pour une assemblée, afin que vous parliez assis ? » Ce fut l'avis général. Et tous, joyeux à la pensée d'entendre parler des savants, nous avons pris nous-mêmes les bancs et les lits pour les disposer près d'Hippias ; car c'est là que se trouvaient déjà les bancs. A ce moment Callias et Alcibiade amenaient Prodicos qu'ils avaient fait lever de son lit, et les gens qui étaient avec lui.

IX. — Quand nous avons été tous assis, Protagoras a pris la parole : « A présent, Socrate, que la compagnie est là, tu peux reprendre le sujet dont tu m'as touché un mot tout à l'heure à propos de ce jeune homme.

— Je commencerai, Protagoras, comme tout à l'heure, par le but de notre visite. Hippocrate que voici est piqué du désir de se mettre à ton école, et il dit qu'il aimerait savoir quels avantages il retirera de ton commerce. Voilà tout ce que nous avons à te dire. »

Protagoras a repris : « Jeune homme, l'avantage que tu retireras de mon commerce, c'est que, quand tu auras passé un jour avec moi, tu retourneras chez toi meilleur que tu n'étais, le lendemain de même, et chaque jour tu feras des progrès vers le mieux.

— Ce que tu dis, Protagoras, n'est pas extraordinaire, c'est naturel au contraire ; car, si âgé et si savant que tu sois, si on t'enseignait ce que tu ne sais pas, tu deviendrais meilleur (1). Ce n'est pas cela que je te demande. Mais supposons par exemple que changeant tout d'un coup de fantaisie, Hippocrate ait envie de s'attacher à ce jeune homme qui vient d'arriver chez nous, Zeuxippos (2) d'Héraclée, qu'il aille le trouver comme il vient te trouver à présent, et qu'il s'entende dire, comme il vient de l'entendre de ta bouche, que chaque jour, grâce à son commerce, il deviendra meilleur, et qu'enfin il lui demande : En quoi prétends-tu que je deviendrai meilleur, et en quoi ferai-je des progrès ? Zeuxippe lui répondrait que c'est en peinture. Supposons encore qu'il se soit attaché à Orthagoras (3) de Thèbes et que celui-ci lui fasse les mêmes promesses que toi ; s'il lui demandait en outre en quoi il deviendrait chaque jour meilleur par sa fréquentation, Orthagoras répondrait que c'est dans l'art de jouer de la flûte. Réponds de même, toi aussi, à ce jeune homme et à moi qui te questionne pour lui. Hippocrate, en s'attachant à Protagoras, dès le jour qu'il aura passé en sa compagnie, s'en retournera meilleur, et chaque jour qui s'écoulera il progressera d'autant, mais en quoi Protagoras, et sur quoi ? »

Après m'avoir entendu, Protagoras a répliqué : « Tu t'entends à merveille à poser les questions, Socrate, et moi, de mon côté, j'ai plaisir à répondre aux questions bien posées. Hippocrate, en venant à moi, n'aura pas les ennuis qu'il aurait en s'attachant à tout autre sophiste ; les autres sophistes

---

(1) Pour Socrate, la science et la vertu se confondent.
(2) On suppose que ce Zeuxippos est le fameux peintre Zeuxis d'Héraclée (ville de la Grande-Grèce). Zeuxis serait le diminutif familier de Zeuxippos.
(3) Orthagoras fut le maître de flûte d'Epaminondas. L'art de la flûte était en grand honneur à Thèbes.

traitent outrageusement les jeunes gens : ils ont beau avoir dit adieu aux arts, les sophistes les y ramènent malgré eux et les y replongent, leur enseignant le calcul, l'astronomie, la géométrie, la musique — et, ce disant, il regardait Hippias —; au contraire, en venant à moi, il n'apprendra que la science pour laquelle il est venu ; cette science est la prudence, qui, dans les affaires domestiques, lui enseignera la meilleure façon de gouverner sa maison, et, dans les affaires de la cité, le mettra le mieux en état d'agir et de parler pour elle.

— Ai-je bien suivi ta pensée ? Tu veux parler sans doute de l'art politique et tu te fais fort de former de bons citoyens.

— C'est cela même, Socrate : voilà la science dont je fais profession.

X. — C'est à coup sûr une belle science que tu possèdes-là, s'il est vrai que tu la possèdes, car je ne te cacherai pas ma façon de penser. Je ne croyais pas, Protagoras, qu'on pût enseigner cette science ; mais puisque tu le dis, il faut bien que je te croie. Cependant il est juste que je te dise pourquoi je pense qu'elle ne saurait être enseignée ni transmise d'homme à homme. Je suis persuadé, avec tous les autres Grecs, que les Athéniens sont sages ; or je vois que dans nos assemblées publiques, s'il s'agit de délibérer sur une construction, on fait venir les architectes pour prendre leur avis sur les bâtiments à faire ; s'il s'agit de construire des vaisseaux, on fait venir les constructeurs de navires et de même pour tout ce qu'on tient susceptible d'être appris et enseigné ; mais si quelque autre se mêle de donner des conseils, sans être du métier, si beau, si riche, si noble qu'il soit, il n'en reçoit pas pour cela meilleur accueil ; au contraire on le raille et on le siffle, ce donneur d'avis, jusqu'à ce qu'il se retire lui-même sous les huées ou que les archers (1) l'entraînent et l'enlèvent sur l'ordre des prytanes ; voilà comment les Athéniens se comportent dans ce qui leur paraît toucher au métier ; si au contraire il faut délibérer sur le gouvernement de la cité, chacun se lève pour lui donner des avis, charpentier, forgeron, cordonnier, marchand, armateur, riche ou pauvre, noble ou roturier indifféremment, et personne ne leur reproche, comme aux précédents, de venir donner des conseils, alors qu'ils n'ont étudié nulle part et n'ont été à l'école d'aucun maître, preuve évidente qu'on ne croit pas que la politique puisse être enseignée. Et ce n'est pas seulement dans les affaires publiques qu'il en est ainsi, mais dans la vie privée, nos concitoyens les plus sages et les meilleurs sont incapables de transmettre à d'autres le talent qu'ils possèdent ; ainsi Périclès, le père des jeunes gens que voilà, les a fait instruire à merveille de ce qui dépend des maîtres ; mais pour sa propre sagesse, il ne la leur enseigne pas ni ne la leur fait enseigner par d'autres ; mais il les laisse courir et paître en liberté, comme des animaux sacrés, pour voir si d'eux-mêmes ils tomberont sur la vertu. Veux-tu un autre exemple. Ce même Périclès, chargé de la tutelle de Clinias (2), frère cadet d'Al-

(1) C'étaient des esclaves de l'Etat qu'on désignait aussi par le nom de *Scythes*, parce que la plupart étaient Scythes d'origine.
(2) Après la mort de Clinias, tué à Chéronée en 447, Ariphron et son frère Périclès, devinrent les tuteurs des fils de Clinias, leurs cousins. Les deux orphelins vivaient sans doute avec leur mère Dymaché dans la maison de leur père. Périclès ordonna la séparation, lorsqu'Alcibiade devint majeur.

cibiade ici présent, craignant qu'il ne fût gâté par le contact de son aîné, le sépara de lui et le mit chez Ariphron pour y être élevé ; mais il ne s'était pas passé six mois qu'Ariphron (1) le lui rendait, ne sachant que faire de lui. Je pourrais t'en citer bien d'autres qui, étant eux-mêmes pleins de mérite, n'ont jamais amélioré personne, ni de leurs parents, ni des étrangers. C'est la vue de ces exemples, Protagoras, qui me fait croire que la vertu ne saurait être enseignée. Pourtant, lorsque je t'entends parler comme tu fais, ma conviction fléchit, et je pense que tu pourrais bien avoir raison, parce que tu dois avoir une vaste expérience et que tu dois avoir appris beaucoup d'autrui, beaucoup par tes propres réflexions. Si donc tu peux nous démontrer clairement qu'on peut enseigner la vertu, ne nous refuse pas cette faveur, démontre-le.

— J'y consens, Socrate ; mais dois-je faire ma démonstration en vous disant une fable, comme un vieillard fait un conte à des jeunes gens, ou en discutant pied à pied la question ? »

Beaucoup des assistants lui ont répondu qu'il traitât le sujet comme il l'entendrait. — « M'est avis, a-t-il dit, que vous aurez plus de plaisir à entendre une fable. »

XI. — Il fut jadis un temps où les dieux existaient, mais non les espèces mortelles. Quand le temps que le destin avait assigné à leur création fut venue, les

---

(1) D'autres traduisent : « Périclès le rendit à Alcibiade, ne sachant que faire de lui » ; mais l'expression le *rendit* à Alcibiade manque ici de justesse ; elle est toute naturelle, si on admet un changement de sujet et si on l'applique à Ariphron à qui on a donné l'enfant à garder.

dieux les façonnèrent dans les entrailles de la terre (1) d'un mélange de terre et de feu et des éléments (2) qui s'allient au feu et à la terre. Quand le moment de les amener à la lumière approcha, ils chargèrent Prométhée et Epiméthée (3) de les pourvoir et d'attribuer à chacun des qualités appropriées. Mais Epiméthée demanda à Prométhée de lui laisser faire seul le partage. « Quand je l'aurai fini, dit-il, tu viendras l'examiner. » Sa demande accordée, il fit le partage, et, en le faisant, il attribua aux uns la force sans la vitesse, aux autres la vitesse sans la force ; il donna des armes à ceux-ci, les refusa à ceux-là, mais il imagina pour eux d'autres moyens de conservation ; car à ceux d'entre eux qu'il logeait dans un corps de petite taille, il donna des ailes pour fuir ou un refuge souterrain ; pour ceux qui avaient l'avantage d'une grande taille, leur grandeur suffit à les conserver, et il appliqua ce procédé de compensation à tous les animaux. Ces mesures de précaution étaient destinées à prévenir la disparition des races. Mais quand il leur eut fourni les moyens d'échapper à une destruction mutuelle, il voulut les aider à supporter les saisons de Zeus (4) ; il imagina pour cela de les revêtir de poils épais et de peaux serrées, suffisantes pour les garantir du froid, capables aussi de les protéger contre la chaleur et destinées enfin à servir, pour le temps du sommeil, de couvertures

---

(1) C'était une vieille croyance que les hommes et les animaux avaient pour mère commune la terre, et qu'ils étaient sortis de son sein. C'est sur cette croyance que repose la légende des Athéniens autochthones.
(2) L'air et l'eau qui s'allient respectivement au feu et à la terre.
(3) Fils de Japet et de Climène (v. Hésiode, *Théogonie*, 513).
(4) Zeus est dieu de l'air, et préside aux phénomènes atmosphériques.

naturelles, propres à chacun d'eux ; il leur donna en outre comme chaussures soit des sabots de corne, soit des peaux calleuses et dépourvues de sang ; ensuite il leur fournit des aliments variés suivant les espèces, aux uns l'herbe du sol, aux autres les fruits des arbres, aux autres des racines ; à quelques-uns mêmes il donna d'autres animaux à manger ; mais il limita leur fécondité et multiplia celle de leurs victimes, pour assurer le salut de la race. Cependant Epiméthée, peu réfléchi, avait épuisé le fonds des qualités qu'il avait à distribuer, et il lui restait la race humaine à pourvoir, et il ne savait que faire. Dans cet embarras, Prométhée vient pour examiner le partage ; il voit les animaux bien pourvus, mais l'homme nu, sans chaussures, ni couverture, ni armes, et le jour fixé approchait où il fallait l'amener du sein de la terre à la lumière. Alors Prométhée, ne sachant qu'imaginer pour donner à l'homme le moyen de se conserver, vole à Héphaistos et à Athéna la connaissance des arts avec le feu ; car, sans le feu, la connaissance des arts était impossible et inutile ; et il en fait présent à l'homme. L'homme eut ainsi la science propre à conserver sa vie ; mais il n'avait pas la science politique ; celle-ci se trouvait chez Zeus, et Prométhée n'avait plus le temps de pénétrer dans l'acropole que Zeus habite et où veillent d'ailleurs des gardes redoutables (1). Il se glisse donc furtivement dans l'atelier commun où Athéna et Héphaistos cultivaient leur amour des arts, il y dérobe au dieu son art de manier le feu et à la déesse l'art qui lui est propre, et il en fait présent à l'homme,

---

(1) La Force et la Violence (v. Hésiode, *Théogonie*, 385 sqq.).

et c'est ainsi que l'homme peut se procurer des ressources pour vivre. Dans la suite, Prométhée fut, dit-on, puni du larcin qu'il avait commis par la faute d'Epiméthée.

XII. — Quand l'homme fut en possession de son lot divin, d'abord, à cause de son affinité avec les dieux, il crut à leur existence, privilège qu'il a seul de tous les animaux, et il se mit à leur dresser des autels et des statues ; ensuite il eut bientôt fait, grâce à la science qu'il avait, d'articuler sa voix et de former les noms des choses, d'inventer les maisons, les habits, les chaussures, les lits, et de tirer les aliments du sol. Avec ces ressources, les hommes à l'origine, vivaient isolés, et les villes n'existaient pas ; aussi périssaient-ils sous les coups des bêtes fauves, toujours plus fortes qu'eux ; les arts mécaniques suffisaient à les faire vivre ; mais ils étaient d'un secours insuffisant dans la guerre contre les bêtes ; car ils ne possédaient pas encore la science politique dont l'art militaire fait partie. En conséquence ils cherchaient à se rassembler et à se mettre en sûreté en fondant des villes ; mais quand ils s'étaient rassemblés, ils se faisaient du mal les uns aux autres, parce que la science politique leur manquait, en sorte qu'ils se séparaient de nouveau et périssaient. Alors Zeus, craignant que notre race ne fût anéantie, envoya Hermès porter aux hommes la pudeur et la justice, pour servir de règles aux cités et unir les hommes par les liens de l'amitié. Hermès alors demanda à Zeus de quelle manière il devait donner aux hommes la justice et la pudeur. « Dois-je les partager, comme on a partagé les arts ? Or les arts ont été partagés de manière qu'un seul homme, expert en l'art médical, suffit pour un grand nombre de profanes, et les autres artisans de même. Dois-je répartir ainsi la justice et la pudeur parmi les hommes, ou les partager entre tous ? — Entre tous, répondit Zeus ; que tous y aient part, car les villes ne sauraient exister, si ces vertus étaient, comme les arts, le partage exclusif de quelques-uns ; établis en outre en mon nom cette loi, que tout homme incapable de pudeur et de justice sera exterminé comme un fléau de la société. Voilà comment, Socrate, et voilà pourquoi et les Athéniens et les autres, quand il s'agit d'architecture ou de tout autre art professionnel, pensent qu'il n'appartient qu'à un petit nombre de donner des conseils, et si quelque autre, en dehors de ce petit nombre, se mêle de donner un avis, ils ne le tolèrent pas, comme tu dis, et ils ont raison, selon moi. Mais quand on délibère sur la politique, où tout repose sur la justice et la tempérance, ils ont raison d'admettre tout le monde, parce qu'il faut que tout le monde ait part à la vertu civile ; autrement il n'y a pas de cité. Voilà, Socrate, la raison de cette différence.

Mais pour que tu ne t'imagines pas que je t'abuse, en te disant que tout le monde est réellement persuadé que chacun a part à la justice et aux autres vertus civiles, je vais t'en donner une nouvelle preuve. Pour les autres qualités, c'est ton mot (1), si quelqu'un par exemple prétend exceller sur la flûte ou en tout autre art, alors qu'il ne s'y entend pas, on le raille, on le rebute et ses proches viennent le chapitrer sur sa folie ; mais en ce qui concerne la justice et les autres

(1) Ce mot est le mot ἀρετή qui signifie non-seulement *vertu*, mais toute espèce de *mérite*, de *talent* et de *qualité*.

vertus politiques, si l'on connaît quelqu'un pour un homme injuste, et si, témoignant contre lui-même, il avoue la vérité devant le public, cette confession de la vérité qui passait tout à l'heure pour sagesse, passe ici pour folie, et l'on est convaincu qu'il faut que tous les hommes se disent justes, qu'ils le soient ou qu'ils ne le soient pas, et que c'est folie de ne pas simuler la justice ; car il est nécessaire que chacun sans exception ait quelque part à la justice ou qu'il disparaisse du milieu des hommes.

XIII. — Qu'on ait raison d'admettre chacun à donner son avis sur cette vertu, parce qu'on est persuadé qu'elle est le partage de chacun, voilà ce que je viens d'établir ; qu'on la regarde, non pas comme un don de la nature ou un effet du hasard, mais comme une chose qui peut s'enseigner ou s'acquérir par l'exercice, voilà ce que je vais essayer maintenant de démontrer. Et en effet pour les défauts naturels ou accidentels que l'on remarque les uns chez les autres, personne ne se fâche contre ceux qui en sont affligés, personne ne les reprend, ne leur fait la leçon, ne les châtie, afin qu'ils cessent d'être ce qu'ils sont : on a simplement pitié d'eux. Qui serait assez fou, par exemple, pour infliger de tels traitements à des personnes laides, petites ou débiles? On sait bien, n'est-ce pas, que c'est de la nature et du hasard que les hommes tiennent ces qualités de beauté ou de laideur; mais pour les qualités qu'on regarde comme un effet de l'application, de l'exercice et de l'étude, lorsqu'on ne les a pas et qu'on a les vices contraires, c'est alors que l'indignation, les châtiments, les remontrances trouvent à s'appliquer. Au nombre de ces défauts sont l'injustice, l'impiété et en général tout ce qui est contraire à la vertu politique ; ici chacun s'indigne et s'élève contre le vice, évidemment parce qu'il est persuadé que cette vertu s'acquiert par l'application et l'étude. Si en effet, Socrate, tu veux bien faire réflexion sur le sens de cette expression *punir les méchants*, cela suffira pour te convaincre que les hommes regardent la vertu comme une chose qu'on peut acquérir ; personne en effet ne punit un homme injuste par cette simple raison qu'il a commis une injustice, à moins qu'il ne punisse à l'aveugle, comme une bête féroce ; mais celui qui veut punir judicieusement ne punit pas à cause de l'injustice, qui est chose passée, car il ne saurait faire que ce qui est fait ne soit pas fait ; mais il punit en vue de l'avenir, afin que le coupable ne retombe plus dans l'injustice et que son châtiment retienne ceux qui en sont les témoins (1). Penser ainsi, c'est penser que la vertu peut être enseignée, puisque le châtiment a pour but de détourner du vice. Telle est l'opinion de tous ceux qui punissent en leur nom et au nom de l'Etat. Or tous les hommes punissent et châtient ceux qu'ils regardent comme injustes, et les Athéniens, tes concitoyens, aussi bien que les autres, de sorte que, suivant ce raisonnement, les Athéniens sont de ceux qui pensent que la vertu s'acquiert et s'enseigne. Ainsi, que tes concitoyens aient raison d'accueillir les conseils du forgeron et du cordonnier en matière politique, et qu'ils soient convaincus que la vertu s'en-

---

(1) Cf. Sénèque, *De Ira*, I, 16, 21. Nam, ut ait Plato, nemo prudens punit, quia peccatum est, sed ne peccetur ; revocari enim praeterita non possunt, futura prohibentur et quos volet nequitiae male cedentis exempla fieri, palam occidet... ut alios pereundo deterreant.

seigne et s'acquiert, voilà, Socrate, qui est suffisamment démontré, si je ne m'abuse.

XIV. — Reste la difficulté que tu as soulevée à propos des hommes vertueux. Tu demandais pourquoi les hommes vertueux font apprendre à leurs enfants tout ce qui s'enseigne dans les écoles et réussissent à les rendre savants, tandis que dans la vertu où ils excellent, ils ne peuvent les rendre supérieurs à personne. Pour traiter cette question, Socrate, au lieu de recourir à la fable, j'emploierai le raisonnement. Arrête ta réflexion sur ceci. Y a-t-il, oui ou non, une chose unique à laquelle il faut que tous les citoyens participent, si l'on veut qu'un Etat subsiste ? C'est ici que nous trouverons la solution de la difficulté qui t'arrête, ou nous ne la trouverons nulle part. Car, si cette chose existe, et si cette chose unique n'est pas l'art de l'architecte, ni du forgeron, ni du potier, mais la justice, la tempérance, la sainteté, et, pour exprimer d'un seul mot une chose unique, la vertu ; si c'est une chose à laquelle il faut que tous les hommes aient part, à laquelle tout homme qui veut apprendre ou faire quelque chose doit conformer sa conduite, sinon, renoncer à son dessein ; si c'est une chose telle qu'il faut instruire et punir tout homme qui en est dénué, enfant, homme, femme, jusqu'à ce qu'il s'améliore par le châtiment, et, s'il ne se rend point malgré les châtiments et les remontrances, le chasser des cités et le mettre à mort comme incurable ; s'il en est ainsi, et si malgré cela les hommes vertueux font instruire leurs fils en toutes choses et non en celle-ci, vois quelle conduite étonnante est la leur. Ils sont en effet convaincus, nous l'avons démontré, que la vertu peut être l'objet d'un enseignement public et privé, et avec cette conviction qu'elle est susceptible d'être enseignée et cultivée, ils feraient apprendre à leurs fils toutes les choses dont l'ignorance n'est point punie de mort, et celle dont l'ignorance et la négligence entraînent pour leurs fils la mort, l'exil, et, outre la mort, la confiscation, et, pour le dire en un mot, la ruine de leurs maisons, ils ne la leur feraient pas apprendre, ils n'y mettraient pas toute leur application ! C'est une chose impossible à admettre, Socrate.

XV. — Cet enseignement, cette éducation commence à l'âge tendre, et les pères la poursuivent jusqu'à leur mort. Dès que l'enfant comprend ce qu'on lui dit, nourrice, mère, gouverneur, sans parler du père lui-même s'évertuent à la perfectionner ; chaque action, chaque parole sert de texte à un enseignement direct : « Telle chose est juste, lui dit-on, telle autre injuste ; ceci est beau, cela est honteux ; ceci est saint, cela impie ; fais ceci, ne fais pas cela (1). » Il se peut que l'enfant obéisse volontairement ; il se peut qu'il soit indocile ; alors, comme on fait d'un bois courbé et gauchi, on le redresse par les menaces et les coups. Puis on envoie les enfants à l'école et on recommande beaucoup plus aux maîtres de veiller à leurs mœurs que de leur apprendre les lettres et la cithare. Les maîtres y veillent en effet, et quand leurs élèves savent lire et sont à même de comprendre ce qui est écrit, comme ils comprenaient les leçons orales, on leur donne à lire sur leurs bancs les œuvres

---

(1) Cf. Térence, Ad., 3, 3, 63. Hoc facito — Hoc fugito — Hoc laudist — Hoc vitio datur.

des grands poètes et on les leur fait apprendre par cœur (1). Ils y trouvent quantité de préceptes, quantité de récits à la louange et à la gloire des héros d'autrefois : on veut que l'enfant, pris d'émulation, les imite et s'efforce de leur ressembler. Les maîtres de cithare (2) font de même : ils s'appliquent à rendre les jeunes gens tempérants et veillent à ce qu'ils ne fassent rien de honteux ; puis, quand ils leur ont appris à jouer de la cithare, ils leur font étudier les œuvres d'autres grands poètes, les poètes lyriques, en les faisant exécuter sur l'instrument ; ils forcent ainsi les enfants à s'approprier les rythmes et les accords, pour qu'ils se rendent plus doux et que, devenus mieux rythmés et plus harmonieux (3), ils soient bien préparés pour la parole et pour l'action ; car toute la vie de l'homme a besoin de nombre et d'harmonie. Après cela, on les envoie encore chez le maître de gymnastique, afin qu'ils aient un corps plus sain à mettre au service d'un esprit vertueux et ne soient pas des trembleurs à la guerre et ailleurs, par la faiblesse de leur constitution. Voilà ce qu'on fait pour l'éducation des enfants : plus on le peut, plus on la soigne, et on le peut d'autant plus qu'on est plus riche, et ce sont les enfants des riches qui commencent le plus tôt à fréquenter l'école et qui la quittent le plus tard. Quand ils sortent des mains des maîtres, la cité à son tour leur fait apprendre ses

(1) Cf. les *Lois*, p. 810 F.
(2) Cf. les *Lois*, p. 812 A sq. et la *République*, p. 398 sq. Platon met les enfants à la musique à l'âge de 13 ans, et leur fait apprendre la lyre pendant trois ans.
(3) Cf. la *République*, III, p. 401 D : La musique est la partie principale de l'éducation, parce que le nombre et l'harmonie, s'insinuant de bonne heure dans l'âme, s'en emparent, et y font entrer à leur suite la grâce et le beau.

D.

lois et régler leur conduite sur elles, comme sur un modèle, au lieu de les laisser faire à leur tête et suivre leur fantaisie. Tout comme les maîtres d'école tracent des lignes avec leur stylet pour les enfants qui ne savent pas encore écrire, puis leur mettent en main les tablettes et les font écrire en suivant ces lignes, ainsi la cité a tracé les lois inventées jadis par de vertueux législateurs, et elle exige qu'on gouverne et qu'on se laisse gouverner par ces lois, et punit ceux qui les transgressent ; et cette punition s'appelle chez vous et en beaucoup d'autres endroits *redressement*, parce que le but du châtiment est de redresser. Après tant de soins donnés à la vertu en particulier comme en public, peux-tu bien t'étonner, Socrate, et douter que la vertu puisse être enseignée ? Loin de le trouver surprenant, il faudrait bien plutôt s'étonner du contraire.

XVI. — D'où vient donc que des pères vertueux ont souvent des fils malhonnêtes ? Apprends-en la raison. Il n'y a là rien que de naturel, s'il est vrai, comme je l'ai dit tout à l'heure, qu'il faut, pour que la cité subsiste, que tout le monde soit instruit dans cette science qu'est la vertu. Si donc ce que je dis est vrai, et il n'y a rien de plus vrai, considère parmi les autres occupations et les autres sciences celle qu'il te plaira. Supposons, par exemple, que la cité ne puisse exister qu'à la condition que nous soyons tous joueurs de flûte, chacun dans la mesure de nos moyens ; que dès lors chacun enseigne la flûte aux autres et en particulier et en public, réprimande celui qui joue mal, et fasse part de son talent, comme on fait part de sa connaissance de la justice et des lois, sans en faire mystère, comme on le fait dans les autres arts, — nous trouvons en effet notre avantage dans la pratique mutuelle de la justice et de la vertu, et c'est pour cela que chacun est porté à dire et à enseigner aux autres ce qui est juste et légal, — supposons, dis-je, que nous ayons le même empressement sans réserve à nous enseigner mutuellement la flûte, penses-tu, Socrate, que les fils des bons joueurs de flûte deviendraient plus habiles que les fils des mauvais ? Je suis convaincu que non ; ce serait l'enfant le mieux doué pour la flûte, quel que fût son père, qui grandirait en renommée, et l'enfant mal doué qui resterait obscur, et souvent le fils d'un bon joueur de flûte resterait mauvais, et le fils d'un mauvais deviendrait bon ; cependant tous les citoyens seraient des joueurs de flûte passables, comparés aux ignorants, complètement étrangers à l'art de la flûte. Tiens de même pour certain, dans le cas qui nous occupe, qu'un homme qui te paraît tout à fait injuste parmi des hommes élevés dans la loi et la société, est juste et savant en justice, si on le compare à des hommes qui n'auraient ni éducation, ni tribunaux, ni lois, ni rien qui les contraigne à cultiver la vertu, espèce de sauvages semblables à ceux que le poète Phérécrate (1) a fait représenter l'an passé au Lénæon (2). A coup sûr, si tu te trouvais

---

(1) Phérécrate, un des maîtres de l'ancienne comédie, fit représenter en 421-420 une comédie intitulée Ἄγριοι, les *Sauvages*, dont les fragments qui nous restent ne laissent pas deviner le contenu. On peut supposer, d'après ce passage de Platon, que des misanthropes retirés au désert y rencontraient des sauvages dont la rudesse leur faisait apprécier les douceurs de la civilisation.
(2) C'est-à-dire au théâtre, lequel était situé entre le Lénæon et le rocher de l'Acropole. Le Lénæon ou place du pressoir était un temple et une enceinte consacrés à Dionysos. On y célébrait au mois de janvier (gamélion) la fête des Lénéennes, dont la partie essentielle consistait en représentations théâtrales.

parmi de tels hommes, comme les misanthropes parmi les sauvages qui forment le chœur de la pièce, tu t'estimerais heureux de tomber sur un Eurybate ou un Phrynondas (1), et tu gémirais et tu regretterais la méchanceté des gens d'ici. Mais maintenant tu te prévaux, Socrate, parce que tout le monde enseigne la vertu, dans la mesure de ses moyens, et qu'ainsi personne ne paraît l'enseigner. C'est comme si tu cherchais quel maître nous apprend à parler grec : tu n'en trouverais pas. Et si tu cherchais de même un homme qui pût apprendre aux fils des artisans l'art même que leurs pères leur ont enseigné avec toute la capacité qui leur est propre à eux-mêmes et à ceux de leur profession, et qui pût les pousser plus loin encore, un tel maître, Socrate, serait, je crois, difficile à trouver, tandis qu'il serait fort aisé d'en trouver un pour des ignorants ; et la même chose peut se dire de la vertu et de tout le reste. Mais s'il y a des gens qui l'emportent tant soit peu sur les autres pour faire avancer dans la vertu, c'est déjà un joli privilège. Or je crois être un de ceux-là ; je crois que je suis supérieur aux autres pour aider à devenir vertueux, que je mérite le salaire que j'exige, et même un plus grand, de l'aveu même de mes élèves. Aussi voici comment je procède pour me faire payer mes honoraires. Quand quelqu'un a reçu mes leçons, il me paye, s'il veut, la somme que je lui demande ; sinon, il entre dans un temple, et, après avoir prêté serment, il y dépose le prix que vaut à ses yeux mon enseignement.

---

(1) Deux individus dont la méchanceté était passée en proverbe. Eurybate était ou un voleur fameux, ou un Éphésien qui avait trahi Crésus ; Phrynondas, un coquin d'Athènes.

Voilà, Socrate, et la fable et les raisons par lesquelles je voulais te prouver que la vertu est matière d'enseignement, que c'est l'opinion des Athéniens et qu'il n'y a rien d'étonnant à ce que les fils de pères distingués soient sans mérite et les fils de pères sans mérite soient distingués, témoin les fils de Polyclète, jeunes gens de l'âge de Paralos et de Xanthippe ici présents, qui ne sont rien à côté de leur père, et d'autres fils d'artistes qui sont dans le même cas. Quant à ceux-ci, il ne faudrait pas déjà les mettre en cause : leur jeunesse laisse encore à espérer. »

XVII. — Après avoir étalé cette longue et belle pièce d'éloquence, Protagoras s'est tu ; et moi, toujours sous le charme, je continuais à le regarder, comme s'il allait poursuivre, car je désirais l'entendre encore. Mais quand je me suis rendu compte qu'il avait réellement fini, je me suis ressaisi non sans peine, et, me tournant vers Hippocrate, je lui ai dit : « O fils d'Apollodore, combien je te suis obligé de m'avoir engagé à venir ici ! je ne donnerais pas pour beaucoup le plaisir d'avoir entendu ce que je viens d'entendre de Protagoras. Jusqu'à présent en effet je croyais qu'il n'y avait pas d'industrie humaine capable de faire des gens de bien ; maintenant je suis persuadé ; il n'y a qu'une petite difficulté qui m'arrête ; mais sans doute Protagoras l'éclaircira facilement, lui qui vient de jeter à profusion la lumière sur ces questions. Si en effet on s'entretenait sur le même sujet avec un de nos orateurs, peut-être entendrait-on aussi des discours aussi beaux de la bouche d'un Périclès ou de quelque autre habile parleur ; mais qu'on leur pose des questions sur un point, ils sont comme les livres, ils ne savent ni répondre, ni interroger eux-mêmes ; mais si on leur demande le plus mince éclaircissement sur le sujet traité, comme des vases d'airain qu'on a choqués résonnent et continuent à résonner, tant qu'on ne met pas la main dessus, ainsi nos orateurs, à propos des moindres questions, font un discours à perte de vue (1). Protagoras au contraire est capable de tenir de longs et beaux discours, comme il vient de le montrer ; mais il est capable aussi, si on l'interroge, de répondre brièvement, et, s'il interroge, d'attendre et de recevoir la réponse, talent qui n'appartient qu'à peu de gens. Maintenant donc, Protagoras, il n'y a qu'un détail qui me tient en peine ; je serais pleinement satisfait, si tu voulais y répondre. Tu dis que la vertu s'enseigne ; s'il y a quelqu'un au monde qui puisse m'en persuader, c'est toi ; mais il y a quelque chose qui m'a surpris dans ton discours et sur quoi je voudrais avoir l'esprit satisfait : tu as dit que Zeus avait envoyé la justice et la pudeur aux hommes ; d'autre part en plusieurs endroits de ton discours, tu as parlé de la justice, de la tempérance, de la sainteté, comme si tout cela n'était en somme qu'une seule chose, la vertu. Explique-moi donc nettement si la vertu est une, et si la justice, la tempérance, la sainteté n'en sont que des parties, ou si toutes ces qualités ne sont, comme je le disais tout à l'heure, que les noms d'une seule et même chose. Voilà ce que je désire encore de toi.

---

(1) Littéralement : parcourent le long stade. Le long stade, espace de 12 δίαυλοι ou 24 stades, était la plus longue carrière que parcouraient les lutteurs dans les jeux.

XVIII. — A cette question, Socrate, la réponse est facile : la vertu est une, et les qualités dont tu parles en sont des parties.

— En sont-elles des parties au même titre que la bouche, le nez, les yeux, les oreilles sont des parties du visage, ou sont-elles comme les parties de l'or, qui ne diffèrent les unes des autres et du tout que sous le rapport de la grandeur et de la petitesse ?

— Elles sont comme les premières, ce me semble, Socrate, c'est-à-dire comme les parties du visage à l'égard du visage entier.

— Les hommes, ai-je continué, ont-ils part, les uns à telle des parties de la vertu, les autres à telle autre, ou faut-il nécessairement, quand on en possède une, qu'on les ait toutes ?

— Pas du tout, m'a-t-il dit, puisque l'on voit souvent des hommes courageux qui sont injustes ou des hommes justes qui ne sont pas sages.

— Ce sont donc aussi des parties de la vertu, la sagesse et le courage ?

— Rien n'est plus certain, m'a-t-il répondu, et la sagesse est la plus importante de ces parties.

— Et chacune de ces parties, ai-je dit, est différente de l'autre ?

— Oui.

— Est-ce que chacune d'elles a aussi sa propriété, comme les parties du visage ? L'œil n'est pas tel que l'oreille et n'a pas la même propriété, et aucune autre partie n'est pareille à une autre ni pour la propriété ni pour tout le reste ? En est-il donc de même des parties de la vertu ? ne sont-elles pas elles aussi différentes l'une de l'autre et en elles-mêmes et dans leur propriété ? N'est-il pas évident qu'elles le sont, s'il faut suivre jusqu'au bout la comparaison ?

— C'est vrai, Socrate.

— Alors, ai-je dit, parmi les parties de la vertu, il n'y en a pas une qui soit pareille à la justice, ni au courage, ni à la tempérance, ni à la sainteté ?

— Non, a-t-il dit.

— Eh bien, alors, ai-je dit, examinons ensemble ce qu'est chacune d'elles. Commençons par la justice : est-elle quelque chose de réel, ou n'est-elle rien ? Pour moi, je trouve que c'est quelque chose de réel. Et toi ?

— Moi aussi.

— Eh bien, si quelqu'un nous disait à tous deux : « Dites-moi, Protagoras et Socrate, ce que vous avez nommé tout à l'heure, la justice, est-elle en soi juste ou injuste ? » Moi je lui répondrais qu'elle est juste. Et toi, ajouterais-tu ton suffrage au mien, ou es-tu d'un autre avis ?

— Je suis de ton avis, a-t-il dit.

— Alors, la justice est la même chose qu'être juste ? Oui, répondrais-je à mon questionneur. Ne répondrais-tu pas de même ?

— Si, a-t-il dit.

— S'il nous demandait ensuite : « Ne dites-vous pas qu'il y a aussi une sainteté ? » Nous répondrions oui, je suppose ?

— Sans doute, a-t-il dit.

— Ne dites-vous pas que cette sainteté aussi est quelque chose ? Nous le reconnaîtrions, n'est-ce pas ?

— D'accord.

— Mais, à votre avis, cette sainteté est-elle en soi la même chose qu'être impie ou qu'être saint ?

Je me fâcherais, moi, d'une telle question, et je répondrais : Parle-mieux, l'ami. Il n'y aurait vraiment plus rien de saint, si la sainteté même n'était pas sainte. Et toi, ne répondrais-tu pas comme moi ?

— Absolument comme toi, a-t-il dit.

XIX. — Si, continuant ses questions, il nous disait : « Comment disiez-vous donc tout à l'heure ? Ai-je mal entendu ? Vous disiez, si je ne me trompe, que les parties de la vertu ont entre elles des rapports tels qu'aucune ne ressemble aux autres » ; je lui répondrais pour ma part : « Pour ce qui a été dit, tu l'as bien entendu ; mais quant à croire que c'est moi qui l'ai dit, tu as mal entendu. C'est Protagoras qui a fait cette réponse ; moi, je ne faisais qu'interroger. » S'il reprenait : « Socrate dit-il la vérité, Protagoras ? est-ce toi qui affirmes qu'aucune des parties de la vertu ne ressemble aux autres ? est-ce bien cela que tu soutiens ? » que lui répondrais-tu ?

— Force me serait d'avouer, Socrate, a-t-il dit.

— Et que pourrions-nous bien lui répondre, après cet aveu, Protagoras, s'il nous posait encore cette question : « La sainteté n'est donc pas susceptible d'être une chose juste, ni la justice d'être une chose sainte, mais la justice est susceptible de n'être pas sainte, et la sainteté de n'être pas juste, c'est-à-dire que la sainteté peut être injuste, et la justice impie (1) ? » que lui répondrions-nous ? Pour mon compte personnel, je répondrais que la justice est sainte et la sainteté juste ; et pour ton compte

---

(1) Le raisonnement est forcé. Si la justice n'est pas la sainteté, il ne s'ensuit pas qu'elle soit l'impiété, et si la sainteté n'est pas la justice, il ne s'ensuit pas qu'elle soit l'injustice. Deux choses peuvent être différentes, sans être forcément contraires.

aussi, je répondrais de même qu'assurément la justice est la même chose que la sainteté ou qu'elle s'en rapproche aussi près que possible, que très certainement la justice est pareille à la sainteté et la sainteté à la justice ; mais vois si tu t'opposes à ce que je réponde ainsi, ou si tu partages mon opinion.

— La chose ne me paraît pas si simple, Socrate, que je puisse t'accorder que la justice est sainte et la sainteté juste ; il me semble qu'il y a quelque différence entre elles ; mais qu'importe ? admettons, si tu veux, que la justice est sainte et la sainteté juste.

— Non point, ai-je dit. Pas de *si tu veux*, ni de *s'il te plaît* ; ce ne sont pas des suppositions qu'il faut examiner, c'est toi et moi, qu'il faut persuader, c'est toi et moi qui sommes en cause, et je pense que la meilleure manière de discuter est de supprimer ce *si*.

— Je reconnais, a-t-il dit, que la justice a quelque ressemblance avec la sainteté ; car une chose quelconque ressemble toujours à une autre en quelque manière ; il y a quelque rapport de ressemblance entre le blanc et le noir, entre le dur et le mou et entre les choses qui paraissent le plus opposées les unes aux autres ; et ces parties mêmes dont nous disions tout à l'heure qu'elles avaient des propriétés différentes, que l'une n'était pas pareille à l'autre, je veux dire les parties du visage, ces parties se ressemblent et sont pareilles les unes aux autres par certains côtés, en sorte que tu pourrais prouver de cette façon, si tu voulais, que toutes ces parties se ressemblent entre elles ; mais il n'est pas juste, à mon avis, d'appeler semblables des choses qui ont quelque rapport de ressemblance, ni dissemblables des choses qui ont quelque rapport de différence, quelque mince que soit ce rapport ».

Etonné d'une telle réponse, je lui ai dit : « Le juste et le saint sont-ils donc vis-à-vis l'un de l'autre au point de n'avoir qu'un mince rapport de ressemblance ?

— Ce n'est pas tout à fait cela, m'a-t-il dit, mais ce n'est pas non plus ce que tu parais penser.

— Eh bien ! ai-je dit, puisque ce débat ne semble pas de ton goût, laissons-le ; examinons dans ton discours, un autre point, celui-ci par exemple.

XX. — La folie est quelque chose à tes yeux ?

— Oui.

— Cette chose n'a-t-elle pas exactement pour contraire la sagesse ?

— C'est mon avis, a-t-il répondu.

— Quand des hommes règlent leurs actes sur le bien et l'utile, crois-tu qu'ils sont tempérants (1), en se conduisant ainsi, ou intempérants ?

— Ils sont tempérants, a-t-il répondu.

— N'est-ce point par la tempérance qu'ils sont tempérants ?

— Si, forcément.

— N'est-il pas vrai que ceux qui n'agissent pas bien, agissent follement (2), et ne sont pas tempérants en tant qu'ils agissent ainsi ?

— C'est aussi mon avis, a-t-il dit.

---

(1) Socrate abuse du double sens de (σωφροσύνη) : sagesse et tempérance, pour identifier la sagesse (σοφία) avec la tempérance (σωφροσύνη). En réalité, il n'y a identité que si l'on prend σωφροσύνη au sens de sagesse.

(2) Ne pas bien agir n'est pas nécessairement agir follement : il n'y a pas égalité entre ces deux termes. Ce raisonnement est donc un sophisme.

— Agir follement est donc le contraire d'agir avec tempérance ?

— Oui.

— Ce qui est fait follement n'est-il pas fait par folie, et ce qui est fait avec tempérance, par tempérance ?

Il en est convenu.

— Ce qui est fait avec vigueur, n'est-il pas fait vigoureusement, et ce qui est fait avec faiblesse, faiblement ?

Il l'a reconnu.

— Et si quelque chose est fait avec vitesse, n'est-il pas fait vitement, avec lenteur, lentement ?

— Si.

— Et si quelque chose est fait de la même manière, n'est-il pas fait par le même principe, et d'une façon contraire, par un principe contraire ?

Il en est demeuré d'accord.

— Mais voyons, ai-je dit ; existe-t-il quelque chose de beau ?

Il l'a admis.

— Ce beau a-t-il un autre contraire que le laid (1) ?

— Non.

— Poursuivons ; existe-t-il quelque chose de bon ?

— Oui.

— Ce bon a-t-il un autre contraire que le mauvais ?

— Non.

---

(1) Socrate essaie de prouver qu'une chose ne peut avoir qu'un contraire. C'est vrai, si nous donnons au mot contraire le sens de *opposé contradictoirement*, si, par exemple, nous nous bornons à dire que le contraire du beau est le *non beau* ; mais quand nous disons que le contraire du beau est le laid, nous reconnaissons au beau deux contraires, puisque le *non beau* n'est pas le laid, et qu'il peut être tout, excepté beau. Le vice de cette argumentation vient de ce que Socrate confond les termes *contraire* et *contradictoire*.

— De même, y a-t-il quelque chose d'aigu dans le son ?

— Oui.

— Cet aigu a-t-il un autre contraire que le grave ?

— Non.

— Chaque contraire n'a donc qu'un seul contraire, et non plusieurs ?

Il en est convenu.

— Allons, maintenant, ai-je dit ; récapitulons les choses dont nous sommes convenus. Nous sommes convenus que chaque contraire n'a qu'un seul contraire, et non plusieurs, n'est-ce pas ?

— Oui.

— Que ce qui est fait d'une manière contraire, est fait par des principes contraires ?

— Oui.

— Nous sommes convenus que ce qui est fait follement est fait d'une manière contraire à ce qui est fait avec tempérance ?

— En effet.

— Que ce qui est fait avec tempérance est fait par tempérance, et ce qui est fait follement, par folie ?

— D'accord.

— Donc si ces choses sont faites d'une manière contraire, elles sont faites par un principe contraire ?

— Oui.

— Or l'une est faite par tempérance, l'autre par folie ?

— Oui.

— D'une manière contraire ?

— Sans doute.

— Donc par des principes contraires ?
— Oui.
— Dès lors la folie est contraire à la tempérance ?
— Il me le semble.
— Eh bien ; te rappelles-tu que tout à l'heure nous avons reconnu que la folie est le contraire de la sagesse ?
— Je me le rappelle.
— Et qu'un contraire n'a qu'un seul contraire ?
— Oui.
— Alors, Protagoras, laquelle de ces deux assertions faut-il rétracter ? celle-ci, qu'un contraire n'a qu'un seul contraire, ou celle-là, que la sagesse est autre chose que la tempérance, qu'elles sont l'une et l'autre des parties de la vertu, et qu'elles sont non-seulement différentes, mais encore dissemblables et en elles-mêmes et dans leurs propriétés, comme les parties du visage ; laquelle de ces deux assertions, dis-je, devons-nous rétracter ; car elles sont en dissonance, puisqu'elles ne s'accordent ni ne s'harmonisent entre elles. Comment en effet pourraient-elles s'accorder, s'il faut nécessairement qu'un contraire n'ait qu'un seul contraire, et non plusieurs, et s'il apparaît d'autre part que la folie qui est une a pour contraire la sagesse et la tempérance ? Est-ce bien cela, Protagoras ? qu'en penses-tu ?

Il s'est déclaré d'accord avec moi, mais bien malgré lui.

— La tempérance et la sagesse seraient donc une même chose ? Or nous avons déjà vu que la justice et la sainteté sont à peu près la même chose. Allons Protagoras, ai-je ajouté, ne nous rebutons pas, examinons le reste. L'homme qui fait une injustice est-il prudent (1) en tant qu'il fait une injustice ?

Il m'a répondu : Moi, Socrate, je rougirais de l'admettre, mais beaucoup de gens le pensent.

J'ai repris : A qui m'adresserai-je alors, à eux ou à toi ?

— Si tu veux bien, a-t-il dit, commence par discuter l'opinion de ces gens-là.

— Peu m'importe, pourvu que ce soit toi qui répondes, si c'est ou non ta manière de voir ; car c'est la chose que j'examine avant tout, bien que par le fait nous nous trouvions peut-être nous-mêmes, et moi qui questionne et toi qui réponds, soumis aussi à l'examen.

Tout d'abord Protagoras a fait des façons, alléguant que la matière était épineuse, puis il a consenti à répondre.

XXI. — « Allons, ai-je dit, reprenons la question au commencement. Penses-tu qu'il y ait des gens qui soient prudents en commettant l'injustice ?

— Je veux bien l'admettre, a-t-il dit.

— Etre prudent, n'est-ce pas, selon toi, penser bien ?

— Si.

— Penser bien n'est-ce pas prendre le bon parti en commettant l'injustice ?

— Admettons-le, a-t-il répondu.

— Mais, ai-je dit, prend-on le bon parti quand on réussit en commettant l'injustice, ou quand on ne réussit pas ?

---

(1) Se rappeler que le mot σώφρων signifie à la fois tempérant et prudent : c'est au second sens que le mot est pris désormais ; c'est pourquoi je le traduis par prudent, pour la clarté du raisonnement.

— Quand on réussit.
— Tu penses donc qu'il y a des choses bonnes ?
— Oui.
— Ces choses bonnes, ai-je repris, sont-elles celles qui sont utiles aux hommes ?
— Oui, par Zeus, a-t-il répondu ; mais j'appelle aussi bonnes des choses qui ne sont pas utiles aux hommes. »

J'ai bien vu que Protagoras prenait de l'humeur et devenait nerveux, et qu'il allait éclater contre mon questionnaire. Le voyant en cet état, j'ai pris garde de l'exciter et lui ai demandé avec un air de bonhomie : « Entends-tu parler, Protagoras, des choses qui ne sont utiles à aucun homme, ou accordes-tu aussi le nom de bonnes à des choses absolument inutiles ?

— Pas du tout, a-t-il dit ; mais je sais beaucoup de bonnes choses qui sont préjudiciables aux hommes, comme certains aliments, breuvages, drogues et quantité d'autres choses, d'autres qui leur sont utiles, et d'autres qui leur sont indifférentes, mais qui sont bonnes pour les chevaux. J'en sais qui sont utiles aux bœufs seulement, d'autres aux chiens. Telles qui ne sont utiles à aucun des animaux, le sont aux arbres ; et dans l'arbre, certaines sont bonnes aux racines, mauvaises aux jeunes pousses ; ainsi le fumier est bon à toutes les plantes, si on le met aux racines ; mais si on veut en couvrir les rejetons et les jeunes pousses, c'est pour gâter tout. De même l'huile est tout à fait pernicieuse à toutes les plantes, et c'est la grande ennemie des poils chez tous les animaux, sauf chez l'homme, où elle leur est salutaire, comme elle l'est à tout le corps. Le bon est quelque chose de si varié et de si divers que, même dans le corps de l'homme, l'huile n'est bonne que pour l'usage externe, et qu'elle est très mauvaise pour l'usage interne. Voilà pourquoi tous les médecins interdisent aux malades l'usage de l'huile ; ils ne leur en laissent absorber qu'à très petite dose, juste assez pour chasser l'impression désagréable que font les aliments et les viandes sur le sens de l'odorat (1) ».

XXII. — Ce discours fini, les assistants ont applaudi à grand bruit à l'éloquence de Protagoras. Pour moi, je lui ai dit : « La nature, Protagoras, m'a donné peu de mémoire, et quand on me tient de longs discours, je perds de vue le sujet de la discussion. Si j'étais dur d'oreilles, tu penserais qu'il faut, pour s'entretenir avec moi, parler plus haut qu'avec les autres ; montre donc à présent la même complaisance, et puisque tu es tombé sur un homme oublieux, resserre tes réponses et fais-les plus courtes, si tu veux que je te suive.

— Comment désires-tu que j'abrège mes réponses ? dois-je, a-t-il dit, les faire plus courtes qu'il ne faut ?

— Pas du tout, ai-je répondu.

— Aussi courtes qu'il faut, a-t-il dit.

— Oui.

— Mais cette juste mesure dans les réponses, est-ce moi qui en serai juge, ou toi ?

— J'ai répondu : J'ai ouï dire que tu es capable — on dit même que tu peux communiquer ce talent aux

---

(1) S'agit-il d'huile parfumée dont on aspergeait les aliments une fois cuits ? Nous n'en savons rien, et l'on ne trouve aucun détail similaire chez les auteurs anciens.

autres — de traiter les mêmes matières, si tu le veux, avec une abondance telle que ta parole est intarissable, ou avec une brièveté telle que personne ne peut s'exprimer en moins de mots. Si donc tu veux discuter avec moi, adopte la seconde manière, la manière concise. »

Il m'a répondu : « J'ai dans ma vie, Socrate, engagé des luttes de paroles avec bien des gens ; si j'avais fait ce que tu me demandes, si j'avais réglé ma façon de discuter sur les exigences de mes contradicteurs, je n'aurais jamais éclipsé personne, et le nom de Protagoras ne serait pas connu parmi les Grecs. »

J'ai compris qu'il n'était pas content des réponses qu'il m'avait faites jusqu'alors, et qu'il ne consentirait pas volontiers à continuer la discussion de cette manière. Dès lors, pensant que je n'avais plus que faire de prendre part à ces entretiens, je lui ai dit : « Moi non plus, Protagoras, je ne veux pas insister pour discuter avec toi suivant un procédé qui ne te plaît pas ; mais quand tu voudras discuter en te mettant à ma portée, je suis ton homme ; on dit en effet et tu avoues toi-même que tu t'entends aussi bien à resserrer qu'à amplifier une discussion, car tu es un habile homme ; moi au contraire je n'entends rien à ces longs développements, et je ne puis que regretter mon incapacité. C'était à toi, qui es passé maître dans l'une comme dans l'autre manière, de condescendre à ma faiblesse, pour que l'entretien continuât ; mais puisque tu ne veux pas, comme j'ai certaine affaire qui ne me permettrait pas de rester pour entendre tes longues amplifications — il faut en effet que je me rende quelque part

— je m'en vais, malgré le plaisir que j'aurais à t'entendre sur le sujet qui nous occupe ».

En disant cela, je me suis levé pour partir. Mais comme je me levais, Callias me prend la main de sa main droite, et de la gauche saisit mon manteau, en me disant : « Nous ne te laisserons pas partir, Socrate ; car, si tu pars, l'entretien n'ira plus de même. Je te prie donc de rester avec nous ; car pour moi, rien au monde ne peut m'être aussi agréable qu'une discussion entre toi et Protagoras ; fais-nous donc ce plaisir à tous ». Je lui ai répondu, déjà debout pour sortir : « O fils d'Hipponicos, j'ai toujours admiré ton amour de la sagesse, et encore à présent je le loue et le prise ; aussi je voudrais bien te faire plaisir, si tu me demandais des choses en mon pouvoir ; mais c'est comme si tu me demandais de suivre le jeune coureur Crison d'Himère (1), ou de lutter de vitesse avec un champion du long stade (2) ou un hémérodrome (3). Je te répondrais que je m'excite moi-même plus que tu ne fais à suivre ces coureurs, mais que c'est chose impossible pour moi ; si tu veux nous voir courir dans la même carrière, Crison et moi, prie-le de s'accommoder à ma faiblesse ; car moi je suis incapable de courir vite, tandis que lui peut courir lentement. Si donc tu désires nous entendre, Protagoras et moi, prie-le de continuer à répondre juste à mes questions, en peu de mots, comme il l'a fait d'abord ; sinon quelle sorte de conversation est-ce là ?

---

(1) Crison d'Himère, en Sicile, fut trois fois vainqueur au stade, en 448, 444, 440 av. J.-C.
(2) Voyez la note 1 de la page 134.
(3) Messager rapide, qui parcourait en un jour une longue distance, comme ce Phidippide qui fut envoyé d'Athènes à Sparte, au temps de la bataille de Marathon.

Pour moi, j'ai toujours cru que s'entretenir entre amis et faire des harangues étaient deux choses différentes. — Cependant, tu le vois, Socrate, a repris Callias : Protagoras semble bien dans son droit, quand il demande qu'on lui permette de discuter à sa manière, comme toi à la tienne. »

XXIII. — Ici Alcibiade a pris la parole et dit : « Tu n'es pas juste, Callias ; car Socrate confesse qu'il n'a pas le don des longs discours et qu'il cède cet avantage à Protagoras ; mais quant à mener une discussion et savoir présenter ou recevoir un argument, je serais bien surpris s'il était inférieur à qui que ce soit. Si donc Protagoras aussi confesse qu'il ne vaut pas Socrate dans la discussion, Socrate n'en demande pas davantage ; mais s'il lui dispute la supériorité, qu'il accepte la discussion par demandes et par réponses, sans tirer ses discours en longueur à chaque question ; qu'il cesse d'éluder les arguments, de refuser la réplique et de s'étendre jusqu'à faire oublier de quoi il est question à la plupart des auditeurs ; car je garantis, moi, que Socrate n'oubliera rien, bien qu'il s'amuse à soutenir qu'il n'a pas de mémoire. Mon avis est donc que la prétention de Socrate est la mieux fondée, puisqu'il faut que chacun dise son sentiment. »

Après Alcibiade, c'est Critias, si je ne me trompe, qui a parlé : « Prodicos et Hippias, a-t-il dit, il me semble que Callias est bien décidément pour Protagoras ; pour Alcibiade, il veut toujours avoir raison, quoi qu'il se mette en tête. Mais nous, nous ne devons en aucune façon prendre parti ni pour Socrate, ni pour Protagoras ; prions-les plutôt tous les deux impartialement de ne pas laisser là l'entretien. »

Critias ayant ainsi parlé, Prodicos a pris la parole : « Il me semble que tu as raison, Critias ; il faut que ceux qui assistent à ces sortes de conversations écoutent les deux interlocuteurs impartialement, mais non également, car ce n'est pas la même chose ; il faut prêter à l'un et à l'autre une oreille impartiale, mais non tenir la balance égale entre eux ; il faut accorder davantage au plus habile et moins au plus ignorant. Moi aussi, Protagoras et Socrate, je vous en prie, mettez-y de la complaisance, et discutez ensemble sans vous quereller : discuter, tout en restant bienveillants, c'est le fait de gens amis, se quereller est le fait d'adversaires et d'ennemis. En m'écoutant, vous nous donneriez le spectacle de la plus belle discussion, et ce serait pour vous qui parlez le meilleur moyen d'obtenir de nous qui écoutons, je ne dirai pas la louange, mais l'approbation ; car l'approbation vient de l'âme et ne trompe pas, la louange, de la bouche, qui est fausse et menteuse ; et ce serait aussi pour les auditeurs le meilleur moyen d'en tirer, non du plaisir, mais de la joie ; car la joie est la satisfaction de l'esprit seul qui apprend et qui acquiert la sagesse, et le plaisir est la satisfaction du corps seul, quand il mange ou éprouve quelque autre sensation agréable. »

Ce discours (1) de Prodicos reçut un bon accueil d'une bonne partie des assistants.

---

(1) Ce discours est un pastiche du style de Prodicos et des distinctions qu'il faisait entre les synonymes. Il faisait payer 50 drachmes chacune de ses leçons sur la synonymie, qu'il appelait ὀρθότης τῶν ὀνομάτων.

XXIV. — Après Prodicos, le savant Hippias a pris la parole : « Vous qui êtes ici présents, a-t-il dit, je vous regarde tous comme parents, alliés, concitoyens, non par la loi, mais par la nature (1) ; car le semblable est naturellement parent du semblable ; mais la loi, tyran des hommes, fait souvent violence à la nature. Aussi serait-ce une honte pour nous, qui connaissons la nature des choses, qui sommes les plus savants des Grecs et qui à ce titre avons pris, dans la Grèce, pour lieu de rendez-vous, le prytanée même de la sagesse (2), et dans cette ville, la maison la plus considérable et la plus opulente, de ne rien dire qui soit digne de notre réputation, et de nous quereller les uns avec les autres, comme les derniers des hommes. Je vous conjure donc et vous conseille, Protagoras et Socrate, de vous accommoder et de vous en rapporter à nous, comme à des arbitres qui vous engagent à prendre un milieu : toi, Socrate, ne sois pas trop exigeant sur la forme rigoureuse du dialogue à la manière concise, si elle ne plaît pas à Protagoras ; mais détends et lâche les rênes à son éloquence, afin qu'il nous donne des discours plus magnifiques et d'une forme plus belle ; et toi, de ton côté, Protagoras, ne mets pas toutes voiles dehors, et, te laissant emporter par le vent favorable, ne fuis pas vers la haute mer de l'éloquence jusqu'à perdre de vue la terre ; mais

(1) Les sophistes soutenaient que les lois ne sont que des décisions arbitraires de quelques hommes puissants ou de la foule. C'était la doctrine qu'enseignait Hippias, au dire de Xénophon, *Mémorables*, IV, 4, 14.
(2) Athènes, « le temple des Muses, que Pindare appelait la colonne de la Grèce, Thucydide dans son épigramme sur Euripide la Grèce de la Grèce, et Apollon Pythien le foyer et le prytanée des Grecs. » Athénée, V, 187 D. Chaque ville grecque avait son prytanée, édifice consacré à Vesta, où l'on conservait le feu perpétuel.

prenez l'un et l'autre la route intermédiaire. Voilà ce que vous ferez, et vous choisirez, si vous m'en croyez, un juge, un président, un prytane qui veillera à la juste mesure de vos discours à tous deux. »

XXV. — Cette proposition a plu à la compagnie et obtenu tous les suffrages. Callias a répété qu'il ne me laisserait pas partir et on m'a prié de choisir un président. J'ai répondu qu'il serait humiliant pour nous de soumettre nos discours à un arbitre ; si en effet on choisissait un homme qui fût inférieur à nous, il ne convenait pas que le pire fît la loi aux meilleurs ; s'il était notre égal, cela ne convenait pas davantage ; car un égal ferait tout comme nous et ainsi le choix en serait superflu. « Mais, dira-t-on, vous choisirez un meilleur que nous. — A dire vrai, je regarde comme impossible qu'on choisisse un plus habile homme que Protagoras. Si enfin vous choisissez quelqu'un qui ne vaille pas mieux que lui, mais que vous donniez pour supérieur à lui, c'est faire un affront à Protagoras que de lui imposer un surveillant comme à un homme de peu ; car pour moi, cela ne me touche pas. Mais voici ce que je veux bien faire pour satisfaire votre désir et continuer notre réunion et notre conversation. Si Protagoras ne veut pas répondre, qu'il interroge ; moi, je répondrai et en même temps j'essaierai de lui montrer comment je pense qu'il faut répondre ; puis, quand j'aurai répondu à toutes les questions qu'il lui plaira de me poser, qu'à son tour il me donne la réplique comme je la lui aurai donnée ; si alors il montre peu d'empressement à répondre à la question même, vous et moi nous lui ferons en commun la prière que vous m'avez faite, de ne point rompre la conversation. Il n'est aucunement besoin pour cela d'avoir un président : vous présiderez tous en commun. » Tout le monde approuva cette manière de faire. Elle n'était pas du tout du goût de Protagoras ; mais il a été forcé d'accorder qu'il interrogerait, et qu'après avoir suffisamment interrogé, il répondrait à son tour en peu de mots. Il a donc commencé à interroger de cette manière.

XXVI. — « Je suis d'avis, Socrate, a-t-il dit, que l'objet principal de l'éducation est la connaissance de la poésie (1), c'est-à-dire la capacité de discerner ce qui est bien et ce qui est mal dans les œuvres des poètes, et le talent de les analyser et de résoudre les questions qu'elles soulèvent. Et maintenant je vais te poser une question qui ne s'écartera pas du sujet de notre dispute, la vertu, mais qui nous transportera dans le domaine de la poésie : ce sera toute la différence. Simonide (2) dit quelque part à Scopas (3), fils de Créon le Thessalien : « C'est une chose difficile, je l'avoue, de devenir un véritable homme de bien, carré (4) des mains, des pieds et de l'esprit et fait

---

(1) Les sophistes firent du langage un objet d'enseignement scientifique et mirent à la mode l'étude critique des poètes. Ils aimaient à montrer leur supériorité en critiquant soit la forme, soit le fond des œuvres des poètes les plus renommés.
(2) Simonide de Céos, poète lyrique, fleurit au temps des guerres médiques. Il parcourait la Grèce, à la manière des sophistes, chantant les louanges de ceux qui l'honoraient et le payaient.
(3) Les Scopades, famille noble de Thessalie, étaient célèbres par leurs richesses. Ils régnaient à Crannon et à Pharsale. Simonide fut souvent leur hôte, et rima plusieurs poèmes en leur honneur, notamment un chant de victoire où l'éloge des Dioscures tenait une trop large place, au sentiment des Scopades (cf. Cicéron, De Or., 2, § 352 et Phèdre, fable 75) et un thrène où il déplorait la mort d'une grande partie des membres de cette famille, écrasés dans leur salle à manger par la chute du plafond.
(4) Le carré était pour les Pythagoriciens le symbole du parfait et du divin.

sans reproche. » Connais-tu ce poème, ou te le réciterai-je en entier ?

— Ce n'est pas nécessaire, ai-je dit, je le connais, et justement je l'ai étudié avec soin.

— Tant mieux, a-t-il dit.

— Le trouves-tu beau et juste, ou non ?

J'ai répondu : Tout à fait beau et juste.

— Mais trouves-tu qu'il soit beau, si le poète s'y contredit ?

— Non, ai-je dit.

— Eh bien ! a-t-il repris, examine-le mieux.

— Mais, mon cher, je l'ai examiné suffisamment.

— Alors, a-t-il repris, te rappelles-tu que dans la suite du poème il dit : « Je ne trouve pas juste le mot de Pittacos (1), bien qu'il sorte de la bouche d'un sage, quand il prononce qu'il est difficile d'être homme de bien. » Sais-tu bien que c'est le même homme qui dit ceci, et ce que j'ai cité tout à l'heure ?

— Je le sais, ai-je dit.

— Eh bien ! a-t-il repris, trouves-tu que ces deux choses s'accordent ?

— Il me le semble ; et comme j'avais peur qu'il ne se mît à pérorer : Et toi, ai-je ajouté, tu ne trouves pas qu'elles s'accordent ?

— Comment trouver qu'un homme s'accorde avec lui-même, quand il affirme ces deux choses à la fois ; quand, après avoir posé en principe qu'il était difficile de devenir un véritable homme de bien,

---

(1) Périandre, tyran de Corinthe, après avoir gouverné d'abord avec sagesse et modération, devint cruel et despotique. Pittacos de Mitylène, l'ayant appris, quitta le pouvoir, pour ne pas exposer sa vertu à un pareil changement et partit pour l'exil. Comme on lui demandait pourquoi il avait résigné le pouvoir, il répondit : « Parce qu'il est difficile d'être homme de bien, si l'on en juge par le changement de Périandre ».

il l'oublie un peu plus loin, et, citant Pittacos qui a dit la même chose que lui, à savoir qu'il est difficile d'être vertueux, il le blâme et déclare qu'il ne l'approuve pas, quoique Pittacos parle exactement comme lui ? Or quand il blâme un homme qui tient le même langage que lui, il est évident qu'il se blâme lui-même et qu'il s'est trompé dans le premier passage ou dans le second ».

Ce discours a soulevé de bruyants applaudissements parmi beaucoup d'auditeurs. Et moi, tout d'abord, comme si j'avais été frappé par un habile boxeur, j'ai été étourdi et la tête m'a tourné sous le coup de ses paroles et des acclamations. Puis, pour te parler franchement, j'ai cherché à gagner du temps pour approfondir la pensée du poète ; c'est pourquoi je me suis tourné vers Prodicos et je l'ai interpellé : « Prodicos, ai-je dit, Simonide est un compatriote à toi ; il est juste que tu viennes à son secours ; je crois donc devoir t'appeler à mon aide, comme chez Homère le Scamandre pressé par Achille appelle à lui le Simoïs, en lui disant : « Cher frère, unissons-nous pour arrêter ce puissant guerrier (1). » Moi aussi je t'appelle à moi dans la crainte que Protagoras ne renverse notre Simonide ; pour le maintenir debout, il ne faut rien de moins que ta science, cette science qui te fait distinguer la volonté et le désir, comme deux choses différentes, et qui t'a fait dire tant de belles choses tout à l'heure. Mets-la encore en usage et vois si tu es du même avis que moi, qui ne trouve pas que Simonide se contredise. Déclare-nous donc

---

(1) Hom., Il., XXI, 308 : « Cher frère, unissons-nous pour arrêter ce puissant guerrier ; autrement, il renversera bientôt la grande ville de Priam. »

ton sentiment, Prodicos : te semble-t-il que devenir et être soient choses identiques ou différentes ?

— Différentes, par Zeus, a répondu Prodicos.

— N'est-il pas vrai, ai-je dit, que dans le premier passage Simonide nous a révélé lui-même sa pensée, qu'il est difficile de devenir un véritable homme de bien.

— C'est vrai, a répondu Prodicos.

— Et quand il blâme Pittacos, ai-je continué, ce n'est pas, comme le pense Protagoras, d'avoir dit la même chose que lui, mais une chose différente ; car Pittacos n'a pas dit, comme Simonide, que la difficulté était de devenir vertueux, mais d'être vertueux, et ce n'est pas la même chose, Protagoras, Prodicos te l'affirme, qu'être et devenir ; et, si être et devenir sont deux, Simonide ne s'est pas contredit. Prodicos et bien d'autres pourraient peut-être dire avec Hésiode qu'il est difficile de devenir homme de bien, parce que devant la vertu les dieux ont mis la sueur ; mais que, lorsqu'on est arrivé au sommet, elle devient aussi facile à garder que difficile à atteindre (1).

XXVII. — Ce discours a obtenu les suffrages de Prodicos ; mais Protagoras a répliqué : « Ton interprétation, Socrate, ne fait qu'aggraver la faute du texte. »

Je lui ai répondu : « Alors, j'ai fait de mauvaise besogne, selon toi, Protagoras, et je suis un plaisant médecin : en voulant guérir le mal, je l'aggrave.

---

(1) Voici le passage d'Hésiode, *Travaux et Jours*, 285 et suivants : « On peut se porter en foule vers le mal, ce n'est que trop facile ; la route est lisse et n'est pas longue ; mais devant la vertu les dieux immortels ont placé la sueur ; la route est longue, escarpée, raboteuse à l'abord ; mais quand on est arrivé au sommet, de difficile elle devient facile. »

— Mais oui, c'est ainsi, a-t-il répondu.
— Comment ? ai-je dit.
— Le poète aurait bien peu d'expérience, a-t-il dit, de prétendre, comme tu le fais, que l'acquisition de la vertu est une chose facile, alors qu'au jugement de tout le monde, c'est la plus difficile de toutes.
— Par Zeus, me suis-je écrié, c'est une chance que Prodicos soit présent à notre discussion ; car la science de Prodicos, Protagoras, semble bien être une science divine et ancienne, qui remonte à Simonide ou même à un passé plus reculé (1). Mais cette science il paraît bien que tu l'ignores, toi qui sais tant de choses ; tandis que moi j'y suis versé, étant l'élève de Prodicos. Ainsi dans le cas présent il me semble que tu ne te rends pas compte que peut-être Simonide n'a pas pris le mot *difficile* (2) dans l'acception que tu lui donnes ; tu fais comme moi pour le mot *terrible* (3), à propos duquel Prodicos me reprend toujours, quand pour te louer, toi ou un autre, je dis : Protagoras est un savant et terrible homme ; il me demande si je n'ai pas honte d'appeler terribles les choses qui sont bonnes ; car terrible, selon lui, désigne quelque chose de mauvais ; en effet on ne dit jamais terrible richesse, terrible paix, terrible santé ; mais on dit : terrible maladie, terrible guerre, terrible pauvreté, attendu que ce qui est terrible est mauvais.

(1) Socrate parodie ce que Protagoras a dit de l'ancienneté de l'art des sophistes (ch. VIII).
(2) Le mot χαλεπός signifie difficile et par extension difficile à supporter, fâcheux, donc mauvais.
(3) Le sens propre du mot δεινός est terrible : δεινὰ ἡγούμεθα ἃ δέος παρέχει, Platon, *Lachès*, 198b. De ce sens deux autres sont dérivés, celui de malfaisant, funeste et celui de merveilleusement doué, extraordinairement habile. Cf. Molière, *Préc. rid.* sc. IX. « Attachez un peu sur ces gants la réflexion de votre odorat. — Ils sentent *terriblement bon* ».

Il se pourrait de même que le mot difficile désignât pour les gens de Céos et pour Simonide une chose mauvaise en quelque autre chose que tu ne devines pas. Demandons-le à Prodicos : c'est à lui qu'il faut s'adresser pour expliquer la langue de Simonide. Dis-nous, Prodicos, que voulait dire Simonide par le mot difficile ?

— Mauvais, a-t-il répondu. »

J'ai repris : « Voilà donc pourquoi, Prodicos, Simonide blâme Pittacos de prétendre qu'il est difficile d'être vertueux, comme s'il lui avait entendu dire qu'il est mauvais d'être vertueux.

— Crois-tu, Socrate, a-t-il répondu, que Simonide veuille faire entendre ici et reprocher à Pittacos autre chose que son ignorance de la propriété des termes, Pittacos étant de Lesbos et habitué à parler un dialecte barbare (1) ?

— Entends-tu, ai-je dit, Protagoras, ce que dit Prodicos ? n'y trouves-tu rien à redire ?

— Tu es bien loin de la vérité, Prodicos, répondit Protagoras, et je suis bien assuré que Simonide lui-même donnait au mot difficile le sens que nous lui donnons tous, non pas de mauvais, mais de malaisé, de pénible à faire.

— C'est aussi mon avis, Protagoras, ai-je dit ; c'est bien cela que Simonide a voulu dire, et Prodicos le sait fort bien ; mais il s'amusait et voulait te mettre à l'épreuve, pour voir si tu serais de force à soutenir ton opinion (2). Que d'ailleurs Simonide ne donne

---

(1) Le dialecte éolien.
(2) Socrate s'amuse à persifler la science des synonymes dont Prodicos était si fier et à mystifier cruellement celui dont il se dit l'élève. Il amène le sophiste, aveuglé par la louange, à dire une absurdité, à avancer contre toute évidence que difficile veut dire mauvais dans

pas à difficile le sens de mauvais, j'en vois une preuve irréfutable dans la phrase qui suit immédiatement et que voici :

« Un dieu seul peut jouir de ce privilège. »

Est-il possible que Simonide soutienne qu'il est mauvais d'être vertueux, pour affirmer aussitôt après qu'un dieu seul peut l'être et pour attribuer ce privilège à la seule divinité ? En ce cas Prodicos ferait de Simonide un impie, indigne d'être de Céos (1). Mais quel était le dessein de Simonide en composant ce poème ? Je vais t'en dire mon avis, pour peu que tu sois curieux de mettre mon savoir à l'épreuve, dans ce que tu appelles la lecture des poètes, ou, si tu le préfères, je te cède la parole ».

A ma proposition Protagoras a répondu : « Comme tu voudras, Socrate ; car je me rappelle la prière pressante de Prodicos et d'Hippias, et du reste de la compagnie aussi.

XXVIII. — Je vais donc essayer, ai-je dit, de vous expliquer ce que je pense de ce poème. La Crète et Lacédémone sont les pays de la Grèce où la philosophie a été le plus anciennement et le plus parfaitement cultivée, et les sophistes y ont été plus nom-

---

le texte de Simonide, et à faire là-dessus parade de sa science du langage et à traiter Pittacos de barbare. Puis brusquement Socrate déclare que tout ce déploiement de science, pris au sérieux par Prodicos, n'était que plaisanterie et n'avait pour but que d'éprouver Protagoras. Prodicos reste confondu avec sa courte honte. Alcibiade a raison d'appeler Socrate ὑβριστής, un railleur sans pitié. V. le *Banquet*.

(1) Les habitants de Céos étaient renommés pour la sévérité et la pureté de leurs mœurs. Dans les *Lois*, I, 638 B, Platon cite la conquête de Céos par Athènes, pour prouver que la victoire et la vertu sont souvent dans des camps opposés.

breux qu'en aucun lieu du monde ; mais ils se défendent de l'être, et feignent l'ignorance, comme les sophistes dont parle Protagoras (1) ; car ils ne veulent pas laisser voir qu'ils surpassent les Grecs en sagesse ; ils veulent seulement paraître supérieurs dans l'art des combats et par le courage, persuadés que, si l'on savait ce qui fait leur supériorité, tout le monde voudrait s'appliquer à la sagesse. Or, en cachant ainsi leur talent, ils ont induit en erreur ceux qui laconisent dans les différents Etats et qui, par esprit d'imitation, s'abîment les oreilles (2), s'enveloppent les mains de lanières de cuir (3), s'éprennent de gymnastique et portent des manteaux courts, dans l'idée que c'est par là que les Lacédémoniens sont supérieurs aux Grecs ; mais lorsque les Lacédémoniens veulent s'entretenir sans gêne avec leurs sophistes et qu'ils en ont assez des entretiens secrets, ils chassent les étrangers qui séjournent chez eux, aussi bien leurs imitateurs que les autres, et ils s'entretiennent avec les sophistes à l'insu des étrangers ; en outre ils ne permettent pas aux jeunes gens — et en cela les Crétois font comme eux — de sortir de leur pays pour aller dans d'autres Etats, de peur qu'ils ne désapprennent ce qu'on leur a enseigné chez eux. Et il y a dans ces deux Etats non seulement des hommes, mais encore des femmes qui se piquent hautement d'être instruites. Vous pouvez juger que je dis la vérité et que les Lacédémoniens sont supérieurement entraînés aux entretiens philosophiques par le fait que voici. Entretenez-vous avec le dernier

---

(1) Cf. ch. VIII. Ici encore l'ironie est visible. Platon montre dans la parodie une verve inépuisable.
(2) Les oreilles des boxeurs portaient la trace des coups de poing.
(3) Le ceste.

des Lacédémoniens : pendant presque tout l'entretien, vous le trouverez insignifiant ; mais à la première occasion, il jette au milieu de la conversation un mot plein de sens, bref et serré, comme un trait lancé d'une main habile, en sorte que son interlocuteur a l'air d'un enfant à côté de lui. Aussi a-t-on remarqué de nos jours, comme certains l'avaient déjà fait autrefois, que l'institution lacédémonienne repose beaucoup plus sur le goût de la philosophie que sur le goût de la gymnastique, parce que le talent de trouver des traits pareils n'appartient qu'à des gens d'une éducation parfaite. De ce nombre étaient Thalès de Milet, Pittacos de Mytilène, Bias de Priène, notre Solon, Cléobule de Lindos, Mison de Khéné (1) et Chilon de Lacédémone qui passait pour être le septième de ces sages. Tous furent des émules, des partisans et des sectateurs de l'éducation lacédémonienne, et il est facile de voir que leur sagesse ressemblait à celle des Lacédémoniens par les sentences concises et dignes de mémoire attribuées à chacun d'eux. Ces sages s'étant rassemblés offrirent en commun à Apollon les prémices de leur sagesse et firent graver sur le temple de Delphes (2) ces maximes qui sont dans toutes les bouches : *Connais-toi toi-même* et *Rien de trop*.

Mais pourquoi rapporté-je tout ceci ? C'est pour vous faire voir que la manière des anciens sages était caractérisée par une sorte de concision laconique.

(1) Ordinairement c'est Périandre qui tient la place de Mison dans la liste des sept sages ; mais Platon se refuse à mettre un tyran au nombre des sages. Mison était un paysan de Khéné, près du mont Œta, que la Pythie déclara le plus sage des hommes (V. Hipponax, frag. 45 et Diogène de Laërte, I, 106).
(2) On avait gravé sur les colonnes du portique du temple de Delphes des maximes attribuées aux sept Sages.

Or de Pittacos en particulier on répétait ce mot vanté par les sages : « Il est difficile d'être homme de bien ». Simonide donc, qui aspirait à la gloire de passer pour un sage, comprit que, s'il jetait à terre cette maxime, comme on terrasse un athlète célèbre, et s'il en triomphait, lui-même se ferait un nom parmi les hommes de son temps ; c'est donc contre cette maxime qu'il voulait abattre et dans le but que je viens de dire, que Simonide a composé tout son poème, du moins il me le semble.

XXIX. — Examinons-le donc ensemble, et voyons si j'ai raison. Tout d'abord le commencement du poème serait extravagant, si, voulant dire simplement qu'il est difficile d'être vertueux, Simonide insérait dans sa phrase ce *je l'avoue* ; car ce *je l'avoue* est une addition absolument sans but, si l'on ne suppose pas que Simonide fait le procès au mot de Pittacos, et que, quand Pittacos dit : « Il est difficile d'être vertueux », Simonide le lui conteste en disant : « Non, mais, je l'avoue, Pittacos, devenir vertueux est difficile véritablement. » Il ne dit pas véritablement vertueux (1), ce n'est pas sur vertueux que porte le mot véritablement, comme si, parmi les gens vertueux, les uns étaient vertueux véritablement, les autres vertueux, sans l'être véritablement ; ce serait une absurdité, indigne de Simonide ; mais il faut admettre qu'il y a hyperbate du mot véritablement, et, prenant pour texte le mot de Pittacos, supposer entre Pittacos et Simonide un dialogue où le premier

---

(1) Dans le texte de Simonide le mot ἀλαθέως, véritablement, porte bien sur vertueux ; mais Socrate torture le texte, et raisonne ici comme un véritable sophiste.

dit : « Mes amis, il est difficile d'être vertueux », à quoi le second répond : « Tu te trompes, Pittacos, ce n'est pas d'être, c'est de devenir vertueux, carré des mains, des pieds et de l'esprit et fait sans reproche, c'est cela, je l'avoue, qui est difficile véritablement. » De cette manière on voit que l'insertion de *je l'avoue* est fondée en raison, et que la place exacte de *véritablement* est à la fin. Tout ce qui suit rend témoignage de la valeur assignée à ces deux mots. Il y a dans le poème beaucoup de détails dont on pourrait montrer la convenance, car il réunit par excellence la grâce et l'exactitude ; mais il serait trop long de l'étudier ainsi par le menu. Je me contenterai d'expliquer le caractère général et le dessein du poème et de montrer que d'un bout à l'autre il a pour objet essentiel de réfuter le mot de Pittacos.

XXX. — En effet, que dit Simonide un peu plus loin ? Voici à peu près son raisonnement. Il est, je l'avoue, véritablement difficile de devenir homme de bien ; néanmoins on peut le devenir pour un temps ; mais, après qu'on l'est devenu, persévérer dans cette disposition, et être un homme de bien à la manière que tu dis, Pittacos, c'est impossible et au-dessus des forces de l'homme ; c'est un privilège qui appartient à Dieu seul ; pour l'homme il est impossible qu'il ne devienne pas méchant, quand un malheur insurmontable l'abat. Mais quel est celui qu'un malheur insurmontable abat, dans le gouvernement d'un vaisseau par exemple ? Evidemment ce n'est pas l'ignorant ; car l'ignorant est toujours abattu. De même qu'on ne peut terrasser un homme couché, mais qu'on peut terrasser et coucher un homme debout, mais un homme couché, non pas (1) ; ainsi un malheur insurmontable peut abattre un homme de ressources, mais un homme qui en est dénué, non pas. C'est ainsi qu'une violente tempête qui se déchaîne peut déconcerter le pilote, que la venue d'une saison mauvaise peut déconcerter le laboureur, et un accident du même genre le médecin. Il est en effet possible que le bon devienne mauvais, comme en témoigne un autre poète qui a dit: « L'homme de bien est tantôt méchant, tantôt bon » (2) ; mais il n'est pas possible que l'homme méchant devienne méchant : il l'est nécessairement toujours. Ainsi quand un homme industrieux, sage et bon est abattu par un malheur insurmontable, il n'est pas possible qu'il ne soit pas méchant. Toi, Pittacos, tu soutiens qu'il est difficile d'être vertueux ; en réalité il est difficile, quoique possible, de devenir vertueux ; l'être, est impossible ;

« Car tout homme est bon, quand il fait bien, méchant, quand il fait mal (3). »

Qu'est-ce donc que bien faire par rapport aux lettres, et qu'est-ce qui rend un homme bon dans les lettres ? Il est évident que c'est d'apprendre les lettres ? Quelle est la bonne manière de faire pour faire un bon médecin ? Il est évident que c'est d'apprendre à soigner les malades et que celui

---

(1) Sorte de redondance assez fréquente dans le style de Platon.
(2) Xénophon, *Mém.*, 1, 2, 20, cite aussi le vers, sans nommer l'auteur. C'est sans doute quelque poète gnomique.
(3) Simonide prend les expressions εὖ et κακῶς πράττειν au sens de bien ou mal agir, et déclare bon ou mauvais tout homme qui fait un acte bon ou mauvais. Socrate, pour qui la vertu est science, et le vice ignorance, interprète εὖ et κακῶς πράττειν, non pas dans le sens d'action isolée, mais d'état habituel, de disposition acquise par l'esprit. C'est par cette interprétation forcée qu'il tire à lui Simonide et retrouve sa propre doctrine en ces vers si contraires au principe de sa morale.

qui les soigne mal est un mauvais médecin. Mais qui peut devenir mauvais médecin ? Il est évident que la condition préalable pour cela est d'être d'abord médecin, puis bon médecin ; on peut alors devenir mauvais médecin ; mais nous qui ignorons la médecine, nous ne saurions, en faisant mal, devenir médecins, non plus que charpentiers, ni artisans d'aucune espèce (1). Or quiconque ne saurait devenir médecin, en faisant mal, ne saurait évidemment non plus devenir mauvais médecin. Ainsi l'homme de bien peut devenir méchant par l'effet de l'âge, ou du travail, ou de la maladie, ou de quelque autre accident ; car la seule manière de mal faire, c'est d'être privé de la science ; mais le méchant ne saurait devenir méchant, puisqu'il l'est toujours, et pour qu'il pût devenir méchant, il faudrait qu'il eût été bon d'abord. Ainsi cette partie du poème aussi tend à prouver qu'il n'est pas possible d'être homme de bien d'une manière durable, mais que le même homme peut devenir bon et devenir méchant, et que ceux-là sont le plus longtemps et le plus vertueux qui sont aimés des dieux.

XXXI. — Donc tout cela est dirigé contre Pittacos, et la suite du poème le fait mieux voir encore, car il y est dit :

« Voilà pourquoi je ne chercherai point une chose impossible à trouver, et je ne perdrai pas inutilement la part d'existence qui m'est assignée dans l'irréali-

---

(1) L'argument est spécieux ; en réalité un mauvais médecin est un ignorant qui pratique la médecine de travers, et non un bon médecin qui a perdu son talent.

sable espoir de découvrir un homme tout à fait sans reproche parmi nous qui cueillons les fruits de la vaste terre ; mais si je le trouve, je viendrai vous le dire ».

C'est avec cette force qu'il attaque dans tout le cours du poème le mot de Pittacos :

« J'approuve et j'aime volontairement tout homme qui ne fait rien de honteux ; mais contre la nécessité la lutte est impossible, même aux dieux. »

Ceci aussi vise au même but ; car Simonide n'était pas assez mal instruit pour dire qu'il louait un homme qui ne fait aucun mal volontairement (1), comme s'il y avait des gens pour faire le mal volontairement. Pour moi, je suis à peu près persuadé que, parmi les philosophes, il n'y en a pas un qui pense qu'un homme pèche volontairement et fasse volontiers des actions honteuses et mauvaises ; ils savent tous au contraire que tous ceux qui font des actions honteuses et mauvaises, les font involontairement, et Simonide ne dit pas qu'il loue l'homme qui ne commet pas volontairement le mal ; mais c'est à lui-même qu'il rapporte le mot volontairement ; car il pensait qu'un homme de bien se force souvent à témoigner à autrui de l'amitié et de l'estime. Par exemple, on est parfois en butte à d'étranges procédés de la part d'une mère, d'un père, de sa patrie, d'autres hommes qui nous touchent aussi de près. En ce cas, les méchants regardent la malignité de leurs parents ou de leur patrie avec une sorte de joie, l'étalent avec malveillance

---

(1) Il saute aux yeux que le mot *volontairement* se rapporte à *fait* et non à *aime*. Socrate fait au texte une étrange violence pour l'accommoder à ses vues.

ou en font des plaintes, afin de se mettre à couvert des reproches et des outrages que mérite leur négligence ; ils en arrivent ainsi à exagérer leurs sujets de plainte, et à grossir de haines volontaires leurs inimitiés forcées. Les gens de bien au contraire jettent un voile sur les torts des leurs et se forcent à en dire du bien ; et si l'injustice de leurs parents ou de leur patrie suscite en eux quelque accès de colère, ils s'apaisent eux-mêmes et se réconcilient avec eux, en se contraignant à les aimer et à en dire du bien. Plus d'une fois sans doute Simonide s'est rappelé qu'il avait lui-même fait l'éloge ou le panégyrique d'un tyran ou de quelque autre personnage semblable, non point de son plein gré, mais par contrainte (1). Voici donc le langage qu'il tient à Pittacos :

Pour moi, Pittacos, si je te critique, ce n'est pas que j'aime la chicane ; car

« il me suffit qu'un homme ne soit pas méchant, ni trop lâche, qu'il connaisse la justice, sauvegarde des États, et qu'il soit sensé. Pour un tel homme, je n'aurai point de blâme, car je n'aime pas à blâmer ; la race des sots est en effet inépuisable » ; le nombre en est si grand que, si l'on prend plaisir à les reprendre, on trouve à critiquer à satiété.

« Il faut tenir pour honnête tout acte qui n'est point entaché de honte. »

Quand il parle ainsi, ce n'est pas comme s'il disait : Il faut regarder comme blanc tout ce qui est sans mélange de noir ; car cela serait ridicule à plus d'un

(1) Allusion aux relations de Simonide avec des tyrans comme Scopas, Hipparque, Hiéron. On appliquait à Simonide le mot de Pindare, *Isthm.*, 2, 6 : « la Muse alors n'était pas encore avide de gain et ne travaillait point pour un salaire. »

égard ; il veut dire qu'il se contente d'un juste milieu pour faire taire sa critique, « et je ne cherche pas, dit-il, un homme tout à fait sans reproche parmi nous qui cueillons les fruits de la vaste terre ; mais si je le trouve, je viendrai vous le dire. » Aussi, à ce titre, je n'aurai personne à louer ; mais je me contente d'un homme moyen, qui ne fait rien de mal ; car j'aime et je loue tout homme — et il se sert ici du dialecte de Mytilène, parce qu'il parle à Pittacos (1) — je loue et j'aime volontairement (il faut séparer volontairement de ce qui suit par une pause dans la prononciation) (2) tout homme qui ne fait rien de honteux ; tandis que c'est malgré moi que je loue et que j'aime certaines personnes. Si donc toi, Pittacos, tu avais dit des choses d'une justesse et d'une vérité moyennes, jamais je ne t'aurais repris ; mais tu avances au contraire de graves erreurs sur des questions capitales, et tu t'imagines que tu dis la vérité : c'est pour cela que je te reprends.

Voilà, selon moi, Prodicos et Protagoras, quel a été le dessein de Simonide, quand il a composé ce poème. »

XXXII. — Hippias, prenant alors la parole, a dit : « En vérité, Socrate, tu as fort bien interprété le poème ; mais moi aussi je puis en donner une bonne explication, et je vais, si vous voulez, vous la soumettre ». Alcibiade lui a répliqué : «Nous voulons bien, Hippias, mais une autre fois ; pour le moment, il est

---

(1) Il y a ici, au lieu de ἐπαινῶ le mot ἐπαίνημι, qui est du dialecte lesbien ; mais ces formes sont fréquentes, même chez les lyriques doriens, et Simonide ne songeait sûrement pas ici à Pittacos.
(2) Le texte est πάντας δ'ἐπαίνημι καὶ φιλέω ἑκὼν ὅστις ἔρδῃ. Ἑκὼν volontairement, se rapporte à ἔρδῃ. Socrate le rapporte à ἐπαίνημι καὶ φιλέω : voilà pourquoi il veut qu'on s'arrête après ἑκών.

juste que Protagoras et Socrate tiennent le traité qu'ils ont fait, et que Protagoras, s'il le veut, interroge et que Socrate réponde, ou, s'il préfère donner la réplique, que Socrate fasse les questions. — Pour moi, ai-je dit, je m'en remets à Protagoras, qu'il prenne le rôle qui lui plaira davantage ; mais, s'il m'en croit, nous laisserons là les poèmes et les vers, et nous reprendrons le sujet sur lequel je t'ai questionné d'abord, Protagoras : j'aurais plaisir à mener cette recherche à bonne fin, en l'approfondissant avec toi. A mon avis, ces conversations sur la poésie ressemblent fort aux banquets des gens médiocres et communs. Incapables, à cause de leur ignorance, de faire les frais de la conversation d'un banquet avec leur propre voix et leurs propres discours, ils font renchérir les joueuses de flûte, en louant bien cher une voix étrangère, la voix des flûtes, et c'est par la voix des flûtes qu'ils conversent ensemble ; mais dans les banquets de gens distingués et cultivés, on ne voit ni joueuses de flûte, ni danseuses, ni joueuses de luth ; les convives, ayant assez de ressources en eux-mêmes pour s'entretenir ensemble sans ces bagatelles et ces amusements, avec leur propre voix, parlent et écoutent tour à tour dans un ordre réglé, lors même qu'ils ont pris beaucoup de vin. Pareillement les assemblées comme celles-ci, quand elles sont formées de gens tels que la plupart d'entre nous se piquent d'être, n'ont besoin ni de voix étrangères, ni de poètes qu'il est impossible de questionner sur ce qu'ils ont voulu dire et auxquels la plupart des interlocuteurs prêtent, en les citant, les uns, telle pensée, les autres, telle autre, sans pouvoir emporter la conviction sur le point discuté ; mais les habiles gens renoncent à ces conversations et s'entretiennent eux-mêmes les uns avec les autres avec leurs propres moyens, prenant et donnant mutuellement la mesure de leur sagesse dans leurs propres discours. Voilà, selon moi, les gens que toi et moi, nous devons imiter de préférence ; laissons donc les poètes et entretenons-nous ensemble avec nos propres moyens, mettant à l'épreuve la vérité et nous-mêmes. Si tu veux continuer à interroger, je suis à ta disposition pour donner la réplique ; sinon, mets-toi à la mienne pour mener à bonne fin la discussion que nous avons laissée interrompue. »

Malgré ces paroles et d'autres sur le même objet, Protagoras ne s'expliquait point sur ce qu'il entendait faire. Alors Alcibiade, se tournant vers Callias, lui a dit : « Trouves-tu encore à présent, Callias, que Protagoras fait bien de ne pas vouloir déclarer s'il donnera, oui ou non, la réplique ? Moi, non. Qu'il se prête à la discussion ou qu'il avoue qu'il s'y refuse, afin que nous sachions à quoi nous en tenir sur son compte, et que Socrate discute avec quelque autre, ou tel autre qui voudra avec un autre partenaire ». Alors Protagoras gêné, à ce qu'il m'a semblé, des paroles d'Alcibiade et des prières de Callias et de presque toute la compagnie, s'est décidé, non sans peine, à renouer la discussion, et m'a dit de l'interroger, qu'il me répondrait.

XXXIII. — Alors je lui ai dit : « Ne crois pas, Protagoras, qu'en discutant avec toi j'aie d'autre but que d'approfondir les questions qui m'embarrassent à l'occasion ; car je suis persuadé qu'Homère a eu raison de dire :

« Quand deux hommes vont ensemble, l'un remarque avant l'autre (1)... »

car nous trouvons en nous associant, nous autres hommes, plus de ressources pour agir, parler et penser ; « si un seul fait une observation », aussitôt il s'en va partout, cherchant à qui en faire part et par qui la confirmer, jusqu'à ce qu'il le rencontre. C'est pour cela que moi-même j'ai plaisir à m'entretenir avec toi, plutôt qu'avec tout autre, persuadé que je suis que tu es sans égal pour approfondir toutes les questions qu'un honnête homme doit examiner, et en particulier celle de la vertu. Et quel autre que toi pourrais-je consulter ? Tu ne prétends pas seulement être toi-même homme de bien, comme certains autres qui sont vertueux pour leur compte, mais incapables de rendre vertueux les autres ; toi tu es vertueux pour ton compte et tu es capable aussi de rendre les autres vertueux, et tu as une telle confiance en toi qu'au rebours des autres qui déguisent leur profession, tu as ouvertement proclamé par toute la Grèce ce que tu es, que tu as revendiqué le nom de sophiste, que tu t'es donné pour un maître d'éducation et de vertu, et que, le premier, tu as cru devoir mettre un prix à tes leçons. Comment donc pourrait-on se dispenser de t'appeler à l'examen de ces questions, de t'interroger, de conférer avec toi ? Il n'y a pas moyen de ne pas le faire. Aussi dans la question qui nous occupe à présent et sur laquelle je t'ai consulté d'abord, je voudrais que, reprenant

---

(1). Hom. *Il.*, X, 224-6 : « Quand deux hommes vont ensemble, l'un remarque avant l'autre ce qui peut leur servir ; si un seul fait l'observation, toujours est-il que son esprit est plus court et sa prudence bornée ».

les choses au début, tu rappelles les unes et approfondisses les autres avec moi. La question, si je ne me trompe, était celle-ci : La science, la tempérance, le courage, la justice et la sainteté sont-elles cinq noms appliqués à un seul objet, ou chacun de ces noms recèle-t-il une essence propre, une chose qui ait sa propriété particulière, une chose distincte et différente des autres ? Tu soutenais que ce n'étaient pas les noms d'un seul objet, mais que chacun de ces noms se rapportait à un objet propre, qu'ils désignaient autant de parties de la vertu, non point telles que les parties de l'or qui sont semblables entre elles et au tout dont elles sont parties, mais telles que les parties du visage qui diffèrent du tout dont elles sont parties et les unes des autres, et qui ont chacune leur propriété particulière. Si tu es toujours dans le même sentiment, dis-le ; je ne te tiendrai pas rigueur, si tu penses un peu différemment maintenant ; car je ne serais pas étonné que tu n'aies parlé tantôt que pour m'éprouver.

XXXIV. — Eh bien ! je te réponds, Socrate, que toutes ces qualités sont des parties de la vertu et que quatre d'entre elles se ressemblent assez, mais que le courage est tout à fait différent des quatre autres, et voici par où tu reconnaîtras que je dis vrai : c'est que tu trouveras quantité de gens qui sont très injustes, très impies, très débauchés et très ignorants, et qui néanmoins sont remarquablement courageux.

— Halte-là, ai-je dit ; il vaut la peine d'examiner ce que tu avances. Qu'entends-tu par hommes courageux ? Des hommes hardis ou autre chose ?

— Des hommes hardis, a-t-il répondu, et qui vont résolument où le grand nombre craint d'aller.

— Mais voyons, considères-tu la vertu comme une belle chose, et, puisque tu fais profession de l'enseigner, l'enseignes-tu comme une belle chose ?

— Comme une très belle chose, a-t-il répondu ; autrement j'aurais perdu l'esprit.

— Mais, ai-je repris, est-elle en partie laide, en partie belle, ou tout entière belle ?

— Elle est tout entière aussi belle que possible (1).

— Sais-tu qui sont ceux qui plongent hardiment dans les puits ?

— Oui, les plongeurs.

— Est-ce parce qu'ils savent plonger ou pour une autre raison ?

— C'est parce qu'ils savent plonger.

— Qui sont ceux qui combattent hardiment à cheval ? sont-ce ceux qui savent ou ceux qui ne savent pas monter ?

— Ceux qui savent monter.

— Qui sont ceux qui portent hardiment le bouclier échancré ? ceux qui ont appris le métier de peltaste ou ceux qui ne l'ont pas appris ?

— Ceux qui l'ont appris ; et pour tout le reste aussi, a-t-il ajouté, si c'est là ce que tu cherches, ceux qui savent sont plus hardis que ceux qui ne savent pas, et ils sont eux-mêmes plus hardis après avoir appris qu'ils ne l'étaient avant d'avoir appris.

— Mais as-tu déjà vu, ai-je repris, des gens qui,

(1) Ces questions sur la beauté de la vertu semblent interrompre la suite des idées ; elles préparent, au contraire, la conclusion de Socrate. Si la vertu est toute belle, elle n'admet pas de mélange impur, elle exclut tout ce qui est aveugle et irraisonné, elle se ramène tout entière à la raison et à la science.

sans être instruits de toutes ces choses, s'attaquent hardiment à chacune d'elles ?

— Oui, a-t-il répondu, et très hardiment.

— Est-ce que ces hommes hardis sont aussi courageux ?

— Ce serait alors, a-t-il dit, une laide chose que le courage ; car ce sont là des fous.

— Comment, ai-je dit, as-tu donc défini les hommes courageux ? N'as-tu pas dit qu'ils étaient hardis (1) ?

— Je le dis encore, a-t-il répondu.

— Alors, ai-je repris, ceux qui sont hardis, quoique ignorants, ne sont évidemment pas courageux, mais fous ; et ceux dont nous avons parlé tout à l'heure, ceux qui sont les plus instruits, sont aussi les plus hardis (2) et par là même les plus courageux, et suivant ce raisonnement la sagesse serait la même chose que le courage.

— Socrate, a repris Protagoras, tu ne te souviens pas bien de ce que j'ai dit en répondant à tes questions. Tu m'as demandé si les gens courageux étaient hardis ; j'ai dit que oui ; mais tu ne m'as pas demandé si les gens hardis étaient courageux ; car, si tu me l'avais demandé, j'aurais répondu qu'ils ne le sont pas tous. Quant à mon principe que les hommes courageux sont hardis, tu n'as nullement démontré

---

(1) Les manuscrits ont ici l'article, ce qui donne le sens : n'as-tu pas dit qu'ils étaient les hommes hardis? Ce serait identifier le courage et la hardiesse, que Protagoras distingue expressément. Si l'on ne rejette pas l'article, il faut admettre que Socrate force la pensée de Protagoras et lui fait dire plus qu'il n'a dit.

(2) Raisonnement inexact. Si en général un homme instruit ou entraîné est plus hardi qu'avant de l'être ou qu'un autre qui ne l'est pas, il ne s'ensuit pas que l'entraînement et le courage sont une même chose : l'entraînement ajoute au courage, il ne le crée pas, et en effet il ne manque pas d'hommes entraînés qui sont des lâches devant le danger.

que j'ai eu tort de l'admettre. Enfin tu as fait voir que ceux qui savent deviennent plus hardis qu'ils n'étaient et qu'ils le sont plus que ceux qui ne savent pas, et c'est là-dessus que tu te fondes pour identifier le courage et la science. A ce compte, tu pourrais tout aussi bien identifier la force et la science ; tout d'abord, suivant cette marche, tu pourrais me demander si les hommes vigoureux sont forts (1) ; je dirais oui ; ensuite si ceux qui savent lutter sont plus forts que ceux qui ne savent pas, et plus forts après avoir appris qu'avant ; je dirais oui ; ces choses une fois accordées, tu pourrais, suivant la même méthode d'argumentation, affirmer que de mon aveu la science se confond avec la vigueur. Mais moi je n'ai jamais accordé et je n'accorde point que les forts soient vigoureux, bien que je reconnaisse que les hommes vigoureux sont forts ; car la force et la vigueur ne sont pas la même chose, l'une, la force, venant de la science, et de la fureur, et de la colère, la vigueur, au contraire, venant de la nature et de la bonne constitution du corps. C'est ainsi que tout à l'heure j'ai pu dire que la hardiesse et le courage ne sont pas la même chose, et la conclusion qui s'impose c'est que les hommes courageux sont hardis, mais que les hommes hardis ne sont pas tous courageux ; car la hardiesse vient aux hommes de l'art, de la colère et de la fureur, comme la force ; mais le courage vient de la nature et de la bonne constitution de l'âme.

(1) La différence est plus marquée entre les deux mots grecs ἰσχυρός, vigoureux et δυνατός, puissant, capable de faire quelque chose, qu'entre les deux adjectifs français *vigoureux* et *fort*.

XXXV. — J'ai repris (1) : Conviens-tu, Protagoras, que parmi les hommes les uns vivent bien, les autres mal ?

— Oui.

— Trouves-tu qu'un homme vit bien, quand il vit dans le chagrin et la souffrance ?

— Non.

— Mais s'il avait mené une vie agréable jusqu'à sa mort, ne trouverais-tu pas qu'il aurait bien vécu ?

— Si, a-t-il dit.

— Alors mener une vie agréable est un bien, une vie désagréable, un mal ?

— A condition, a-t-il répondu, de chercher l'agrément dans l'honnêteté.

— Quoi donc ? Protagoras, partages-tu l'opinion commune, et considères-tu certaines choses agréables comme mauvaises, certaines choses fâcheuses comme bonnes ? Je veux dire : en tant qu'agréables, les choses agréables ne sont-elles pas bonnes, abstraction faite de toute conséquence, et pareillement les choses fâcheuses, en tant que fâcheuses, ne sont-elles pas mauvaises ?

— Je me demande, Socrate, a-t-il dit, si je dois répondre à ta question aussi carrément que tu la poses, que les choses agréables sont toujours bonnes, et les choses fâcheuses mauvaises. Il me semble plus sûr, non-seulement pour le cas présent, mais pour tous les cas que la vie peut m'offrir encore de répondre que parmi les choses agréables il y en a qui ne sont pas bonnes, que pareillement parmi les choses

---

(1) Socrate se contente pour le moment d'avoir démontré que le vrai courage est éclairé, c'est-à-dire accompagné de science, et, sans s'arrêter aux objections de Protagoras, il reprend la question par un autre côté.

fâcheuses il y en a qui ne sont pas mauvaises et *vice versa* pour les unes et les autres, et enfin qu'il y a une troisième espèce de choses, les choses indifférentes, qui ne sont ni bonnes, ni mauvaises.

J'ai repris : — Mais, à tes yeux, les choses agréables ne sont-elles pas celles qui sont jointes au plaisir ou qui le produisent ?

— Sans doute, a-t-il répondu.

Le sens de ma question est celui-ci : en tant qu'elles sont agréables, ces choses ne sont-elles pas bonnes ? et je demande si le plaisir en soi n'est pas un bien.

Il m'a répondu : — Comme tu le dis toujours, Socrate, examinons la question, et si le résultat de notre examen s'accorde avec la raison, et que l'agréable et le bon nous paraissent identiques, nous en tomberons d'accord ; sinon, nous poursuivrons la discussion.

— Veux-tu, lui ai-je dit, conduire notre recherche ou dois-je la diriger moi-même ?

— Il est juste que tu la diriges, puisque c'est toi qui as provoqué la discussion.

— Voici peut-être, ai-je dit, un moyen d'éclairer le sujet. Supposons qu'on examine un homme sur son extérieur pour juger de sa santé ou de ses facultés physiques ; après avoir vu le visage et les mains, on lui dirait : « Allons, déshabille-toi et découvre-moi ta poitrine et ton dos, pour que je voie plus clairement ce qui en est ». C'est une méthode semblable que je voudrais suivre dans cette recherche. Maintenant que je connais, d'après ce que tu as dit, ta manière de voir sur le bien et l'agréable, j'ai encore quelque chose à te demander : Allons, Protagoras, découvre-

moi un autre coin de ta pensée : quelle opinion as-tu
de la science ? En juges-tu ici encore comme le peuple,
ou autrement ? Or voici à peu près l'idée qu'il se
forme de la science. Il se figure qu'elle n'est ni forte,
ni capable de guider et de commander ; au lieu de lui
reconnaître ces qualités, il est persuadé que souvent
la science a beau se trouver dans un homme, ce n'est
point elle qui le gouverne, mais quelque autre chose,
tantôt la colère, tantôt le plaisir, tantôt la douleur,
quelquefois l'amour, souvent la crainte. Il regarde
tout bonnement la science comme une esclave que
toutes les autres choses traînent à leur suite. T'en
fais-tu la même idée, ou juges-tu qu'elle est une belle
chose, capable de commander à l'homme, que lorsqu'un homme a la connaissance du bien et du mal,
rien ne peut le vaincre et le forcer à faire autre chose
que ce que la science lui ordonne, et que l'intelligence
est pour l'homme une ressource qui suffit à tout ? »

Il a répondu : « Je pense de la science tout ce que
tu en dis, Socrate, et il serait honteux à moi plus qu'à
tout autre de ne pas reconnaître que la sagesse et la
science sont ce qu'il y a de plus fort parmi toutes
les choses humaines.

— Ta réponse est belle et juste, ai-je répondu ;
mais sais-tu que la plupart des hommes ne sont là-dessus ni de ton avis, ni du mien, et qu'ils prétendent
qu'on a souvent beau connaître ce qui est le meilleur,
on ne veut pas le faire, bien qu'on le puisse, et on fait
toute autre chose. Tous ceux à qui j'ai demandé la
cause d'une telle conduite répondent que ce qui fait
qu'on agit de la sorte, c'est qu'on cède au plaisir ou à
la douleur ou à quelqu'une des passions dont je parlais tout à l'heure, et qu'on se laisse vaincre par elles.

— Vraiment, Socrate, a-t-il dit, il y a bien d'autres choses sur lesquelles les hommes n'ont pas des idées justes.

— Eh bien ! essaye avec moi de les détromper et de leur apprendre ce qu'est réellement ce phénomène qui consiste pour eux à être vaincus par le plaisir et par suite à ne pas faire ce qui est le meilleur, bien qu'ils le connaissent. Peut-être que si nous leur disions : « O hommes, vous êtes à côté de la vérité, vous vous abusez », ils nous demanderaient : « Protagoras et Socrate, si ce n'est point là être vaincu par le plaisir, qu'est-ce donc alors, et quelle est votre opinion là-dessus ? dites-la nous ».

— Quoi ! Socrate, faut-il nous arrêter à examiner l'opinion de la foule qui dit sans réflexion ce qui lui vient à l'esprit ?

— Je pense, ai-je repris, que cela n'est pas sans importance pour découvrir le rapport du courage aux autres parties de la vertu. Si donc tu crois devoir t'en tenir à ce dont nous sommes convenus tout à l'heure et te laisser guider dans la voie qui me paraît la meilleure pour arriver à la lumière, suis-moi ; autrement, si tel est ton plaisir, j'en resterai là.

— Au contraire, a-t-il dit, je suis d'accord avec toi, achève comme tu as commencé.

XXXVI. — Si donc, ai-je continué, reprenant leur question, ils disaient : « Qu'entendez-vous donc par ce que nous avons appelé jusqu'ici être vaincu par le plaisir? » voici comment je leur répondrais : « Ecoutez, nous allons tâcher, Protagoras et moi, de vous l'expliquer. N'est-il pas vrai que cela vous arrive dans les cas suivants, par exemple dans le cas fréquent où vous vous laissez vaincre par le manger, le boire, l'amour, qui sont choses agréables ? Vous avez beau connaître que ces choses sont mauvaises, vous les faites quand même ». Ils en conviendraient. Nous leur demanderions ensuite, toi et moi : « Pourquoi tenez-vous ces choses pour mauvaises ? Est-ce parce qu'elles vous procurent ce plaisir du moment présent et parce que chacune d'elles est agréable, ou parce qu'elles ont pour suite dans l'avenir la maladie, la pauvreté et autres maux du même genre ? Si elles n'occasionnaient pour l'avenir aucun de ces maux et n'engendraient que du plaisir, quoi qu'on puisse penser de la cause et de la manière, seraient-elles encore mauvaises ? » Pouvons-nous penser, Protagoras, qu'ils nous feraient une autre réponse que celle-ci : « Ce n'est pas à cause du plaisir même qu'elles procurent sur le moment qu'elles sont mauvaises, c'est à cause de leurs suites, maladies et autres maux ? — C'est vraisemblablement, dit Protagoras, ce que répondrait la foule. — Ainsi donc c'est en causant des maladies qu'elles causent de la douleur, c'est en amenant la pauvreté qu'elles amènent du chagrin. — Ils en conviendraient, je crois. Protagoras acquiesça. — Il vous paraît donc, amis, comme nous le soutenons, Protagoras et moi, que ces choses ne sont mauvaises que parce qu'elles aboutissent à la douleur et vous privent d'autres plaisirs ? — Ils en conviendraient ; ç'a été notre avis à tous deux. — Mais si, prenant la contrepartie, nous leur disions : « En reconnaissant, amis, que certaines choses douloureuses sont bonnes, n'entendez-vous pas par là des choses comme les exercices physiques, les expéditions guerrières, les traitements médicaux par cautérisation, amputation, médication, abstinence, et ne les regardez-vous pas comme bonnes, quoique douloureuses ? — Ils en conviendraient. Protagoras a été de cet avis. — Les appelez-vous bonnes parce qu'elles causent sur le moment des douleurs et des peines d'une extrême acuité, ou n'est-ce pas plutôt qu'elles sont pour l'avenir la source de la santé, de l'équilibre physique, du salut des États, des conquêtes et des richesses ? — Ils diraient que si, je pense. Protagoras a été de mon avis. — Mais ces choses sont-elles bonnes pour une autre raison que parce qu'elles se terminent au plaisir et délivrent ou préservent de la douleur, ou avez-vous en vue quelque autre fin que le plaisir et la douleur pour les appeler bonnes ? Ils répondraient non, n'est-ce pas ? — C'est mon avis, dit Protagoras. — Vous poursuivez donc le plaisir comme un bien, et vous fuyez la douleur comme un mal ? — Il en convint avec moi. — C'est donc la douleur que vous regardez comme un mal, et le plaisir comme un bien, puisque le plaisir même est un mal à vos yeux, quand il vous prive de jouissances plus grandes qu'il n'en offre lui-même ou occasionne des douleurs plus grandes que les jouissances qu'il contient ; car, si, pour appeler ainsi le plaisir même un mal, vous aviez quelque autre motif ou considériez quelque autre fin, vous sauriez nous le dire ; mais vous n'en trouverez point d'autre. — Je ne le pense pas non plus, dit Protagoras. — Ne faut-il pas en dire autant de la douleur en elle-même ? N'appelez-vous pas la douleur même un bien, quand elle vous délivre de douleurs plus grandes que celles qu'elle cause ou qu'elle amène des plaisirs plus grands que les souffrances qu'elle suscite ? car, si vous songiez à quelque autre fin que celle dont je parle, quand vous appelez la douleur même un bien, vous sauriez bien nous le dire, mais vous n'en trouverez pas d'autre. — Cela est vrai, dit Protagoras. — Que si de votre côté, ai-je ajouté, vous me demandiez, amis, pourquoi je traite la question si longuement et sous tant de formes : Pardonnez-moi, vous dirais-je ; car tout d'abord ce n'est pas chose aisée de montrer en quoi consiste ce que vous appelez être vaincu par le plaisir ; ensuite c'est sur ce point que roule toute ma démonstration ; mais il est encore temps de vous rétracter, si vous avez quelque raison de croire que le bien est autre chose que le plaisir et le mal autre chose que la douleur. Vous bornez-vous au contraire à l'horizon d'une vie agréable et sans chagrin ? Si vous ne portez pas vos vues plus loin, et si vous n'avez pas d'autre définition à donner du bien et du mal que celle qui les ramène au plaisir et à la douleur, écoutez la suite. En m'appuyant sur cette définition, je soutiens qu'il est ridicule de dire, comme vous le faites, que souvent un homme qui connaît le mal pour ce qu'il est, ne laisse pas de le commettre, bien qu'il ait la liberté d'agir autrement, parce qu'il est entraîné et subjugué par le plaisir, et pareillement qu'un homme qui connaît le bien, se refuse à le faire, parce qu'il est vaincu par le plaisir du moment.

XXXVII. — Le ridicule de ces assertions apparaîtra, si nous cessons d'employer plusieurs termes à la fois, l'agréable et le désagréable, le bien et le mal. Puisque nous avons fait voir que ces choses se ramènent à deux, servons-nous aussi de deux termes pour les désigner : appelons-les d'abord le bien et le mal ; nous les appellerons ensuite l'agréable et le désagréable. Cela posé, disons qu'un homme connaissant que le mal est le mal, ne laisse pas de le faire. Si quelqu'un nous demande pourquoi : Parce qu'il est vaincu, dirons-nous. Par quoi ? demandera-t-il. Nous ne pouvons plus répondre : par le plaisir ; car nous avons donné au plaisir un autre nom, celui de bien. Nous répondrons donc en disant qu'il est vaincu. — Vaincu par quoi ? dira-t-il. — Par le bien. Telle sera, par Zeus, notre réponse. Si notre questionneur aime la moquerie, il nous rira au nez et dira : Il y a de quoi rire à vous entendre affirmer que, lorsqu'un homme fait le mal, quoiqu'il sache que c'est le mal et puisse s'empêcher de le faire, il est vaincu par le bien. Est-ce qu'à vos yeux le bien n'a pas assez de valeur pour vaincre le mal, ou en a-t-il assez ? — Nous répondrons évidemment : Il n'en a pas assez ; autrement celui que nous disons être vaincu par le plaisir n'aurait pas commis de faute. Mais qu'est-ce qui fait, dira-t-on, que les biens n'ont pas assez de valeur pour l'emporter sur les maux, ou les maux sur les biens ? N'est-ce pas que les uns sont plus grands et les autres plus petits, ou les uns plus nombreux et les autres moins nombreux ? Nous ne trouverons pas d'autre raison que celle-là. Il est donc évident, dira-t-on, que ce que vous appelez être vaincu, c'est choisir des maux plus grands à la place de biens plus petits. Voilà un point acquis. Changeons maintenant les termes, et, appliquant aux mêmes choses ceux d'agréable et de désagréable, disons : L'homme fait — nous disions tout à l'heure le mal — disons maintenant des choses désagréables, sachant qu'elles sont désagréables, parce qu'il est vaincu par les choses agréables, qui évidemment n'ont pas assez de valeur pour vaincre. Et quelle autre disproportion de valeur y a-t-il entre les plaisirs et les douleurs sinon l'excès et le défaut des uns par rapport aux autres, les uns étant plus grands ou plus petits, plus nombreux ou moins nombreux, plus forts ou plus faibles que les autres ? Si l'on objecte : Mais, Socrate, le plaisir présent diffère grandement du plaisir ou de la douleur à venir (1). — Diffèrent-ils, répondrai-je, par autre chose que le plaisir et la douleur ; ils ne peuvent en effet différer que par là (2). Dès lors, comme un homme qui s'entend à peser, mets d'un côté de la balance les choses agréables, de l'autre, les choses désagréables, d'un côté les choses qui sont proches, de l'autre les choses qui sont éloignées, et vois de quel côté est l'avantage ; si en effet tu pèses des choses agréables avec des choses agréables, il faut toujours choisir les plus grandes et les plus nombreuses ; si tu pèses des choses désagréables avec des choses désagréables, il faut prendre les moins nombreuses et les plus petites ; si tu pèses des choses agréables avec des choses désagréables et que les plaisirs l'emportent sur les douleurs, les choses éloignées sur les choses prochaines ou les choses prochaines sur les choses éloignées, il faut faire l'action où l'on voit cet avantage ; si au contraire les douleurs l'emportent sur les plaisirs, il faut s'abstenir ; y a-t-il en cela, mes amis, dirais-je, un autre parti à prendre ?

(1) Platon ajoute après coup de la douleur à venir, comme s'il avait dit le plaisir et la douleur présente. Voilà un exemple des négligences que le style de la conversation comporte chez Platon.
(2) Si, par l'incertitude du plaisir ou de la peine à venir. On peut mourir dans l'intervalle.

Je suis persuadé qu'ils ne sauraient en trouver d'autre. — Protagoras en a jugé de même. — Si donc il en est ainsi, je vous prierai de répondre à la question que voici : Les mêmes objets ne paraissent-ils pas à vos yeux plus grands, de près, plus petits, de loin ? — Sans doute, diront-ils. — N'en est-il pas de même pour la grosseur et pour le nombre ? et des sons égaux ne sont-ils pas plus forts, entendus de près, plus faibles, entendus de loin ? — Ils en conviendraient. — Si donc notre bonheur consistait à faire et à choisir ce qui est grand, à éviter et à ne pas faire ce qui est petit, où trouverions-nous le bonheur de notre vie ? dans l'art de mesurer ou dans la faculté de saisir les apparences ? N'avons-nous pas vu que celle-ci nous trompait, nous faisait souvent interpréter les mêmes choses de cent façons, et regretter nos actes et nos choix, relativement à la grandeur et à la petitesse, tandis que l'art de mesurer aurait enlevé toute autorité à cette illusion et, nous révélant la vérité, aurait assuré à notre âme une tranquillité fondée sur le vrai et sauvé ainsi le bonheur de notre vie ? Nos gens reconnaîtraient-ils là que notre salut dépend de l'art de mesurer et non d'un autre ? — De l'art de mesurer, convint Protagoras. — Mais si notre salut dépendait du choix de l'impair ou du pair, et qu'il nous fallût choisir sans nous tromper le plus ou le moins, en les comparant chacun avec lui-même ou l'un avec l'autre, soit qu'ils fussent proches, soit qu'ils fussent éloignés, qu'est-ce qui pourrait assurer notre salut ? Ne serait-ce pas une science ? ne serait-ce pas une science des mesures, puisqu'il s'agit ici de l'art de mesurer l'excès et le défaut des choses ? et comme cet art s'applique ici

à l'impair et au pair, est-il autre que l'arithmétique ?
— Nos gens en tomberaient d'accord, n'est-ce pas ?
Protagoras a été d'avis qu'ils en tomberaient d'accord.

Voilà qui est bien, mes amis. Mais puisqu'il nous a paru que le salut de notre vie dépend du juste choix des plaisirs et des douleurs, selon qu'ils sont plus nombreux ou moins nombreux, plus grands ou plus petits, plus éloignés ou plus rapprochés, n'est-il pas tout d'abord évident que l'examen de l'excès, du défaut et de l'égalité des uns par rapport aux autres suppose une méthode de mensuration ? — Absolument évident. — Si c'est une méthode de mensuration, il faut à coup sûr que ce soit un art et une science. — Ils l'admettront. — Ce qu'est cet art et cette science, nous l'examinerons une autre fois ; il nous suffit que ce soit une science pour la démonstration que Protagoras et moi devons vous faire sur la question que vous nous avez posée. Rappelez-vous quelle était votre question ? Nous venions de convenir, Protagoras et moi, qu'il n'y a rien de plus fort que la science et que partout où elle se trouve, elle a toujours l'avantage sur le plaisir et sur toutes les autres passions ; alors vous, vous avez soutenu que le plaisir triomphe souvent même de l'homme qui a la science, et comme nous n'avons pas voulu vous accorder ce point, vous nous avez demandé : « Protagoras et Socrate, si ce n'est pas là être vaincu par le plaisir, qu'est-ce alors et comment qualifiez-vous cela ? dites-le nous ». Si nous avions répondu tout de suite : c'est de l'ignorance, vous vous seriez moqués de nous, tandis qu'à présent, si vous vous moquez de nous, vous vous moquerez aussi de vous-mêmes ; car vous avez reconnu que, quand on pèche, on pèche faute de science dans le choix des plaisirs et des peines, c'est-à-dire des biens et des maux, et non faute de science simplement, mais faute de cette science que vous avez reconnue tout à l'heure être la science des mesures. Or toute action fautive par défaut de science, vous le savez bien, est commise par ignorance, en sorte qu'être vaincu par le plaisir, c'est la pire des ignorances. Cette ignorance, Protagoras que voici, Prodicos et Hippias font profession de la guérir ; mais vous, qui croyez que c'est tout autre chose que l'ignorance, vous ne venez pas vous-mêmes et vous n'envoyez pas vos enfants chez les maîtres de vertu, je veux dire les sophistes que voici, parce que vous êtes persuadés que la vertu ne peut être enseignée ; vous préférez ménager votre argent et en refusant de le leur donner, vous faites mal vos affaires publiques et privées.

XXXVIII. — Voilà ce que nous aurions répondu au peuple ; mais à présent, je vous le demande à vous, Hippias et Prodicos, en même temps qu'à Protagoras, afin que vous preniez part au débat, trouvez-vous que ce que j'ai dit est vrai ou faux ? — Tous ont été merveilleusement d'accord que c'était vrai. — Alors, vous reconnaissez, ai-je dit, que l'agréable est bon, le désagréable mauvais. Quant aux distinctions que Prodicos établit entre les mots, je le prie de s'en abstenir ; tu peux appeler ce bien agréable, charmant, réjouissant ou de tout autre nom qu'il te plaira, excellent Prodicos, réponds à ma question par le mot que tu voudras. — Prodicos m'a donné son assentiment en riant, et les autres aussi. — Que pensez-vous de ceci, mes amis ? ai-je dit. Est-ce que les actions qui ont pour fin une vie agréable et sans chagrin ne sont pas belles, et une action belle n'est-elle pas bonne et utile ? — Ils ont été de cet avis. — S'il est vrai, dis-je, que l'agréable soit le bon, il n'est personne qui, sachant ou croyant qu'il y a des choses meilleures à faire que celles qu'il fait, et qu'il est en son pouvoir de les faire, fasse cependant les moins bonnes, alors qu'il dépend de lui de faire les meilleures ; et être inférieur à soi-même n'est autre chose qu'ignorance, comme être supérieur à soi-même est sagesse. — Tous m'ont approuvé. — Mais quoi ? qu'appelez-vous être ignorant ? n'est-ce pas avoir une opinion fausse et se tromper sur les choses de grande importance ? — Ils l'ont avoué tous. — N'est-il pas vrai, ai-je repris, que personne ne se porte volontairement au mal ou à ce qu'il prend pour le mal, qu'il ne paraît pas être dans la nature de l'homme de se résoudre à chercher ce qu'il croit mal plutôt que ce qui est bien, et que, quand on est forcé de choisir entre deux maux, il n'est personne qui choisisse le plus grand, s'il peut prendre le moindre ? — Sur tous ces points nous avons tous été d'accord. — Mais voyons, ai-je dit, quelle idée vous faites-vous de la crainte et de l'effroi ? Est-ce la même que moi ? C'est à toi que je m'adresse, Prodicos. J'y vois l'attente d'un mal, qu'on l'appelle effroi ou crainte. — Protagoras et Hippias sont convenus que la crainte et l'effroi étaient bien cela, Prodicos l'a admis pour la crainte l'a nié pour l'effroi. — Il n'importe, Prodicos ; l'essentiel est de savoir si le principe que je viens de poser est vrai. Se trouvera-t-il un homme qui veuille courir à ce qu'il craint, quand il peut aller au devant de ce qu'il ne craint pas ? n'est-ce pas impossible d'après les principes que nous avons reconnus ? nous avons en effet reconnu que si l'on craint une chose, c'est qu'on la croit mauvaise, et, quand on croit une chose mauvaise, on ne s'y porte pas et on ne la choisit pas volontairement. « Tout le monde a été d'accord là-dessus.

XXXIX. — J'ai repris : « Ceci posé, il faut maintenant, Prodicos et Hippias, que Protagoras défende les réponses qu'il a faites d'abord et nous en prouve la justesse ; je ne parle pas de celles qu'il a faites tout à fait au début, quand il a soutenu que des cinq parties de la vertu il n'y en avait pas une qui fût semblable à l'autre et que chacune avait sa faculté propre ; ce n'est pas de cela que j'entends parler, mais de ce qu'il a dit ensuite, à savoir qu'il y avait quatre parties assez semblables entre elles, et une tout à fait différente des autres, le courage ; il a ajouté que je la reconnaîtrais à cette marque : « Tu trouveras, en effet, m'a-t-il dit, Socrate, des hommes qui sont très impies, très injustes, très débauchés et très ignorants, mais très braves, et tu reconnaîtras par là que le courage est très différent des autres parties de la vertu. » Tout d'abord j'ai été fort surpris de cette réponse ; je l'ai été davantage encore, après avoir examiné la chose avec vous. Je lui ai alors demandé si pour lui les hommes courageux étaient hardis. — Hardis et résolus, m'a-t-il répondu. — Te souviens-tu, ai-je dit, Protagoras, de m'avoir fait cette réponse ?

Il en est convenu.

— Eh bien ! ai-je repris, dis-nous quelles sont, selon

toi, les choses que les hommes courageux affrontent ? Sont-ce les mêmes choses qu'affrontent les lâches ?

— Non, a-t-il répondu.

— Ce sont donc des choses différentes ?

— Oui, a-t-il dit.

— Les lâches n'affrontent-ils pas des choses qui inspirent la confiance, et les courageux des choses qui inspirent la crainte ?

— C'est ce qu'on dit communément, Socrate.

— C'est vrai, ai-je dit ; mais ce n'est pas là ce que je te demande, c'est ton opinion à toi : quelles sont, selon toi, les choses que les hommes courageux affrontent ; affrontent-ils les choses qui inspirent la crainte, bien qu'ils les tiennent pour telles, ou celles qui ne l'inspirent pas ?

— Mais, a-t-il répondu, tu as précisément démontré tout à l'heure qu'affronter ce qui inspire la crainte était impossible.

— Cela est encore vrai, ai-je dit, de sorte que si la démonstration est juste, il n'y a personne qui affronte ce qu'il juge terrible, puisque nous avons vu qu'être inférieur à soi-même était ignorance (1).

Il en est convenu.

— Mais alors c'est aux choses qui inspirent la confiance que tout le monde se porte, les braves

(1) Ce membre de phrase résume à nouveau l'argumentation à laquelle Protagoras fait allusion. On dit communément qu'un homme fait parfois le mal, tout en le connaissant pour tel, parce qu'il est vaincu par le plaisir. Or Socrate a montré que personne ne fait ainsi le mal, parce que celui qui paraît le faire ne connaît pas le bien et le mal, et qu'être vaincu par le plaisir, autrement dit être inférieur à soi-même, est ignorance. Socrate applique le même raisonnement au cas du lâche, mais il n'en exprime que les prémisses et la conclusion : Personne ne s'attaque à ce qu'il tient pour terrible, c'est-à-dire mauvais, parce que rechercher le mauvais ou, ce qui est la même chose être inférieur à soi-même est ignorance.

comme les lâches, et il s'ensuit que les braves et les lâches se portent aux mêmes choses.

— On voit pourtant tout le contraire, Socrate, a-t-il dit : les lâches et les braves se portent à des choses tout à fait différentes ; ainsi, sans aller plus loin, les uns veulent aller à la guerre, les autres ne le veulent pas.

— Est-ce, ai-je repris, parce qu'aller à la guerre est une belle chose, ou une chose honteuse ?

— Parce que c'est une belle chose, a-t-il répondu.

— Ne sommes-nous pas convenus précédemment que si elle est belle, elle est bonne aussi ? Nous sommes convenus en effet que les belles actions sont toutes bonnes.

— C'est vrai, et je n'ai pas changé de sentiment.

— Fort bien, ai-je dit. Mais quels sont ceux qui, selon toi, refusent d'aller à la guerre, quoiqu'elle soit une chose belle et bonne ?

— Les lâches, a-t-il dit.

— Mais, ai-je repris, si elle est belle et bonne, n'est-elle pas agréable aussi ?

— C'est du moins une conséquence que nous avons admise, a-t-il dit.

— Est-ce en connaissance de cause que les lâches refusent de se porter à ce qui est plus beau, meilleur et plus agréable ?

— Avouer cela, dit-il, serait renverser les principes que nous avons reconnus plus haut.

— Mais le brave ne se porte-t-il pas vers le plus beau, le meilleur et le plus agréable ?

— Il faut en convenir, a-t-il dit.

— Il est donc constant que les braves n'ont pas de

craintes honteuses, quand ils ont des craintes, ni de hardiesses honteuses ?

— C'est vrai, a-t-il dit.

— Mais, si elles ne sont pas honteuses, ne sont-elles pas belles ?

Il en est convenu.

— Et, si elles sont belles, elles sont bonnes ?

— Oui.

— Donc et les lâches et les audacieux et les furieux ont au contraire des craintes honteuses et des hardiesses honteuses ?

Il en est convenu.

— Mais, s'ils ont des hardiesses honteuses et mauvaises, le motif en peut-il être autre que le défaut de connaissance et l'ignorance ?

— Non, a-t-il dit.

— Mais quoi ! ce qui fait que les lâches sont lâches, l'appelles-tu lâcheté ou courage ?

— Moi, je l'appelle lâcheté, a-t-il dit.

— N'est-ce point par l'ignorance des choses à craindre qu'ils nous ont paru lâches ?

— Si, a-t-il dit.

— C'est donc à cause de cette ignorance qu'ils sont lâches ?

Il en est demeuré d'accord.

— Mais ce qui fait qu'ils sont lâches, tu as reconnu que c'était la lâcheté ?

— Oui, a-t-il dit.

— Ainsi l'ignorance des choses qui sont à craindre et des choses qui ne le sont pas serait la lâcheté ?

Il a fait signe que oui.

— Mais le courage, ai-je repris, est le contraire de la lâcheté ?

— Oui.

— La science des choses à craindre et de celles qui ne le sont pas n'est-elle pas le contraire de l'ignorance de ces mêmes choses ?

Ici encore il a fait un signe d'assentiment.

— L'ignorance de ces choses est la lâcheté ?

Ici, c'est à grand'peine qu'il a fait signe que oui.

— La science des choses à craindre et de celles qui ne le sont pas est donc le courage, qui est le contraire de l'ignorance de ces mêmes choses ?

Ici il n'a plus voulu répondre ni par geste ni par mot.

— Hé quoi ! Protagoras, tu ne réponds ni oui ni non à mes questions.

— Achève toi-même, a-t-il dit.

— Je n'ai plus qu'une question à te poser, ai-je repris : Crois-tu encore, comme tu le croyais d'abord, qu'il y a des hommes très ignorants qui cependant sont très braves.

— Il a répondu : Tu t'obstines, Socrate, ce me semble, à vouloir que ce soit moi qui réponde ; je te ferai donc ce plaisir, et je t'avouerai que, d'après les principes dont nous sommes convenus, cela me paraît impossible.

XL. — Je t'affirme, ai-je dit, que je n'ai d'autre but en te faisant toutes ces questions que d'examiner les problèmes relatifs à la vertu et ce qu'est la vertu en elle-même. Car je suis persuadé que ce point éclairci jetterait une vive lumière sur l'objet de la longue discussion que nous venons d'avoir ensemble, moi prétendant que la vertu ne saurait être enseignée, toi qu'elle peut l'être. Et il me semble que la conclusion dernière de notre discussion s'élève contre nous, comme une personne, et se moque de nous, et que, si elle pouvait parler, elle nous dirait : « Vous êtes bien inconséquents, Socrate et Protagoras : toi qui soutenais d'abord que la vertu ne saurait s'enseigner, tu t'empresses maintenant de te contredire en t'évertuant à démontrer que tout est science, et la justice, et la tempérance, et le courage, d'où il résulterait que la vertu peut fort bien s'enseigner. Si en effet la vertu était autre chose que la science, comme Protagoras a tâché de le prouver, il est clair qu'elle ne saurait être enseignée. Si au contraire elle se ramène exactement à la science, comme tu as à cœur de le prouver, Socrate, il serait bien extraordinaire qu'elle ne pût être enseignée. De son côté Protagoras, après avoir admis d'abord qu'elle pouvait s'enseigner, semble à présent au contraire prendre à tâche de démontrer que la vertu est tout autre chose que la science, d'où il suivrait qu'elle est rebelle à tout enseignement. » Pour moi, Protagoras, en voyant l'étrange confusion et le trouble qui règnent en ces matières, je souhaite vivement de voir ces questions éclaircies, et je voudrais qu'après une discussion complète nous puissions arriver à définir ce qu'est la vertu, et à examiner de nouveau si elle peut, oui ou non, être enseignée. Car j'ai peur que ton Epiméthée ne nous ait encore fallacieusement fait glisser en quelque faux pas dans notre recherche, comme il nous a oubliés, disais-tu, dans sa distribution. Aussi préféré-je dans la fable Prométhée à Epiméthée : c'est en prenant Prométhée pour modèle et en appliquant sa prévoyance (1) à ma

(1) Il y a ici un jeu de mots intraduisible sur le nom propre Προμηθεύς (le prévoyant) et le participe προμηθούμενος (prévoyant).

13.

vie tout entière que j'étudie toutes ces questions, et, si tu y consentais, je serais bien aise, comme je te l'ai dit d'abord, de les examiner avec toi. »

Protagoras m'a répondu : « Je loue, Socrate, ton ardeur et ta manière de traiter les questions. Car, sans parler des autres défauts dont je me flatte d'être exempt, je suis le moins envieux des hommes. Aussi ai-je dit souvent de toi que, de tous ceux que je rencontre, tu es celui que j'estime le plus, et que je te mets bien au-dessus de ceux de ton âge ; j'ajoute que je ne serais pas étonné si tu te plaçais un jour au rang des sages illustres. Quant à ces questions, nous les traiterons, si tu veux une autre fois ; pour le moment, j'ai autre chose de pressé à faire.

— Va donc, ai-je dit, si tel est ton plaisir ; aussi bien il y a longtemps que moi aussi je devrais être rendu où j'avais dessein d'aller ; mais je suis resté pour faire plaisir au beau Callias. »

Après ces discours de part et d'autre, nous nous sommes séparés.

NOTICE SUR LE PHÈDRE

Socrate rencontre Phèdre qui sort de chez son ami Lysias, ravi d'un discours que cet orateur a composé sur l'amour. Socrate demande à l'entendre, et les deux amis vont s'étendre, pour en faire la lecture, à l'ombre d'un platane au bord de l'Ilissos.

Le thème du discours est qu'il vaut mieux accorder ses faveurs à un poursuivant sans amour qu'à un amant. Lysias étaye son paradoxe sur les raisons suivantes : Un amant n'a pas plus tôt satisfait ses désirs qu'il se repent du bien qu'il a fait : sa tendresse est éphémère. Comment se fier d'ailleurs à un malade ? car l'amour n'est autre chose qu'une maladie de l'âme. En outre le nombre des amants est limité et permet peu de choix, tandis que les prétendants sans amour sont légion. Rien n'est plus indiscret qu'un amant et plus préjudiciable à la bonne renommée. Deux causes s'opposent à la durée de l'amour : la jalousie toujours en éveil de l'amant, et l'ignorance où il est, quand il s'éprend de la beauté physique, du vrai caractère de celui qu'il aime. L'amant par ses flatteries gâte le caractère de son bien-aimé et nuit à son perfectionnement moral. Mais peut-être dira-t-on que des relations sans amour sont languissantes : à ce compte il faudrait répudier aussi les affections de famille et l'amitié, et, s'il faut favoriser les gens en raison de la violence de leurs désirs, il faut donc aussi obliger, non les plus dignes, mais les plus affamés. Ceux qu'il faut favoriser sont au contraire ceux qui sauront le mieux témoigner leur reconnaissance.

Dans ce discours, où la fécondité de l'argumentation remplit Phèdre d'admiration, Socrate ne trouve à louer que l'élégance de l'expression ; il en critique l'ordonnance, qui est si arbitraire et si décousue qu'on peut aussi bien en commencer la lecture par la fin que par le début, et il entreprend à son tour de traiter le sujet, sans craindre la comparaison avec Lysias.

D'abord il définira l'amour, car, dit-il, toute discussion bien conduite doit partir d'une définition exacte. Nous sommes gouvernés par deux principes : le désir instinctif du plaisir et le goût réfléchi du bien. Quand le premier étouffe le second et se porte vers le plaisir que promet la beauté corporelle, il s'appelle amour. Or celui que ce désir possède cherchera dans l'objet de son amour le plus de plaisir possible, et pour cela il voudra l'asservir à ses caprices et supprimer en lui toute supériorité ; il le détournera de la philosophie, dans la crainte de devenir pour lui un objet de mépris, et le maintiendra dans l'ignorance pour le forcer à n'avoir d'yeux que pour lui. Nuisible à l'âme de celui qu'il aime, l'amant est également nuisible à son corps : ce qui lui plaît c'est un corps délicat, efféminé, étranger aux mâles travaux. Il nuit aussi à ses intérêts : pour l'avoir tout à lui, il le voudrait sans parents, sans fortune, sans femme ni enfants. Il lui est insupportable par ses assiduités que la différence d'âge rend plus importunes encore. Enfin, quand sa passion s'éteindra, il se montrera sans foi, et le bien-aimé s'apercevra avec indignation qu'il s'était abandonné à un maître perfide, incommode, jaloux, nuisible à sa fortune, à sa santé, au perfectionnement de son âme, qui est la chose la plus précieuse que l'homme possède.

— Ton discours n'est pas fini, dit Phèdre : tu n'as pas parlé de l'homme sans amour. — Je me bornerai à dire, reprend Socrate, qu'on trouve dans le commerce de l'homme sans amour autant d'avantages qu'il y a d'inconvénients dans celui de l'amant.

Là-dessus Socrate veut repasser l'Ilissos ; mais il a senti le signal divin qui l'arrête au moment de prendre quelque résolution. Nous avons, dit-il, offensé Éros ; il faut expier ce sacrilège et lui offrir une palinodie pour apaiser sa colère. Phèdre est enchanté d'entendre un nouveau discours.

— Non, dit Socrate, il ne faut pas dédaigner un amant passionné, sous prétexte qu'il est en délire. Car le délire, quand il est envoyé par les dieux, nous procure les plus grands biens, témoin le délire qui inspire l'art augural, les rites expiatoires et la poésie. Il y a une quatrième espèce de délire, la plus divine, celle de l'amour. Mais pour prouver que l'amour est le plus grand des biens, il faut d'abord déterminer la nature de l'âme humaine.

Toute âme est immortelle ; car l'essence de l'âme est la puissance de se mouvoir elle-même, et tout ce qui se meut soi-même, étant principe de mouvement, n'a ni commencement ni fin. Pour faire comprendre sa nature, on peut l'assimiler à l'assemblage que formeraient un cocher et un attelage de deux chevaux, l'un généreux et docile, l'autre brutal et insoumis. Mais comment y a-t-il des êtres mortels et des êtres immortels ? L'âme universelle fait le tour de l'univers, en se manifestant sous mille formes. Quand elle est parfaite et ailée, elle plane au haut des cieux et gouverne l'ordre universel ; quand elle a perdu ses ailes, elle roule dans les espaces jusqu'à ce qu'elle s'attache à un corps, lui communique sa force et forme avec lui un être mortel. Quant aux êtres immortels, nous savons qu'ils sont, mais nous ne les connaissons pas et n'en pouvons rien dire. Les âmes divines, qui se nourrissent d'intelligence et de science sans mélange, montent au point le plus élevé de la voûte des cieux, pour goûter les délices du banquet divin ; elles la franchissent et s'arrêtent sur sa convexité ; là est le séjour des essences, de la justice en soi, de la sagesse en soi, de la science parfaite. Les dieux les contemplent et s'en rassasient jusqu'à ce que le mouvement circulaire qui les emporte les ramène au point d'où ils étaient partis. Les autres âmes s'efforcent de suivre le cortège des dieux ; les unes réussissent, malgré la turbulence du cheval indocile, à monter de l'autre côté du ciel et à jouir quelques instants de la vue des essences ; mais beaucoup, entraînées par leur attelage mal apparié, retombent les unes sur les autres, se froissent, perdent leurs ailes, et, n'ayant pu voir l'absolu, sont réduites à se repaître des conjectures de l'opinion. Quand elles ne peuvent plus suivre les dieux, les âmes s'abattent sur la terre et y subissent un exil de dix mille ans, réduit à trois mille ans pour les âmes des philosophes. Après le premier millénaire, les âmes sont appelées à un nouveau partage des conditions ; mais elles ne peuvent entrer dans le corps d'un homme que si elles ont entrevu jadis la vérité dans le ciel. L'homme en effet doit comprendre le général, c'est-à-dire s'élever de la multiplicité des sensations à l'unité rationnelle ; or cette faculté n'est autre chose que le ressouvenir de ce que notre âme a vu, quand elle contemplait l'être véritable, à la suite de l'âme divine. C'est pour cela qu'il est juste que l'âme du philosophe ait seule des ailes ; car elle s'attache aux essences.

Entre toutes les essences il en est une qui brillait d'un éclat particulier : c'est celle de la beauté ; c'est aussi celle dont le souvenir s'éveille le plus facilement à la vue des beautés d'ici-bas. Il est vrai que beaucoup d'âmes corrompues ont oublié la beauté idéale : à celles-là la contemplation des beautés terrestres n'inspire qu'un désir brutal ; mais l'âme qui a jadis été initiée à la beauté absolue et qui en a conservé un souvenir distinct, ressent devant la beauté terrestre la terreur religieuse qu'elle a éprouvée autrefois ; elle la vénère comme un dieu, nage dans la joie en sa présence, se tourmente en son absence et sacrifie tout pour la suivre et la contempler.

Chaque homme honore et imite dans sa vie le dieu dont il suivait le cortège dans le ciel et se choisit un amour selon son caractère : les suivants de Zeus recherchent une âme qui ait le goût de la sagesse et du commandement, ceux de Héra une âme royale, et chacun en général une âme où il retrouve les attributs de son dieu. C'est par là que l'amour exerce une influence heureuse sur l'amant et sur l'aimé : l'amant, excité par l'enthousiasme, se perfectionne sur son divin modèle, et il ne cesse de persuader à son bien-aimé d'en faire autant.

Mais comment l'amour naît-il dans l'âme de l'aimé ? C'est que le courant des émanations que sa beauté dégage revient de l'amant sur lui et le dispose à aimer ; il ressent une affection qui est comme l'image de l'amour qu'on a pour lui. Si la sagesse l'emporte sur les désirs des amants, ils vivent pour la vertu et à leur mort ils en sont récompensés par un bonheur divin ; s'ils ont au contraire la faiblesse de céder au plaisir, ils n'en restent pas moins unis, et quoique à leur mort leurs âmes restent sans ailes, ils sont réservés à une vie heureuse et brillante.

Phèdre admire la beauté de ce discours et craint que son ami Lysias ne puisse ou ne veuille à son tour composer sa palinodie et affronter la comparaison avec Socrate. D'ailleurs un homme d'Etat a tout dernièrement fait honte à Lysias de composer des discours et l'a traité dédaigneusement de logographe.

— Mais, dit Socrate, l'homme d'Etat lui-même ne compose-t-il pas des discours ? Ce n'est pas à écrire des discours qu'il y a de la honte, c'est à en écrire de mauvais. Si tu veux, nous allons examiner ce qui fait un bon ou un mauvais discours. Ne faut-il pas d'abord connaître la vérité sur le sujet qu'on veut traiter ?
— J'ai entendu dire, Socrate, que la connaissance de la vérité n'est pas nécessaire à l'orateur, que la vraisemblance lui suffit. — Mais s'il ignore la vérité sur le bien et le mal, il s'expose à conduire le peuple dans des voies mauvaises, et s'il prétend fonder l'art de la persuasion sur autre chose que la vérité, il se leurre. Car, même pour tromper les auditeurs, il faut leur présenter les choses comme vraies, et pour les rapprocher ainsi de la vérité, il faut la connaître. Prenons nos exemples dans les discours de Lysias et dans les miens. L'amour étant matière à discussion, il fallait d'abord le définir. C'est ce que Lysias n'a pas fait. Il a commencé par où il aurait dû finir, et jeté ses arguments dans un pêle-mêle dérisoire. Qu'avons-nous fait nous-même ? Nous avons mis en œuvre deux procédés : la définition et la division du sujet. J'appelle dialecticiens ceux qui appliquent ces deux procédés. Les rhéteurs font grand bruit de leurs artifices : exorde, narration, dépositions, preuve, présomptions, etc. ; mais ce qu'ils enseignent par là, ce sont les notions préliminaires de l'art ; ils oublient d'enseigner l'essentiel, l'art de disposer tous ces moyens en vue de la persuasion. Pour acquérir l'art véritable, il faut faire comme Périclès, il faut étudier la philosophie sans laquelle on ne saurait avoir l'esprit élevé ni se perfectionner dans aucune science. Il faut surtout étudier la nature de l'âme, qu'on ne peut d'ailleurs connaître sans connaître la nature universelle. Il faut savoir si elle est une substance simple ou composée, décrire ses facultés et les diverses manières dont elle peut

être affectée ; enfin, après avoir fait une classification des différentes espèces d'âmes et de discours, il faut apprendre à agir sur les âmes, en appropriant chaque genre d'éloquence à chaque auditoire, certains discours étant propres à persuader certains esprits, et n'ayant aucune action sur les autres. L'art oratoire est une œuvre immense et qui exige un prodigieux labeur, et si l'homme s'y soumet ce ne sera pas pour plaire aux hommes, mais aux dieux.

Quant à la convenance qu'il peut y avoir à écrire ou à ne pas écrire, disons d'abord que l'écriture, comme le roi Thamous le dit à son inventeur, le dieu Theuth, favorise la paresse, et n'est en réalité qu'un mémento qui rappelle les choses à celui qui les sait. En outre le discours écrit n'est pas vivant, il ne peut répondre aux questions qu'on lui fait. Il y a un autre discours, celui qui vit dans l'âme de l'homme qui sait, qui se reproduit dans les autres âmes et propage ainsi éternellement la semence de la science. Un sage ne doit écrire que pour la vérité ; mais il doit préférer pour la faire connaître et la défendre, la parole vivante à la parole écrite. C'est un idéal que Lysias n'a pas visé, mais qu'Isocrate réalisera peut-être.

On le voit par l'analyse que nous venons de faire, l'objet de l'ouvrage est complexe. Il semble d'abord qu'il y ait deux sujets distincts : une sorte de traité de l'amour, puis un traité de rhétorique. C'est le *Banquet* et le *Gorgias* réunis. Les discours dont la première partie se compose sont le prétexte d'une discussion sur l'art oratoire et fournissent des exemples des défauts qu'il faut éviter et des qualités qu'il faut poursuivre. Ce n'est là qu'un lien apparent, et, si les deux parties n'avaient entre elles que ce rapport, on pourrait dire que l'ouvrage est double et mal composé. Mais il y a un rapport naturel entre les deux parties, et ce sont des raisons profondes qui en ont réglé l'assemblage. Platon, impatienté de l'ascendant que les rhéteurs avaient pris à Athènes, se donne pour tâche de détromper la jeunesse qui suivait leurs leçons. Il leur reproche de fonder l'art de la parole, non sur la vérité, mais sur la vraisemblance et de ne voir que le succès, sans s'inquiéter de l'honnêteté des moyens et du but. Ils sont fiers d'avoir inventé des noms pour désigner chaque partie du discours, exorde, preuve, confirmation, etc. ; mais ils oublient d'apprendre à leurs disciples ce qu'il faut mettre dans chacun de ces cadres. La philosophie seule est capable de le faire convenablement. Sans une haute culture philosophique, l'orateur est condamné à ramper et à suivre la routine des rhéteurs ; jamais il ne s'élèvera au-dessus des questions qu'il traite et ne les dominera : il ne sera qu'un Tisias ou un Lysias, il ne sera pas un Périclès. Ce qui a fait la grandeur de Périclès, c'est l'habitude des spéculations philosophiques qu'Anaxagore lui avait donnée. Quiconque aura l'ambition d'être un grand orateur, devra donc être un philosophe. Il devra sentir en son cœur l'amour, principe des belles connaissances, qui s'élève des beautés terrestres jusqu'aux beautés véritables, jusqu'aux Idées. Celui qui ne sent point en lui cet aiguillon divin est condamné aux grossiers plaisirs et aux ténèbres de l'esprit ; celui que l'amour tourmente consacrera sa vie à retrouver les vérités que son âme a entrevues jadis et dont elle a gardé l'éblouissement ; il s'adonnera à la dialectique, c'est-à-dire à la recherche et à la discussion méthodique de la vérité, seul moyen que nous ayons ici-bas de nous élever jusqu'aux Idées. Quand par l'amour et la dialectique il sera parvenu à la connaissance du vrai, du beau et du bien, il sera l'orateur parfait, celui qui sème et fait fructifier la vérité et la science dans les âmes de ses auditeurs.

On voit à présent ce qui fait l'unité du *Phèdre*. La

théorie de l'amour est au fond de la doctrine platonicienne : nul ne sera philosophe s'il n'a reçu le don divin de l'amour, aiguillon de la recherche philosophique, et s'il ne poursuit la vérité suivant la seule méthode qui mène jusqu'à elle, la dialectique ; or nul ne sera un grand orateur s'il n'est philosophe. Si la philosophie et l'art se confondent ou tout au moins se conditionnent, c'est dans la partie philosophique de l'œuvre qu'il faut chercher les principes que Platon met à la base de l'art oratoire. Ainsi le centre de l'ouvrage est la palinodie ; ce magnifique exposé des doctrines platoniciennes semblait déjà aux anciens la partie essentielle, si l'on en juge par les sous-titres *Du Beau, De l'Ame*, que portent les manuscrits. Les deux discours qui précèdent la palinodie ne sont que des spécimens du genre sophistique et une sorte d'introduction à la vraie doctrine de l'amour ; enfin la deuxième partie est la critique des procédés en vogue et l'établissement des règles oratoires qui résultent de la doctrine philosophique. Ainsi se justifie la composition du *Phèdre* ; elle se conforme à la manière ordinaire de Platon. Ses dialogues semblent avoir été composés au hasard de l'improvisation ; au premier abord la marche en paraît réglée sur les écarts d'une verve intarissable et sur les caprices d'une conversation sans apprêt ; mais à la réflexion tout paraît calculé par un puissant esprit qui rattache toutes les questions particulières aux idées les plus générales, et qui dans chaque discussion jette dans la balance tout le poids de son système philosophique.

Cette manière de composer prête aux dialogues de Platon un air de naturel inimitable. Le charme en est encore augmenté dans le Phèdre par l'enjouement et le badinage des interlocuteurs, par l'ironie légère, par le détail précis et gracieux qui crée la vraisemblance et charme l'imagination, par l'aisance avec laquelle Socrate passe de la familiarité de la conversation à la sublimité de la poésie. Rien n'égale la magnificence du style de la palinodie. Jamais poète n'a peint les spectacles qui frappent les yeux avec la splendeur dont Platon a revêtu les idées les plus abstraites. Aucun tableau d'Homère ne dépasse en grandeur la peinture des majestueuses évolutions des dieux emportés par le mouvement du ciel, ou de la mêlée des âmes qui s'élancent vers les idées et retombent les unes sur les autres en se froissant et s'estropiant dans leur chute. La force de l'imagination est telle chez Platon qu'il crée des mythes, comme l'ont fait les poètes primitifs. Il assimile l'âme humaine à un assemblage formé d'un cocher et de deux chevaux, et il conte l'aventure amoureuse du trio avec tant de naturel et de force qu'on oublie l'allégorie et qu'on s'intéresse à chacune de ces trois entités aussi vivement que si elles étaient de vraies personnes.

La même force créatrice se retrouve dans les caractères. Le dessin des caractères est généralement le point faible des dialogues écrits par des philosophes : leurs porte-paroles n'ont ni forme ni couleur, ni sensibilité, ni volonté ; X ou Y est le nom qui leur convient. Chez Platon au contraire chaque personnage a sa physionomie propre, et leur caractère se révèle à chaque pas dans le ton, l'accent, le sentiment qui accompagnent leurs paroles ; souvent un mot, un étonnement, un aveu, un silence même suffit à découvrir le fond de leur âme. Le *Phèdre* n'a que deux interlocuteurs, Phèdre et Socrate. Phèdre est un jeune homme selon le cœur de Socrate. Comme le maître il est passionné pour les discours, dévoré de l'amour de la science, et les nobles discussions de la philosophie sont à ses yeux la seule chose qui donne du prix à l'existence. Son humeur vive et enjouée, sa prompte susceptibilité quand on attaque son ami Lysias, sa curiosité naïve, son amour de la vérité, son courage à reconnaître ses erreurs et ses préjugés, son admiration pour Socrate, son respect mêlé de familiarité, sa franchise et sa liberté de jugement, tous ces traits donnent à la physionomie de Phèdre un charme de jeunesse et de grâce inexprimable.

Mais que dire de l'étonnant, du prodigieux, du divin Socrate ? Ce sont les qualificatifs qui échappent à l'enthousiasme de ses jeunes interlocuteurs. Il faut lire dans le *Banquet* l'immortel portrait qu'Alcibiade a tracé de son maître. Tel Alcibiade le peint, tel il se retrouve ici. Nous le voyons cheminer pieds nus sur les bords de l'Illissos, rafraîchissant ses pieds dans le courant, tandis qu'il admire avec un sentiment exquis les beaux arbres, l'herbe drue et les eaux transparentes. C'est bien cependant le railleur dont parle Alcibiade ; il se moque des sophistes, des rhéteurs ; il se moque même de son jeune ami Phèdre, mais avec douceur, car il n'aime pas la brutalité, et il le reprend, quand le jeune homme, abondant trop vivement dans le sens du maître, raille rudement ceux dont celui-ci réfute les prétentions. C'est aussi le Silène auquel Alcibiade le compare, le Silène qui en s'ouvrant laisse voir les plus précieux trésors. Socrate ouvre son âme, et tout un monde de visions célestes se révèle à nos yeux éblouis. C'est vraiment de lui qu'on peut dire qu'il est un dieu tombé qui se souvient des cieux. Il est comme enivré du souvenir des choses célestes ; pour lui la vie n'a de sens que si elle est occupée à les ressaisir par l'amour et la dialectique, et le philosophe qui poursuit le vrai, le beau et le bien, est le seul homme qui se rapproche des dieux. Platon a sans doute idéalisé Socrate. Il est certain que Socrate ne s'est pas élevé si haut dans la spéculation philosophique et que Platon lui fait dire ici des choses auxquelles il n'a jamais pensé ; il n'avait pas non plus sans doute l'imagination grandiose et la poésie d'expression de son illustre disciple. Il était certainement plus simple de langage, comme il était simple d'allures. Mais il était bien l'infatigable semeur qui faisait lever dans les âmes de ses jeunes auditeurs la passion des belles connaissances et l'amour de la justice et de la vertu. Il faut qu'il ait été bien original et bien grand par l'esprit et par le cœur pour avoir laissé sur ses disciples une si forte empreinte, et pour avoir inspiré à Platon une admiration si absolue et un enthousiasme si fervent et si durable.

Certains critiques anciens, en particulier Olympiodore et Diogène de Laërte ont prétendu que ce magnifique dialogue était le premier ouvrage de Platon, et la raison qu'ils en donnent, c'est qu'il abuse du style poétique et que l'éclat de l'imagination, des métaphores et des images trahit l'exubérance de la jeunesse. Si cette opinion était juste, il faudrait placer la composition du *Phèdre* à l'époque où le dialogue est censé avoir eu lieu, c'est-à-dire aux environs de l'année 406, comme on arrive à le conclure de la présence de Lysias, revenu de Thurii en 411, de la mention de Sophocle et d'Euripide comme vivants (ils moururent en 405), et d'autres indices encore. Platon aurait eu ainsi de 23 à 24 ans. Comment croire qu'à cet âge et six ans avant la mort de Socrate, il eût distancé son maître de si loin et fût en possession de tout le système philosophique qui fait son originalité ? Entre le *Phèdre* et les premiers dialogues, écrits sous l'influence de Socrate, le *Lysis*, le *Charmide*, le *Lachès*, le *Ménon*, le *Criton*, etc... la différence est frappante. Dans ces ouvrages Platon expose les doctrines de Socrate et ne s'élève guère au-dessus des préoccupations exclusivement morales de son maître ; dans le *Phèdre*, au contraire, il expose sa propre doctrine, la théorie de l'amour, la méthode de la dialectique et le système des Idées. On reconnaît d'ailleurs dans ce système si riche et si complexe certaines idées que Platon n'a pas trouvées à l'école de Socrate, mais qu'il a rapportées de ses voyages. Le récit relatif à l'écriture et à ses inconvénients semble venir tout droit de l'Egypte; la preuve de l'immortalité de l'âme, la vie des âmes avec les dieux, les migrations qu'elles subissent, la supériorité de l'enseignement oral sur l'enseignement écrit sont des idées pythagoriciennes, et c'est aux écoles de la Grande-Grèce et à Philolaos que Platon les a empruntées. Cela donne à penser que c'est après ses voyages en Egypte, en Italie et en Sicile qu'il a dû composer le *Phèdre*, c'est-à-dire vers sa quarantième année. Il le fit sans doute pour préparer les voies à l'enseignement qu'il se proposait de donner, en opposant à l'art terre à terre des rhéteurs en vogue la sublime grandeur de la philosophie. Le *Phèdre* serait ainsi le premier ouvrage qu'il aurait composé après son retour à Athènes, ce qui expliquerait l'erreur d'Olympiodore et de Diogène de Laërte qui le prirent pour le premier de tous. L'élévation du style dont ces critiques font un grief à Platon, loin de trahir la jeunesse, révèle au contraire un artiste maître de tous ses moyens : pour exposer les mystères de la vie des âmes dans le ciel, il fallait un langage céleste, et tous les prestiges de la poésie n'étaient pas de trop pour célébrer la beauté des Idées.

PHÈDRE

ou

DE LA BEAUTÉ

Interlocuteurs du dialogue

SOCRATE ET PHÈDRE

SOCRATE

I. — Mon cher Phèdre, où vas-tu donc, et d'où viens-tu ?

PHÈDRE

De chez Lysias, fils de Céphale, Socrate, et je vais me promener hors des murs ; car je suis resté longtemps chez lui, toujours assis depuis le matin, et suivant les prescriptions d'Acoumène (1), ton ami et le mien, je fais mes promenades sur les routes ; car il prétend qu'on s'y délasse mieux que dans les galeries couvertes.

---

(1) Médecin de la famille des Asclépiades, père d'Eryximaque, l'ami de Phèdre.

SOCRATE

Il a raison, mon ami ; mais Lysias, à ce qu'il paraît, était en ville (1) ?

PHÈDRE

Oui, chez Epicrate (2), dans cette maison qui avoisine le temple de Zeus Olympien, la Morychienne (3).

SOCRATE

Et à quoi avez-vous passé le temps ? Sans doute Lysias vous a régalés de ses discours ?

PHÈDRE

Tu le sauras, si tu as le temps de m'accompagner et de m'écouter.

SOCRATE

Comment dis-tu ? Tu penses bien, pour parler comme Pindare (4), que je mets le plaisir d'entendre ton entretien avec Lysias au-dessus de toute affaire.

PHÈDRE

Avance donc.

SOCRATE

Parle.

PHÈDRE

Justement, Socrate, c'est un sujet qui t'intéresse ; car il s'est trouvé, je ne sais comment, que l'entre-

---

(1) Lysias habitait le Pirée.
(2) Un démagogue de réputation douteuse, ami de Lysias.
(3) Du nom de Morychos, personnage connu pour son intempérance.
(4) Début de la première Isthmique : « O ma mère, Thèbes au bouclier d'or, je mettrai l'intérêt de ta gloire au-dessus de toute autre occupation ».

tien avait trait à l'amour. Lysias a précisément écrit une tentative de séduction faite sur un joli garçon, mais non par un amant ; car il soutient — et c'est là qu'est l'ingéniosité — qu'il faut accorder ses faveurs à celui qui n'aime pas plutôt qu'à celui qui aime.

SOCRATE

Oh ! la belle âme ! il aurait bien dû écrire qu'il faut donner ses faveurs à la pauvreté plutôt qu'à la richesse, à la vieillesse plutôt qu'à la jeunesse et à tous les autres genres de disgrâce qui sont mon partage et celui de la plupart des hommes. Ce seraient là des discours vraiment civils (1) et démocratiques (2). Pour moi, je me sens une telle envie de t'entendre que, dusses-tu aller à pied jusqu'à Mégare (3) et, selon la méthode d'Hérodicos (4), repartir à nouveau du mur d'Athènes, je ne resterais pas en arrière.

PHÈDRE

Que dis-tu, Socrate ? Tu me crois capable de réciter un discours que Lysias a composé en prenant son temps, à tête reposée, lui qui est le plus habile écrivain de nos jours, de le réciter de mémoire, moi profane, d'une manière digne de lui ! Tant s'en faut que j'aie ce talent ! et pourtant je le préférerais à tout l'or du monde.

---

(1) Le mot grec (ἀστεῖος) est à double sens. Il veut dire poli, aimable, et utile aux citoyens.
(2) Socrate, qui a peu d'estime pour la démocratie athénienne, raille les goûts démocratiques de Lysias.
(3) La distance d'Athènes à Mégare est d'environ 30 kilomètres.
(4) Le médecin Hérodicos de Sélymbrie, grand partisan de la gymnastique, faisait ses exercices hors des murs d'Athènes, allant d'abord à une petite distance, qu'il augmentait successivement, revenant ensuite sur ses pas jusqu'au mur.

SOCRATE

II. — O Phèdre, si je ne connais pas Phèdre, je ne me connais plus moi-même ; mais je connais l'un et l'autre, et je suis sûr qu'en entendant un discours de Lysias, mon homme ne s'est pas contenté de l'entendre une fois, mais qu'à plusieurs reprises il l'a prié de le répéter et que l'autre s'y est prêté complaisamment. Cela même ne lui a pas suffi ; il a fini par prendre le cahier et s'est mis à repasser les endroits qui lui tenaient le plus à cœur, et il est resté assis depuis le matin, attaché à cette étude, jusqu'au moment où, la fatigue venue, il est sorti pour se promener ; mais il savait déjà le discours par cœur, j'en jurerais par le chien, à moins qu'il ne soit d'une longueur démesurée, et il s'en allait hors des murs pour le déclamer ; mais rencontrant un homme qui a pour les discours une passion maladive, il s'est réjoui de le voir, espérant avoir quelqu'un pour partager ses transports, et il lui a dit de l'accompagner ; puis, comme l'amateur de discours le priait de parler, il a fait des façons, comme s'il ne s'en souciait point, et à la fin, si on n'eût pas voulu l'entendre, il allait s'imposer. Prie-le donc, Phèdre, de faire dès à présent ce que de toute façon il fera tout à l'heure.

PHÈDRE

Le meilleur parti pour moi est vraiment de redire le discours comme je pourrai ; car tu ne me parais pas homme à me laisser aller que je n'aie parlé d'une manière ou d'une autre.

SOCRATE

Effectivement, tu ne te trompes pas.

PHÈDRE

III. — Je vais donc parler comme je pourrai ; car véritablement, Socrate, je puis t'assurer que je n'ai pas appris le texte par cœur ; mais je tiens à peu près le sens de toutes les distinctions qu'il a faites entre le cas de l'amant et le cas de l'homme sans amour, et je vais te rapporter sommairement et dans leur ordre chacune d'elles en commençant par la première.

SOCRATE

Oui, mon amour, mais quand tu m'auras montré ce que tu tiens dans ta main gauche sous ton manteau ; car je soupçonne que c'est le discours lui-même ; si c'est lui, sache que, malgré mon amitié pour toi, je ne me prêterai pas à te servir de matière à exercice, quand nous avons ici Lysias lui-même : c'est une chose bien décidée. Mais voyons, montre-moi cela.

PHÈDRE

Assez raillé, Socrate ; tu m'as ôté l'espoir que j'avais de m'exercer à tes dépens ; mais où veux-tu que nous allions nous asseoir pour faire cette lecture ?

SOCRATE

Tournons par ici et descendons l'Ilissos ; nous nous assoirons tranquillement à l'endroit qui nous plaira.

PHÈDRE

J'ai bien fait, je vois, de venir pieds nus ; pour toi, tu l'es toujours ; ainsi nous pourrons très bien entrer dans l'eau et nous baigner les pieds, ce qui ne sera pas désagréable, surtout en cette saison et à cette heure.

SOCRATE

Avance donc, et cherche en même temps un endroit pour nous asseoir.

PHÈDRE

Vois-tu là-bas ce platane si élevé ?

SOCRATE

Eh bien !

PHÈDRE

Il y a là de l'ombre, une brise légère et du gazon pour nous asseoir, ou, si nous voulons, pour nous coucher.

SOCRATE

Avance donc.

PHÈDRE

Dis-moi, Socrate, n'est-ce pas ici près, au bord de l'Ilissos que Borée enleva, dit-on, Orythye (1) ?

SOCRATE

On le dit.

PHÈDRE

N'est-ce donc pas ici ? Ce mince courant paraît si charmant, si pur, si transparent, et ses bords sont si propices aux ébats des jeunes filles !

---

(1) Orythye, fille du roi Erechthée, jouant avec les nymphes au bord de l'Ilissos, fut enlevée par Borée et emportée en Thrace. De là vient la tradition que Borée, en raison de cette alliance, aurait secouru les Athéniens dans la guerre contre les barbares. Aussi lui dédia-t-on un autel au bord de l'Ilissos.

SOCRATE

No·, c'est plus bas, à quelque deux ou trois stades, là où .'on passe l'eau pour aller au temple d'Agra (1) ; il y a à cet endroit même un autel de Borée.

PHÈDRE

Je ne l'ai jamais remarqué ; mais, au nom de Zeus, dis-moi, Socrate, crois-tu, toi, que cette aventure mythologique soit véritablement arrivée.

SOCRATE

IV. — Mais si j'en doutais, comme les sages (2), il n'y aurait pas lieu de s'en étonner ; je subtiliserais comme eux, je dirais que le souffle de Borée la précipita du haut des rochers voisins, où elle jouait avec Pharmacée (3) et qu'étant morte de cette chute, elle passa pour avoir été enlevée par Borée, soit d'ici, soit de l'Aréopage ; car il y a une autre tradition suivant laquelle c'est là, non ici, qu'elle fut enlevée. Pour moi, Phèdre, je trouve ces explications intéressantes, mais elles exigent trop d'ingéniosité et trop de peine, et vous ôtent à jamais la paix de l'existence ; car il faut après cela expliquer la forme des Hippocentaures, et puis celle de la Chimère, puis c'est une avalanche d'êtres du même genre, Gorgones et

---

(1) Agra, surnom d'Artémis ; c'est le nom de l'endroit où on l'honorait.
(2) Platon vise Anaxagore et son ami Métrodoros qui expliquaient la mythologie par la physique. Ce système d'explication fut repris par les stoïciens ; mais les Platoniciens le combattirent toujours, comme ils combattirent le système d'interprétation historique d'Evhémère. Pour eux ils expliquaient la mythologie et la nature elle-même par la métaphysique.
(3) C'est le nom d'une source, et aussi de la nymphe qui l'habitait.

Pégases, et des multitudes étranges de créatures inconcevables et monstrueuses ; qu'un incrédule, appliquant les procédés d'une sagesse vulgaire, essaye de réduire à la vraisemblance chacun de ces prodiges, il lui faudra bien du loisir. Quant à moi, je n'en ai pas du tout pour ces recherches, et la raison, mon ami, c'est que je n'ai pas pu encore me connaître moi-même, comme le commande l'inscription de Delphes, et qu'il me semble ridicule que, m'ignorant moi-même, je cherche à connaître des choses étrangères. C'est pourquoi je laisse de côté toutes ces histoires et je m'en rapporte là-dessus à la croyance commune ; et, comme je l'ai dit tout à l'heure, au lieu d'examiner ces phénomènes, je m'examine moi-même ; je veux savoir si je suis un monstre plus compliqué et plus aveugle (1) que Typhon (2), ou un être plus doux et plus simple et qui tient de la nature une part de lumière et de divinité. Mais à propos, mon ami, ne sommes-nous pas arrivés à l'arbre où tu nous conduisais ?

PHÈDRE

Oui, c'est bien lui.

SOCRATE

V. — Par Héra ! le charmant asile ! Ce platane est d'une largeur et d'une hauteur étonnantes (3) ! Ce

(1) Il y a un jeu de mots sur le nom de Typhon, rapproché de ἐπιτεθυμμένον (aveuglé). Platon considère le mot Typhon comme tiré de τύφω, enfumer, aveugler.
(2) Typhon, fils de la Terre et du Tartare, né en Sicile, unissait à la forme humaine les formes d'autres animaux.
(3) Cicéron a imité ce passage dans le *De Oratore*, 1, 7 : « Cur non imitamur, Crasse, Socratem illum qui est in Phædro Platonis ? nam me hæc tua platanus admonuit, quæ non minus ad opacandum hunc locum patulis est diffusa ramis quam illa cujus umbram secutus est Socrates, quæ mihi videtur non tam ipsa aquula quæ describitur quam Platonis oratione crevisse. » Cf. aussi *De legibus*, II, 3.

gattilier si élancé fournit une ombre délicieuse, et il est en pleine floraison, si bien que l'endroit en est tout embaumé ; et puis voici sous le platane une source fort agréable, si je m'en rapporte à mes pieds ; elle doit être consacrée à des nymphes et à Achéloüs, à en juger par ces figurines et ces offrandes. Remarque en outre comme la brise est ici douce et bonne à respirer ; elle accompagne de son harmonieux chant d'été le chœur des cigales ; mais ce qu'il y a de mieux, c'est ce gazon en pente douce qui est à point pour qu'on s'y couche et qu'on y appuie confortablement sa tête. Tu serais un guide excellent pour les étrangers, mon cher Phèdre.

PHÈDRE

Et toi, étonnant ami, tu es un grand original. On dirait vraiment que tu es, pour reprendre ton mot, un étranger qu'il faut guider et que tu n'es pas d'ici. Tu es si casanier que tu n'as jamais franchi la frontière et il semble bien que tu n'es jamais sorti des murs.

SOCRATE

Passe-moi cette originalité, mon bon ami : c'est le désir de m'instruire qui en est cause ; car ni les champs ni les arbres ne veulent rien m'apprendre, mais bien les hommes qui sont dans la ville. Mais toi, tu as trouvé, ce me semble, le moyen de m'en faire sortir ; car comme on se fait suivre d'animaux affamés en agitant devant eux une branche ou un fruit, ainsi toi, tu n'as qu'à me présenter des cahiers de discours pour me faire faire, je crois, tout le tour de l'Attique et me mener partout où il te plaira. Mais pour le moment, comme je suis arrivé, je vais me coucher sur l'herbe ; pour toi, prends l'attitude qui te paraît la plus commode pour faire la lecture, et commence.

PHÈDRE

Ecoute donc.

VI. — « Tu connais mes sentiments (1) : j'estime, je te l'ai dit, qu'il est de notre intérêt à tous deux que tu écoutes mes propositions, et je soutiens qu'il n'est pas juste de me refuser ce que je demande par la raison que je ne suis pas ton amant, car les amants regrettent le bien qu'ils ont fait, quand leur désir est éteint, tandis que ceux qui n'ont point d'amour n'ont jamais lieu de se repentir ; car ce n'est point sous la contrainte de la passion, mais volontairement, et en ménageant sagement leurs intérêts, sans dépasser la limite de leurs ressources, qu'ils font du bien à leur ami. En outre les amants repassent dans leur esprit les fautes que l'amour leur a fait commettre dans leurs affaires et les libéralités qu'ils ont faites, et, y ajoutant la peine qu'ils ont eue, ils jugent qu'ils ont depuis longtemps payé le prix des faveurs obtenues. Au contraire ceux qui ne sont pas épris ne peuvent ni prétexter leurs affaires négligées à cause de l'amour, ni mettre en ligne de compte leurs peines passées, ni alléguer les tracasseries de leurs parents, de sorte que,

---

(1) Denys d'Halicarnasse et Hermias attestent que ce discours est de Lysias lui-même ; mais la critique moderne le considère plutôt comme un pastiche des exercices de rhétorique que Lysias avait sans doute publiés. Platon, lâchant la bride à sa verve moqueuse, s'égaye souvent à parodier les sophistes. Au reste ce n'est pas l'orateur judiciaire, c'est le rhéteur que Platon persifle en Lysias.

exempts de tous ces ennuis, ils n'ont plus qu'à s'empresser de saisir les occasions de faire plaisir à leur bien-aimé. Mais il faut, dira-t-on, faire cas des amants parce que, si on les en croit, ils sentent la plus grande tendresse pour ceux dont ils sont épris et parce qu'ils sont prêts, au risque de s'attirer la haine d'autrui, à tout dire et à tout faire pour leur être agréable ; mais il est facile de reconnaître qu'ils ne disent pas la vérité ; car s'ils viennent à en aimer un autre, ils lui sacrifient le premier, et si le nouvel élu de leur cœur le demande, ils vont jusqu'à lui faire du mal. En vérité convient-il d'accorder une telle faveur à un homme affligé d'un tel mal que, personne, si habile fût-il, n'oserait tenter de le guérir ; et en effet les amants avouent eux-mêmes qu'ils sont malades plutôt que sains d'esprit et qu'ils ont conscience de leur mauvais sens, mais qu'ils ne sont pas maîtres d'eux-mêmes. Aussi, rentrés dans leur bon sens, comment pourraient-ils approuver les actes que leur folie leur a inspirés ? Et puis, si parmi les amants, tu veux choisir le meilleur, ton choix se limite à un petit nombre ; au lieu que si tu cherches parmi tous les autres celui qui te convient le mieux, tu en rencontres une foule, et dans une foule ta chance est beaucoup plus grande de trouver quelqu'un digne de ton affection.

VII.— D'autre part si tu crains l'opinion établie et la honte d'un scandale public, songe qu'il est naturel que les amants, impatients de faire envier leur bonheur, comme ils le jugent eux-mêmes dignes d'envie, se laissent aller à parler et à publier partout glorieusement qu'ils n'ont point perdu leur peine ; au contraire, ceux qui n'aiment pas, restant maîtres d'eux-mêmes, préfèrent le solide avantage de la jouissance au plaisir de faire parler d'eux. En outre les relations des amants sont forcément connues de beaucoup de gens, on les voit accompagner ceux qu'ils aiment, et y mettre tant d'empressement que, quand on les voit causer ensemble, on ne manque pas de penser que, s'ils sont réunis, c'est qu'ils viennent d'assouvir ou qu'ils vont assouvir leur passion. Mais si vous n'aimez pas, on n'essaye pas non plus d'incriminer vos relations ; car on sait qu'il faut bien admettre qu'on se parle par amitié ou par tout autre besoin de distraction. Si quelque autre appréhension t'assaille à la pensée que l'amitié est naturellement fragile, qu'un motif quelconque peut amener une brouille préjudiciable à tous deux, mais désastreuse pour toi qui as sacrifié ce que tu avais de plus précieux, c'est surtout des amants que tu feras bien de te méfier. Les motifs de chagrin ne leur manquent pas ; à les en croire, on ne fait rien que pour leur nuire. Aussi cherchent-ils à empêcher ceux qu'ils aiment de se lier avec d'autres ; ils craignent les riches, qui pourraient les éclipser par leur fortune ; ils craignent les gens instruits qui pourraient les surpasser en intelligence, et ils se méfient de tous ceux qui ont quelque supériorité. Ils t'amènent à te brouiller avec eux, et te réduisent ainsi, en fait d'amis, à une entière disette ; mais si, considérant tes intérêts, tu montres plus de sagesse qu'eux, tu en viendras à une rupture. Au contraire ceux qui sans amour en sont venus à leurs fins par leur mérite, ne sont point jaloux des familiers de leur ami ; ils prendraient plutôt en haine ceux qui refuseraient de les fréquenter, imputant leur refus au mépris, et se sentant obligés à ceux qui le fréquentent. Leur commerce a donc beaucoup plus de chance de tourner à l'amitié qu'à la haine. Au reste parmi les amants beaucoup s'éprennent de la beauté physique avant de connaître le caractère et les autres qualités ; aussi ne peut-on savoir s'ils resteront amis du bien-aimé quand ils auront apaisé leur désir. Il n'en est pas de même avec ceux qui n'aiment pas d'amour ; comme ils sont déjà liés par l'amitié avant tout commerce des sens, il n'est pas vraisemblable que le plaisir goûté amoindrisse leur amitié, mais bien plutôt qu'il soit un gage des plaisirs à venir.

VIII. — Veux-tu devenir meilleur ? Fie-toi à moi plutôt qu'à un amant ; car un amant ne craint pas de choquer la raison en louant tes paroles et tes actes, soit parce qu'il craint de te déplaire, soit parce que la passion lui fausse le jugement ; c'est par de tels effets que l'amour se signale. Aux yeux des amants malheureux il fait paraître fâcheuses des choses qui laissent les autres indifférents, et il force les amants heureux à louer des choses qui n'en valent pas la peine ; aussi est-ce la pitié, non l'envie que l'homme aimé doit inspirer. Si au contraire tu veux bien m'écouter, tout d'abord ce ne sera pas la seule volupté du moment que je poursuivrai dans notre intimité, mais aussi ton intérêt à venir. Insensible à l'amour et maître de moi-même, je ne me fâcherai pas violemment pour des bagatelles ; même des raisons graves n'exciteront que lentement et faiblement mon dépit ; j'excuserai les torts involontaires et je m'efforcerai de prévenir les offenses voulues : ce sont là les marques d'une amitié destinée à durer. Si tu viens à penser qu'il n'y a point d'amitié solide où il n'y a point d'amour, réfléchis qu'à ce compte nous ne tiendrions guère à nos fils, à notre père, à notre mère, et que nous n'aurions pas d'amis fidèles, à moins qu'ils ne nous fussent venus par l'amour, à l'exclusion de toute autre liaison.

IX. — En outre, s'il faut accorder ses faveurs à ceux qui les sollicitent avec le plus d'insistance, il est logique aussi en toute circonstance d'obliger, non les plus dignes, mais les plus indigents ; plus grands sont les maux dont tu les délivres, plus grande sera leur reconnaissance. Alors il faudra aussi, quand tu donnes un repas, y inviter, non tes amis, mais les mendiants et les meurt-de-faim : ce sont ceux-là qui te chériront, qui te feront escorte, qui viendront à ta porte, qui seront les plus contents et les plus reconnaissants et qui formeront des vœux sans nombre en ta faveur. Mais peut-être convient-il de favoriser non ceux qui te sollicitent ardemment, mais ceux qui sont le plus à même de témoigner leur reconnaissance, non pas seulement ceux qui te sollicitent, mais ceux qui sont dignes de toi, non pas ceux qui veulent jouir de ta beauté, mais ceux qui dans ta vieillesse te feront part de leurs biens, non ceux qui se vanteront partout de leur succès, mais ceux qui auraient honte d'en rien dire à personne, non ceux dont l'empressement est éphémère, mais ceux dont l'amitié inaltérable ne finira qu'avec la vie, non ceux qui en sentant leur désir s'apaiser chercheront un prétexte de rupture, mais ceux qui après le déclin de ta beauté feront voir leur générosité. Souviens-toi donc de mes paroles, et songe que les amants s'entendent reprocher leur amour comme un vice par leurs amis, tandis que ceux qui ne sont pas épris n'ont jamais subi les reproches des leurs pour avoir laissé l'amour compromettre leurs intérêts.

X. — Tu me demanderas peut-être si je te conseille d'accorder tes faveurs à tous les prétendants sans passion. Je présume qu'un amant ne t'engagerait pas non plus à montrer cette humeur facile à tous les amoureux ; car, à bien raisonner, tes faveurs perdraient de leur prix, et, si tu veux cacher tes amours, tu n'aurais pas la même facilité. Or il faut que nos relations, loin de nous porter préjudice, nous soient avantageuses à tous deux. Je crois en avoir dit assez ; mais si tu vois quelque point qui reste à éclaircir, interroge-moi. »

— Que te semble de ce discours, Socrate ? N'est-il pas merveilleux à tous égards, notamment pour le style ?

SOCRATE

Divin même, ami, au point que j'en suis saisi. Il est vrai, Phèdre, que tu en es bien un peu la cause : car je te regardais et je voyais tes yeux briller de plaisir en lisant, et, persuadé que tu es plus expert que moi dans ces matières, je te suivais, et en te suivant je me suis laissé gagner à l'enthousiasme que tes traits respiraient.

PHÈDRE

Allons, tu veux rire.

SOCRATE

Rire ! Tu crois donc que je ne parle pas sérieusement ?

PHÈDRE

Non, Socrate ; mais au nom de Zens qui préside à l'amitié, dis-moi en toute sincérité, penses-tu qu'il y ait en Grèce un homme capable de traiter le même sujet avec plus de force et d'abondance.

SOCRATE

Quoi ! faut-il encore que je loue avec toi l'auteur d'avoir dit ce qu'il fallait dire ? Ne suffit-il pas de reconnaître que son style est clair, précis, et qu'il a minutieusement passé au tour chacune de ses expressions ? S'il le faut, je le reconnaîtrai pour te faire plaisir ; car je dois confesser que le mérite du fond a échappé à mon incapacité. Je n'ai fait attention qu'à l'art oratoire ; pour le fond, je ne pensais pas que Lysias lui-même pût en être satisfait. J'ai cru m'apercevoir, Phèdre — peut-être n'en juges-tu pas comme moi — qu'il disait deux ou trois fois la même chose, soit qu'il n'eût pas assez de ressources pour trouver beaucoup à dire sur le même sujet, soit que peut-être il n'en eût pas souci ; j'ai cru à une gageure de jeune homme, qui, pour faire parade de son talent, exprimait les mêmes pensées d'une manière, puis d'une autre, et chaque fois avec une égale maîtrise.

PHÈDRE

Tu n'y penses pas, Socrate, le grand mérite de l'auteur est justement qu'il n'a omis aucune des idées que comportait le sujet, de sorte qu'on ne pourrait dire ni plus ni mieux que ce qu'il a dit.

SOCRATE

Sur ce point je ne puis plus être de ton avis ; d'anciens sages, des deux sexes, qui ont parlé et écrit sur ce sujet, me convaincraient d'erreur, si j'y donnais les mains par complaisance.

PHÈDRE

Qui sont-ils ? Où as-tu entendu des discours supérieurs à celui-ci ?

SOCRATE

Je ne peux pas répondre ainsi au pied levé, mais il est certain que j'en ai entendu, soit de la belle Sappho, soit du sage Anacréon, soit même de quelque prosateur. Sur quoi se fonde ma conjecture ? C'est, mon bel ami, que mon cœur déborde et que je me sens capable d'affronter la comparaison et de parler autrement et aussi bien. Or je sais bien qu'aucune de ces idées ne vient de moi, car j'ai conscience de mon ignorance. Reste donc sans doute que mes oreilles les ont puisées à d'autres sources, où je m'en suis rempli comme un vase ; mais j'ai l'esprit si paresseux que je ne me souviens plus comment ni de qui je les ai reçues.

PHÈDRE

Je suis ravi de ce que tu dis, mon noble ami. Tu peux te dispenser de me dire, en dépit des instances que je pourrais t'en faire, de qui et comment tu les as reçues ; mais fais ce que tu viens de dire ; engage-toi à prononcer un discours meilleur et non moins étendu que celui du cahier, sans y rien emprunter ; et moi, de mon côté, comme les neuf archontes (1), je m'engage à offrir à Delphes ma statue en or de grandeur naturelle et la tienne aussi.

SOCRATE

Tu es trop bon, Phèdre, et tu vaux vraiment ton pesant d'or, si tu crois que je prétends que Lysias s'est trompé du tout au tout et que je peux opposer des choses nouvelles à toutes celles qu'il a dites ; une pareille prétention serait insoutenable même avec l'écrivain le plus médiocre. Par exemple, sur le sujet qui nous occupe, penses-tu qu'un orateur qui, en soutenant la thèse qu'il faut favoriser l'ami sans amour plutôt que l'amoureux, omettrait de louer la sagesse de l'un, de blâmer la folie de l'autre, choses indispensables à son argumentation, pourrait trouver encore quelque chose à dire ? Pour moi, je pense qu'il faut permettre et pardonner à l'orateur de reprendre ces arguments essentiels, et que ce qu'il faut louer en ce cas, ce n'est pas l'invention, mais la disposition, tandis que pour les arguments accessoires et difficiles à découvrir, il faut, outre la disposition, louer l'invention.

PHÈDRE

XII. — Je souscris à ta demande, car elle me paraît juste. Je t'accorderai donc le droit de t'appuyer sur

---

(1) Quand les archontes entraient en charge, ils juraient d'observer les lois sans se laisser corrompre par des présents ; si l'un d'eux manquait à son serment, il devait payer à titre d'amende sa propre statue en or.

ce principe que celui qui aime a l'esprit plus malade que celui qui n'aime pas ; mais pour le reste si tu trouves des arguments plus nombreux et plus forts que Lysias, sans l'imiter, je ferai dresser ta statue au marteau, près de l'offrande des Cypsélides (1), à Olympie.

SOCRATE

M'as-tu donc pris au sérieux, Phèdre, parce que j'ai attaqué celui que tu aimes, pour te taquiner, et penses-tu que je vais réellement essayer de faire un discours plus riche d'idées que le chef-d'œuvre de ton ami ?

PHÈDRE

Ici, mon ami, c'est à mon tour d'avoir prise sur toi. Il faut absolument que tu parles comme tu pourras ; garde-toi de nous faire jouer la scène banale des comédiens qui se renvoient les railleries, et ne me force pas à répéter tes paroles : « O Socrate, si je ne connais pas Socrate, je ne me connais plus moi-même », et « il brûlait d'envie de parler, mais il faisait des façons. » Mais mets-toi bien dans la tête que nous ne partirons pas d'ici que tu n'aies dit ce que tu prétendais avoir dans le cœur. Nous sommes seuls, l'endroit est solitaire, et je suis le plus fort et le plus jeune : à bon entendeur, salut ; n'attends pas qu'on te contraigne, parle de plein gré.

---

(1) C'était une statue colossale de Jupiter, offerte par les enfants de Périandre, fils de Cypsélos, pour avoir recouvré le souverain pouvoir à Corinthe.

SOCRATE

Mais, mon bon ami, ce serait ridicule à moi d'opposer l'impromptu d'un profane au travail d'un maître consommé.

PHÈDRE

Je t'avertis d'une chose, cesse de faire des façons avec moi, car, ou je me trompe, ou j'ai trouvé le mot qui fera parler.

SOCRATE

Alors garde-toi de le dire.

PHÈDRE

Je vais le dire au contraire. Ce mot est un serment : Je jure — mais par quel dieu jurer, par lequel ? — tiens ! par ce platane, je jure que si tu ne prononces pas ton discours devant cet arbre même, je ne te montrerai ni ne te rapporterai jamais plus aucun autre discours de personne.

SOCRATE

Ah ! mauvais sujet, comme tu as su trouver l'infaillible moyen de m'amener à tes fins, en me prenant par mon faible pour les discours !

PHÈDRE

Qu'as-tu donc à tergiverser ?

SOCRATE

Rien, après le serment que tu as fait. Le moyen de m'interdire un tel régal ?

PHÈDRE

Parle donc.

SOCRATE

Sais-tu ce que je vais faire ?

PHÈDRE

Voyons.

SOCRATE

Je vais parler voilé, afin de courir ma carrière le plus vite possible, et de n'être pas gêné ni confus d'affronter tes regards (1).

PHÈDRE

Parle seulement ; pour le reste, fais comme tu l'entendras.

SOCRATE

XIII. — Venez, Muses ligies (2), que vous deviez ce surnom à la nature de vos chants ou à la race musicienne des Ligyens (3), soutenez-moi dans le discours que cet excellent ami me contraint de prononcer, afin que son ami dont il admirait déjà le talent, lui paraisse à présent plus admirable encore. Il y avait donc un enfant, ou plutôt un jeune adolescent d'une beauté parfaite. Il avait des soupirants en foule ; mais l'un d'eux était un rusé ; sans être moins amou-

---

(1) Aulu-Gelle, *N. A.*, XIX, 9. « Permittite mihi, quæso, operire pallio caput, quod in quadam parum pudica oratione Socratem fecisse aiunt. »

(2) A la voix aiguë.

(3) C'est le nom grec des Liguriens. Hermias rapporte qu'ils étaient tellement musiciens que, quand ils allaient au combat, une partie de l'armée chantait, tandis que l'autre combattait. Mais il n'y a sans doute ici entre l'adjectif λιγύς et le nom propre Λίγυς qu'un de ces rapprochements étymologiques de fantaisie, tels qu'on en trouve souvent dans Platon.

reux que les autres, il avait persuadé à l'enfant qu'il n'était pas épris, et un jour qu'il le sollicitait, il essaya de lui faire croire qu'il fallait accorder ses faveurs à l'ami sans amour plutôt qu'à l'amant passionné. Voici son discours :

« En toute chose, mon enfant, il n'y a qu'une manière de commencer, quand on veut discuter convenablement : il faut bien comprendre l'objet de la discussion, faute de quoi l'on est condamné à s'égarer complètement. La plupart ne se doutent pas qu'ils ignorent l'essence des choses ; aussi, persuadés qu'ils la connaissent, ils ne s'entendent pas au début de la discussion, et, à mesure qu'ils avancent ils en arrivent naturellement à n'être d'accord ni avec eux-mêmes, ni avec les autres. Evitons, toi et moi, ce que nous reprochons aux autres ; et puisque nous avons à décider s'il vaut mieux devenir l'ami d'un homme sans amour que d'un homme amoureux, établissons d'un commun accord ce qu'est l'amour et quels sont ses effets ; puis, les yeux tournés vers cette définition, rapportons-y toute notre discussion sur les avantages ou les désavantages de l'amour.

XIV. — Tout le monde reconnaît que l'amour est un désir ; mais nous savons, d'autre part, que le désir du beau se rencontre aussi chez ceux qui n'aiment point. A quoi donc peut-on discerner celui qui aime de celui qui n'aime pas ? Il faut savoir qu'il y a dans chacun de nous deux principes qui nous gouvernent et nous dirigent et que nous suivons où ils nous mènent : l'un est le désir inné du plaisir, l'autre le goût réfléchi du bien. Ces deux principes tantôt s'accordent, tantôt se combattent en nous, et tantôt c'est l'un, tantôt c'est l'autre qui triomphe. Or quand c'est le goût rationnel du bien qui a le dessus, sa domination prend le nom de tempérance ; quand au contraire c'est le désir déraisonnable qui nous entraîne au plaisir et règne en nous, sa domination s'appelle intempérance. Mais l'intempérance a beaucoup de noms, car elle admet bien des formes et des espèces, et quand l'une de ces espèces vient à prédominer dans un homme, c'est son nom qui sert à le qualifier, nom qui n'est ni beau, ni enviable. Ainsi, quand le désir de la bonne chère prend le pas sur le bien et les autres désirs, il s'appelle gourmandise et fait donner le nom de gourmand à celui qui en est possédé ; quand c'est le désir de boire qui règne en maître et subjugue celui qui en est atteint, on sait quel nom il reçoit ; quant aux autres désirs, frères de ceux-là, on sait de quel nom il faut les désigner, selon que tel ou tel domine. A quel désir pensé-je en disant tout ceci, c'est, je crois, assez facile à discerner maintenant ; mais ce qu'on dit est toujours plus clair que ce qu'on ne dit pas. Je dirai donc que, quand le désir aveugle, étouffant le goût du bien, se porte vers le plaisir que donne la beauté, et que, fortement renforcé par les désirs de la même famille qui s'adressent à la beauté physique, il devient un penchant irrésistible, je dirai que ce désir tire son nom de cette force (1) même et s'appelle amour.

Mais, mon cher Phèdre, ne te semble-t-il pas, comme à moi, que quelque dieu me souffle l'inspiration ?

---

(1) Platon dérive le mot ἔρως (amour) de ἐρρωμένως (fortement). On voit que la science de l'étymologie n'était pas encore soupçonnée de son temps.

PHÈDRE

En effet, Socrate ; tes paroles coulent avec une facilité inusitée.

SOCRATE

Silence donc, et prête l'oreille ; car véritablement ce lieu a quelque chose de divin, et si au cours de mon discours les nymphes m'inspiraient le délire (1), n'en sois pas étonné ; maintenant déjà j'approche du ton du dithyrambe.

PHÈDRE

C'est bien vrai.

SOCRATE

C'est toi pourtant qui en es cause. Mais écoute le reste ; car l'inspiration pourrait bien s'en aller ; c'est l'affaire du dieu. Pour nous, reprenons notre discours à l'enfant.

XV. — Ainsi, mon très cher, nous avons déterminé et défini l'objet dont nous avons à discuter. Poursuivons, sans perdre de vue notre définition, et voyons quel avantage ou désavantage on peut vraisemblablement attendre de ses complaisances soit pour un amant, soit pour un poursuivant sans amour. Celui qui est livré à la passion et asservi à la volupté cherchera nécessairement à tirer de celui qu'il aime tout le plaisir possible ; or un esprit malade trouve son plaisir dans la soumission qu'on a pour lui ; il se

---

(1) D'après Festus, quand on voyait dans une source quelque figure de nymphe, on était saisi de délire.

choque de ce qui lui est supérieur ou égal. Ainsi un amant ne se résignera pas à trouver en son ami un supérieur ou un égal ; il travaillera sans cesse à le rabaisser au-dessous de lui. Or l'ignorant est au-dessous du savant, le lâche au-dessous du brave, l'homme qui parle mal au-dessous de l'homme qui parle bien, le lourdaud au-dessous de l'esprit pénétrant. Parmi tant de défauts et d'autres encore qui se forment ou sont innés dans l'âme de son ami, fatalement l'amant se réjouira des uns et fera naître les autres, sous peine d'être privé de son plaisir du moment. Il n'échappera pas non plus à la jalousie, et il interdira à son ami beaucoup de relations utiles qui pourraient faire de lui un homme dans le sens le plus élevé du mot, et il lui causera ainsi un grand préjudice, surtout en le privant de ce qui le rendrait tout à fait sage, je veux dire la divine philosophie ; l'amant l'en détournera nécessairement dans la crainte de s'attirer ses dédains. Enfin il emploiera tous les moyens pour que son ami reste dans une complète ignorance et n'ait d'yeux que pour son amant, et quand l'ami sera au gré de son amant, il lui plaira sans doute beaucoup, mais il se sera fait à lui-même un tort considérable. Ainsi au point de vue moral, l'amant est un tuteur et un compagnon tout à fait nuisible.

XVI. — Au physique, quelle espèce de soins l'amant prendra-t-il de celui qu'il possède, lui que la passion contraint à sacrifier le bien au plaisir ? C'est ce que nous allons examiner maintenant. On le verra rechercher un garçon mou et sans muscles, élevé, non en plein soleil, mais dans une ombre épaisse, étranger aux mâles fatigues et aux sueurs du travail (1), accoutumé à un régime délicat et efféminé, paré de couleurs et d'ornements empruntés, faute de beauté naturelle, enfin montrant en tous ses goûts la même mollesse. Tout cela saute aux yeux et ce n'est pas la peine d'insister davantage. Bornons-nous, avant de passer à d'autres considérations, à marquer ce trait général, qu'à la guerre et dans toutes les occasions périlleuses, un homme si délicat inspire de l'audace aux ennemis, des craintes à ses amis et à ses amants eux-mêmes. Cela est tellement évident que je n'en parlerai pas davantage. Il nous reste à montrer maintenant si la société et l'influence d'un amant sont profitables ou nuisibles à la fortune de l'aimé. Or il est clair pour tout le monde, et pour l'amant tout le premier qu'il désirerait avant tout voir son ami privé de ce qu'il a de plus cher, de plus affectionné, de plus sacré ; il souhaiterait le voir privé de père, de mère, de parents et d'amis ; car il les tient pour des gêneurs et des censeurs de son doux commerce. Si le jeune homme est riche en argent ou en autres biens, il n'est plus pour l'amant si facile à séduire, ni, séduit, si facile à manier. De là il faut conclure que l'amant est jaloux de la richesse de celui qu'il aime et qu'il se réjouit de sa ruine. Il souhaite même que son ami reste sans femme, sans enfants, sans foyer le plus longtemps possible, pour jouir le plus longtemps possible de son égoïste plaisir.

---

(1) Le grec dit aux sueurs sèches, expression que Suidas explique ainsi : « La sueur sèche (ξηρὸς ἱδρώς) est celle qui provient, non du bain, mais de l'exercice et du travail. »

XVII. — L'homme est sujet à bien des maux ; mais un dieu a mêlé à la plupart une douceur passagère ; ainsi le flatteur est une bête terrible et un grand fléau ; mais la nature lui a prêté un agrément assez délicat. On réprouve comme funeste le commerce des courtisanes et beaucoup d'autres liaisons et habitudes de même nature ; mais nous en tirons du moins un vif plaisir sur le moment. L'amant au contraire n'est pas seulement nuisible, il est encore insupportable à son ami par sa présence continuelle ; car, comme le dit le vieux proverbe, on ne se plaît qu'avec ceux de son âge ; en effet, quand on est du même âge, on est porté aux mêmes plaisirs, et la conformité des goûts produit l'amitié ; et pourtant cette amitié même est sujette au dégoût. D'autre part la contrainte, qui est toujours et pour tous, dit-on, un joug pesant, l'est surtout pour le jeune garçon, d'autant qu'elle s'ajoute à la différence d'âge; car la compagnie du jeune garçon attire à tel point l'amant déjà mûr, qu'il ne voudrait le quitter ni jour ni nuit. Sous l'aiguillon d'une passion irrésistible, il poursuit le plaisir toujours nouveau de voir, d'entendre, de toucher, de connaître par tous les sens l'objet aimé, et c'est avec délices qu'il s'attache à ses pas pour le servir. Mais quels encouragements, quels plaisirs pourra-t-il donner, pour l'empêcher d'en venir au comble du dégoût, à l'ami qui subit sa présence assidue ; qui a sous les yeux une figure vieillie et déflorée et toutes les laideurs qui suivent l'âge, laideurs dont la simple mention est rebutante, et à plus forte raison le contact effectif auquel il est sans cesse contraint ; qui sent qu'on observe jalousement toutes ses démarches et tous ses entretiens, qui s'entend faire

tantôt des compliments hors de propos et hors de
mesure, et tantôt des reproches insoutenables, même
quand son amant est à jeun, et révoltants de cy-
nisme et d'infamie lorsque l'ivresse lui délie la langue.

XVIII. — Nuisible et importun quand il aime,
l'amant, dès qu'il n'aime plus, devient dès lors infi-
dèle aux promesses qu'il prodiguait en les appuyant
de serments et de prières sans nombre ; car s'il déci-
dait son ami à supporter ce fastidieux commerce,
c'était à grand'peine et par l'appât des biens qu'il
faisait espérer. Maintenant qu'il faut s'acquitter,
il a changé de maître et de chef, il obéit à la raison
et à la sagesse, et non plus à l'amour et à la folie ;
il est devenu tout autre à l'insu de son bien-aimé.
Dès lors l'un exige le prix de ses complaisances passées et rappelle à son amant ses démarches et ses
paroles, comme s'il parlait au même homme ; l'autre,
confus, n'ose pas avouer qu'il a changé et ne sait
comment tenir les serments et les promesses qu'il a
faites sous l'empire de sa folie d'autrefois ; car il a
recouvré la raison, il est devenu sage et il ne voudrait
pas en retombant dans ses errements ressembler à
l'homme qu'il a été et redevenir ce qu'il était autrefois. En conséquence il devient transfuge, et, contraint de frustrer celui qu'il a aimé jadis, parce que
l'écaille est retournée, de poursuivant il devient
fuyard (1). Le bien-aimé se voit forcé de le poursuivre ;
il s'indigne, il atteste les dieux, parce qu'il n'a rien
su dès le début ; il n'a pas su qu'il ne fallait pas accor-

(1) Allusion au jeu de l'écaille (ὀστρακίνδα παιδιά) où deux troupes
d'enfants se poursuivaient tour à tour, selon qu'une écaille, blanche
d'un côté, noire de l'autre, jetée en l'air, retournait blanc ou noir.

der ses faveurs à un homme épris et par là même insensé, mais plutôt à un homme sans amour et maître de sa raison ; qu'autrement il s'abandonnait forcément à un homme sans foi, chagrin, jaloux, déplaisant, nuisible à sa fortune, nuisible à sa santé, nuisible surtout au perfectionnement de son âme, laquelle est véritablement et sera toujours la chose du monde la plus précieuse aux yeux des hommes et des dieux. Il faut, mon enfant, méditer ces vérités, et savoir que l'amant, loin de lui vouloir du bien, aime l'enfant comme un plat dont il veut se rassasier, tout comme le loup aime l'agneau. »

XIX. — Voilà ce que j'avais à dire (1), Phèdre. Tu ne m'entendras pas dire un mot de plus : mon discours est fini.

PHÈDRE

Je croyais bien pourtant que tu n'en étais qu'à la moitié, et que tu allais traiter la contre-partie, démontrer qu'il faut donner la préférence à celui qui n'est pas épris et faire voir les avantages qui sont en sa faveur.

SOCRATE

N'as-tu pas pris garde, mon bon ami, que j'ai déjà embouché la trompette épique (2) et délaissé le dithyrambe, et cela pour blâmer ; si je me mets à louer l'autre, où m'arrêterai-je, à ton avis ? Ne sens-tu pas que les nymphes auxquelles tu m'as livré de propos

---

(1) Les mots τοῦτ' ἐκεῖνο se rapportent, croyons-nous, au passage du ch. XI où Socrate dit que son cœur déborde et qu'il se sent capable de jouter avec Lysias.
(2) Les derniers mots du discours de Socrate forment en effet un hexamètre.

délibéré, vont me jeter dans un délire manifeste ? Je me bornerai donc à dire en un mot que tout ce que nous avons réprouvé chez l'un se tourne chez l'autre en avantages. Qu'est-il besoin d'un long discours ? J'en ai dit assez sur tous les deux ; mon discours, tel qu'il est, fera l'effet qu'il doit faire. Pour moi, je repasse la rivière et je m'en vais pour éviter de plus grandes violences de ta part.

PHÈDRE

Pas encore, Socrate, pas avant que la chaleur soit passée ; ne vois-tu pas qu'il va être midi, l'heure de la grande chaleur (1) ? Restons plutôt à causer de ce que nous venons de dire ; dès qu'il fera plus frais, nous partirons.

SOCRATE

Tu es extraordinaire, Phèdre, avec ta passion pour les discours, et vraiment je t'admire. Je suis persuadé que des discours qui ont été faits de ton temps, c'est à toi que la plus grande part en revient, soit que tu les aies prononcés toi-même, soit que tu les aies fait, d'une manière ou d'une autre, prononcer à d'autres. J'en excepte Simmias de Thèbes (2) ; mais pour les autres, tu les dépasses de beaucoup, et à présent encore je crois bien que tu es cause que j'ai un discours à faire.

PHÈDRE

Ce n'est pas une déclaration de guerre que tu fais-

---

(1) L'heure de midi, appelée stationnaire, dit le grec.
(2) Un des personnages du *Phédon*. Il était de Thèbes, comme son inséparable ami Cébès, et, comme lui, disciple de Philolaos.

là (1). Mais comment en suis-je cause et de quoi s'agit-il ?

SOCRATE

Au moment où j'allais passer la rivière, mon bon ami, j'ai senti le signal divin qui m'est familier et qui m'arrête toujours au moment où je prends une résolution (2), et j'ai cru entendre ici même une voix qui me défendait de partir avant d'avoir fait une expiation, comme si j'avais commis quelque faute envers la divinité. C'est qu'en effet je suis devin, devin médiocre, il est vrai ; je ressemble à ceux qui connaissent mal leurs lettres, j'en sais juste assez pour mon usage. Aussi je devine bien ma faute à présent. L'âme aussi, mon ami, est certainement douée d'une puissance divinatoire. Quelque chose me troublait depuis un moment, pendant que je parlais ; selon l'expression d'Ibycos (3), j'avais peur, étant coupable envers les dieux, d'en tirer gloire auprès des hommes. Je me rends compte à présent de ma faute.

PHÈDRE

De quelle faute ?

SOCRATE

Du fâcheux discours, Phèdre, du fâcheux discours que tu as apporté toi-même et de celui que tu m'as contraint à prononcer.

(1) Manière de parler proverbiale pour annoncer quelque chose de bon.
(2) Le démon de Socrate n'intervient pas pour lui dicter des décisions, mais pour l'empêcher d'en prendre de mauvaises.
(3) Ibycos de Rhégium, poète lyrique, fleurit au vi⁰ siècle avant J.-C. à la cour de Polycrate, tyran de Samos. Il imita Stésichore, mais il appliqua l'hymne, non plus à l'éloge des héros, comme Stésichore, mais à l'éloge des hommes, ses contemporains. Ce fut l'*encomion*, qui eut un grand succès.

PHÈDRE

En quoi fâcheux ?

SOCRATE

Ce sont de sots discours, et quelque peu impies ; peut-il y en avoir de plus fâcheux ?

PHÈDRE

Non, si tu dis vrai.

SOCRATE

Quoi donc ! ne crois-tu pas qu'Eros est fils d'Aphrodite et qu'il est dieu ?

PHÈDRE

On le dit.

SOCRATE

Pas Lysias, à coup sûr, ni toi, dans le discours que tu as prononcé par ma bouche, que tu avais ensorcelée. Mais si Eros est dieu ou quelque chose de divin, comme il l'est en effet, il ne saurait être mauvais ; or nos deux discours de tout à l'heure l'ont représenté comme mauvais ; par là ils ont offensé Eros. En outre ils sont tous deux d'une sottise vraiment plaisante : bien qu'ils ne disent rien de sensé ni de vrai, ils prennent de grands airs, comme s'ils valaient quelque chose, parce qu'ils trompent quelques nigauds et se font un renom parmi eux. Il faut donc, ami, que j'expie ma faute. Or il y a pour les erreurs envers la mythologie une antique expiation, qu'Homère n'a point connue, mais que Stésichore (1) a su

---

(1) Stésichore, d'Himère, en Sicile, vécut dans la deuxième moitié du VIIe siècle, et la première du VIe. Poète lyrique original et puissant, il inventa la triade ou groupe de trois strophes étroitement

pratiquer. Privé de la vue pour avoir diffamé Hélène, il ne méconnut pas la cause de son malheur, comme Homère, mais, instruit par les Muses, il la reconnut et fit aussitôt ces vers :

« Non, ce récit n'est pas vrai : tu n'es pas montée sur les navires aux beaux tillacs et tu n'es pas allée à Pergame. »

Quand il eut achevé cette palinodie, comme on l'appelle, il recouvra la vue sur-le-champ. Pour moi, je prétends montrer plus de sagesse que ces poètes, au moins en un point ; car avant qu'Eros me punisse de l'avoir diffamé, je vais lui offrir ma palinodie, et je le ferai à visage découvert et sans me voiler, comme je l'ai fait tout à l'heure par respect humain.

PHÈDRE

Tu ne pouvais rien imaginer, Socrate, qui me fût plus agréable.

SOCRATE

XXI. — Tu te rends bien compte, mon bon Phèdre, de l'imprudence de ces deux discours, le mien et celui du cahier. Si en effet un homme généreux et bon, épris d'un jeune garçon doué des mêmes qualités, ou ayant aimé dans sa jeunesse, nous entendait dire que les amants conçoivent des haines violentes pour des bagatelles, qu'ils sont jaloux, qu'ils nuisent à leur bien-aimé, ne penses-tu pas qu'il nous prendrait pour des gens élevés parmi les matelots et sans au-

---

unies (strophe, antistrophe, épode), et composa des hymnes où il déroulait en vastes tableaux les aventures des héros épiques. On n'a de lui que des fragments et des titres, comme l'*Oreslie*, la *Chasse au sanglier*, *Hélène* et la célèbre *Palinodie*.

cune idée de l'amour des honnêtes gens, et qu'il serait bien éloigné de donner les mains aux reproches que nous faisons à Eros.

PHÈDRE

Par Zeus, c'est bien possible, Socrate.

SOCRATE

Aussi pour n'avoir point à rougir devant cet homme ni à craindre la vengeance d'Eros lui-même, je veux noyer le goût amer des discours précédents dans les flots d'une éloquence plus douce ; mais je conseille aussi à Lysias de reprendre la plume au plus vite pour montrer qu'à mérite égal il faut préférer l'amant au poursuivant sans amour.

PHÈDRE

Il le fera, sois-en sûr ; car, si tu prononces l'éloge de l'amour, il faudra bien que je force Lysias à écrire de son côté un nouveau discours sur le même sujet.

SOCRATE

On peut s'en fier à toi, tant que tu seras l'homme que je connais.

PHÈDRE

Tu peux donc parler en toute confiance.

SOCRATE

Mais où est l'enfant à qui je m'adressais ? Il faut qu'il entende encore ce que j'ai à dire et qu'il n'aille pas, faute de l'avoir entendu, se donner précipitamment à un homme sans amour.

PHÈDRE

Cet enfant est toujours à tes côtés, tout près de toi, et il y restera tant que tu voudras.

SOCRATE

XXII. — Figure-toi donc, bel enfant, que le discours précédent était de Phèdre, fils de Pythoclès, du dème de Myrrhinunte, et que celui que je vais prononcer est de Stésichore, fils d'Euphémos, d'Himère. Voici comment il faut parler : « Non, ce discours n'est pas vrai ; non, il ne faut pas, lorsqu'on a un amant, lui préférer un homme sans amour, par cela seul que l'un est en délire et que l'autre est dans son bon sens ; ce serait juste, s'il était hors de doute que le délire fût un mal ; mais au contraire le délire est pour nous la source des plus grands biens, quand il est l'effet d'une faveur divine. C'est dans le délire en effet que la prophétesse de Delphes et les prêtresses de Dodone ont rendu maints éminents services à la Grèce, tant aux Etats qu'aux particuliers ; de sang-froid, elles n'ont guère ou n'ont point été utiles. Ne parlons pas de la Sibylle et des autres devins inspirés par les dieux, qui, par leurs prédictions, ont mis dans le droit chemin bien des gens ; ce serait allonger le discours sans rien apprendre à personne. Mais voici un témoignage qui mérite l'attention, c'est que chez les anciens ceux qui ont créé les mots n'ont pas cru que le délire fût ni honteux ni infamant ; car ils n'auraient pas attaché ce nom même au plus beau des arts, à l'art qui interprète l'avenir, et ne l'auraient pas appelé manikè (délire) ; c'est parce qu'ils regardaient le délire comme un don magnifique, quand il vient du ciel, qu'ils lui ont donné ce nom (1); mais les modernes, insérant mal à propos un *t* dans le mot, en ont fait mantikè (2) (divination). Quand au contraire des hommes de sang-froid cherchent à connaître l'avenir par les oiseaux et d'autres signes, comme cet art se fonde sur la raison pour fournir à la pensée humaine (οἴησις) l'intelligence (νοῦς) et la connaissance (ἱστορία), on l'a appelé oionistikè, dont les modernes ont fait oiônistikè (οἰωνιστική : art des augures), en y introduisant un vénérable oméga (3). Ainsi autant la divination l'emporte en perfection et en dignité sur l'art augural, autant le nom l'emporte sur le nom, et l'objet sur l'objet, autant aussi, au témoignage des anciens, le délire l'emporte en noblesse sur la sagesse, le don qui vient des dieux sur le talent qui vient de l'homme.

Quand, pour venger de vieilles offenses, les dieux frappèrent certaines familles de maladies ou de fléaux redoutables, le délire s'emparant de mortels désignés et faisant entendre sa voix inspirée à ceux qui devaient l'entendre, trouva le moyen de détourner ces maux, en recourant à des prières et à des cérémonies propitiatoires. C'est ainsi qu'en inventant les purifications et les expiations, le délire préserva celui qui en était favorisé des maux présents et des maux futurs ; car il apprend à l'homme vraiment inspiré et possédé la manière de s'affranchir des maux qui surviennent.

(1) Cf. Cic., *De Div.*, I, 1, *in.* « Itaque ut alia nos melius multa quam Græci, sic huic præstantissimæ rei (præsensioni et scientiæ rerum futurarum) nomen nostri a divis, Græci, ut Plato interpretatur, a furore duxerunt. »
(2) Cette façon de concevoir l'étymologie n'est pas un jeu : Platon parle sérieusement. Si savant qu'il fût, il ne pouvait soupçonner les lois rigoureuses d'une science qui était encore à créer.
(3) Les anciens Grecs ne connaissaient pas l'oméga.

Il y a une troisième espèce de possession et de délire, celui qui vient des Muses. Quand il s'empare d'une âme tendre et pure, il l'éveille et la transporte, et en exaltant dans des odes et des poèmes de toute sorte d'innombrables hauts faits des anciens, il fait l'éducation de leurs descendants. Mais quiconque approche des portes de la poésie sans que les Muses lui aient soufflé le délire, persuadé que l'art suffit pour faire de lui un bon poète, celui-là reste loin de la perfection, et la poésie du bon sens est éclipsée par la poésie de l'inspiration (1).

XXIII. — Tels sont, et l'on pourrait en citer d'autres, les heureux effets du délire inspiré par les dieux. Gardons-nous donc de le redouter, et ne nous laissons pas troubler ni intimider par ceux qui disent qu'il faut préférer à l'amant agité par la passion l'ami maître de lui. Il leur resterait à prouver, pour emporter l'honneur de la victoire, que ce n'est pas pour le bien des amants et des aimés que les dieux leur envoient l'amour. De notre côté nous avons au contraire à démontrer que c'est pour notre plus grande félicité que cette espèce de délire nous a été donnée. Notre démonstration ne persuadera pas les habiles (2), mais convaincra les sages. Il faut d'abord apprendre à connaître exactement la nature de l'âme divine et humaine, en considérant ses propriétés passives et actives. Nous partirons du principe que voici.

(1) Cf. *Ion*.
(2) Ce sont les sophistes qui sont désignés par ce terme.

XXIV. — Toute âme est immortelle ; car ce qui est toujours en mouvement est immortel (1) ; mais l'être qui transmet le mouvement et le reçoit, au moment où il cesse d'être mû, cesse de vivre ; seul, l'être qui se meut lui-même, ne pouvant se faire défaut à lui-même, ne cesse jamais de se mouvoir, et même il est pour tous les autres êtres qui tirent le mouvement du dehors la source et le principe du mouvement. Or un principe ne peut prendre naissance, car il faut admettre nécessairement que tout ce qui naît, naît d'un principe, mais que le principe ne peut naître absolument de rien ; car, si le principe naissait de quelque chose, il ne serait plus principe (2). Mais, parce qu'il n'a point eu de naissance, il ne saurait non plus avoir de fin ; car, si le principe périssait, jamais lui-même ne pourrait renaître de rien, et rien ne pourrait naître de lui, s'il est vrai que tout doit naître d'un principe. Ainsi l'être qui se meut lui-même est le principe du mouvement, et cet être ne saurait ni périr, ni naître ; autrement le ciel tout entier et toute la génération des êtres tomberaient et s'arrêteraient, et ne retrouveraient plus jamais de quoi se mouvoir et renaître. L'immortalité de l'être qui se meut lui-même étant démontrée, on n'hésitera pas à reconnaître que le mouvement même est l'essence de l'âme ; car tout corps qui tire son mouvement du dehors est inanimé ; celui qui le tire du dedans, c'est-à-dire de lui-même, a une âme, puisque la nature de l'âme consiste en cela même. Mais s'il

---

(1) Cf. *Tusculanes*, I, 23 et *De Rep.*, VI, 25-26.
(2) Le texte porte : « il ne naîtrait pas d'un principe », ce qui donne une conclusion vicieuse. J'adopte la correction de Muret οὐκ ἂν ἀρχὴ γίγνοιτο.

est vrai que ce qui se meut soi-même n'est pas autre chose que l'âme, il s'ensuit nécessairement que l'âme n'a pas eu de commencement et qu'elle n'aura pas de fin. J'en ai dit assez sur son immortalité.

XXV. — Il faut parler maintenant de l'âme en elle-même. Pour montrer ce qu'elle est, il faudrait une science toute divine et de longs développements ; mais pour en donner une idée approximative, on peut se contenter d'une science humaine et l'on peut être plus bref. J'adopterai donc ce dernier procédé, et je dirai qu'elle ressemble à une force composée d'un attelage et d'un cocher ailés. Chez les dieux, chevaux et cochers sont également bons et de bonne race ; chez les autres êtres, ils sont de valeur inégale ; chez nous, le cocher gouverne l'attelage, mais l'un de ses chevaux est excellent et d'excellente race, l'autre est tout le contraire et par lui-même et par son origine. Il s'ensuit fatalement que c'est une tâche pénible et malaisée de tenir les rênes de notre âme. Mais pourquoi l'âme est-elle désignée tantôt comme un être mortel, tantôt comme un être immortel, c'est ce qu'il faut tâcher d'expliquer. L'âme universelle prend soin de la nature inanimée, et fait le tour du ciel, tantôt sous une forme, tantôt sous une autre. Quand elle est parfaite et ailée, elle parcourt l'empyrée et gouverne tout l'univers. Quand elle a perdu ses ailes, elle est emportée dans les airs, jusqu'à ce qu'elle saisisse quelque chose de solide, où elle établit sa demeure, et, quand elle a ainsi rencontré un corps terrestre, qui, sous son impulsion, paraît se mouvoir de lui-même, cet assemblage d'une âme et d'un corps s'appelle un animal, et on le qualifie de mortel.

Quant au nom d'immortel, il ne s'explique par aucun raisonnement en forme ; mais dans l'impossibilité où nous sommes de voir et de connaître exactement la divinité, nous nous la représentons comme un être vivant immortel, doué d'une âme et d'un corps, éternellement unis l'un à l'autre. Mais qu'il en soit ce qu'il plaira à Dieu et qu'on en dise ce qu'on voudra ; recherchons pourquoi l'âme perd et laisse tomber ses ailes. Voici à peu près ce qu'on peut en dire :

XXVI. — La nature a doué l'aile du pouvoir d'élever ce qui est pesant vers les hauteurs où habite la race des dieux, et l'on peut dire que de toutes les choses corporelles, c'est elle qui participe le plus à ce qui est divin. Or ce qui est divin, c'est ce qui est beau, sage, bon et tout ce qui ressemble à ces qualités ; et c'est ce qui nourrit et fortifie le mieux les ailes de l'âme, tandis que les défauts contraires, comme la laideur et la méchanceté, les ruinent et les détruisent. Or le guide suprême, Jupiter, s'avance le premier dans le ciel, conduisant son char ailé, ordonnant et gouvernant toutes choses ; derrière lui marche l'armée des dieux et des démons répartie en onze cohortes ; car Hestia reste seule dans la maison des dieux, tandis que les autres, qui comptent parmi les douze grands dieux, marchent en tête de leur cohorte, à la place qui leur a été assignée. Que d'heureux spectacles, que d'évolutions ravissantes animent l'intérieur du ciel où les dieux bienheureux circulent pour accomplir leur tâche respective, accompagnés de tous ceux qui veulent et peuvent les suivre, car l'envie n'approche point du chœur des dieux. Lorsqu'ils vont prendre leur nourriture au banquet divin, ils montent par un chemin escarpé au plus haut point de la voûte du ciel. Alors les chars des dieux, toujours en équilibre et faciles à diriger, montent sans effort ; mais les autres gravissent avec peine, parce que le cheval vicieux est pesant et qu'il alourdit et fait pencher le char vers la terre, s'il a été mal dressé par son cocher ; c'est une tâche pénible et une lutte suprême que l'âme doit alors affronter ; car les âmes immortelles, une fois parvenues au haut du ciel, passent de l'autre côté et vont se placer sur la voûte du ciel, et, tandis qu'elles s'y tiennent, la révolution du ciel les emporte dans sa course, et elles contemplent l'envers du ciel.

XXVII. — L'espace qui s'étend au-dessus du ciel n'a pas encore été chanté par aucun des poètes d'ici-bas et ne sera jamais chanté dignement. Je vais dire ce qui en est ; car il faut oser dire la vérité, surtout quand on parle sur la vérité. L'essence, douée d'une existence réelle, étant sans couleur, sans forme, impalpable, n'est perceptible qu'au guide de l'âme, l'intelligence ; autour de l'essence est le genre de la science véritable qui occupe cet endroit. Or la pensée de Dieu, étant nourrie par l'intelligence et la science absolue, comme d'ailleurs la pensée de toute âme qui doit recevoir l'aliment qui lui est propre, se réjouit de revoir enfin l'être en soi et se nourrit avec délices de la contemplation de la vérité, jusqu'à ce que le mouvement circulaire la ramène à son point de départ. Pendant cette révolution, elle contemple la justice en soi, elle contemple la sagesse en soi, elle contemple la science, non celle qui est sujette à l'évolution ou qui diffère suivant les objets que nous qualifions ici-bas de réels, mais la science qui a pour objet l'Etre absolu. Et quand elle a aussi contemplé les autres essences et qu'elle s'en est nourrie, l'âme se replonge à l'intérieur de la voûte céleste et rentre dans sa demeure ; puis lorsqu'elle est rentrée, le cocher attachant ses chevaux à la crèche, leur jette l'ambroisie, puis leur fait boire le nectar.

XXVIII. — Telle est la vie des dieux. Parmi les autres âmes, celle qui suit la divinité de plus près et lui ressemble le plus, élève la tête de son cocher vers l'autre côté du ciel et se laisse ainsi emporter au mouvement circulaire, mais, troublée par ses chevaux, elle a de la peine à contempler les essences ; telle autre tantôt s'élève, tantôt s'abaisse, mais gênée par les mouvements désordonnés des chevaux, aperçoit certaines essences, tandis que d'autres lui échappent. Les autres âmes sont toutes avides de monter, mais impuissantes à suivre, elles sont submergées dans le tourbillon qui les emporte, elles se foulent, elles se précipitent les unes sur les autres, chacune essayant de se pousser avant l'autre. De là un tumulte, des luttes et des efforts désespérés, où par la faute des cochers beaucoup d'âmes deviennent boiteuses, beaucoup perdent une grande partie de leurs ailes. Mais toutes, en dépit de leurs efforts, s'éloignent sans avoir pu jouir de la vue de l'absolu, et n'ont plus dès lors d'autre aliment que l'opinion. La raison de ce grand empressement à découvrir la plaine de la vérité, c'est que la pâture qui convient à la partie la plus noble de l'âme vient de la prairie qui s'y trouve, et que les propriétés naturelles de l'aile s'alimentent à ce qui rend l'âme plus légère ;

c'est aussi cette loi d'Adrastée (1) que toute âme qui a pu suivre l'âme divine et contempler quelqu'une des vérités absolues est à l'abri du mal jusqu'à la révolution suivante, et que, si elle réussit à le faire toujours, elle est indemne pour toujours. Mais lorsque, impuissante à suivre les dieux, l'âme n'a pas vu les essences, et que par malheur, gorgée d'oubli et de vice, elle s'alourdit, perd ses ailes et tombe vers la terre, une loi lui défend d'animer à la première génération le corps d'un animal, et veut que l'âme qui a vu le plus de vérités produise un homme passionné pour la sagesse, la beauté, les muses et l'amour, que l'âme qui tient le second rang donne un roi juste ou guerrier ou habile, que celle du troisième rang donne un politique, un économe, un financier ; que celle du quatrième produise un gymnaste infatigable ou un médecin ; que celle du cinquième mène la vie du devin ou de l'initié ; que celle du sixième s'assortisse à un poète ou à quelque autre artiste, celle du septième à un artisan ou à un laboureur, celle du huitième à un sophiste ou à un démagogue, celle du neuvième à un tyran.

XXIX. — Dans tous ces états ceux qui ont vécu en pratiquant la justice obtiennent en échange une destinée meilleure, ceux qui l'ont violée, une destinée plus mauvaise. En effet aucune âme ne revient au lieu d'où elle est partie avant dix mille années ; car elle ne recouvre pas ses ailes avant ce laps de temps, à moins qu'elle n'ait été l'âme d'un homme qui ait cherché la vérité avec un cœur simple ou qui

(1) C'est-à-dire de la nécessité éternelle et inévitable.

ait aimé les jeunes gens d'un amour philosophique. Alors à la troisième période de mille ans, si elle a embrassé trois fois de suite ce genre de vie, elle reprend ses ailes et retourne vers les dieux après la trois millième année. Pour les autres, quand elles sont arrivées au terme de leur première vie, elles subissent un jugement. Ce jugement rendu, les unes descendent dans les prisons souterraines pour y payer leur peine ; les autres, allégées par l'arrêt du juge, s'élèvent vers un certain endroit du ciel pour y mener l'existence qu'elles ont méritée, tandis qu'elles vivaient sous la forme humaine. Au bout de mille ans, les unes et les autres reviennent pour prendre part à un nouveau partage, où chacune peut choisir la vie qui lui plaît. Alors l'âme d'un homme entre dans le corps d'une bête, et l'âme d'une bête rentre dans le corps d'un homme, pourvu qu'elle ait été déjà un homme ; car celle qui n'a jamais vu la vérité ne saurait revêtir la forme humaine. Pour être homme en effet il faut comprendre ce qu'on appelle le général, qui partant de la multiplicité des sensations les ramène par le raisonnement à l'unité. Or cette faculté est une réminiscence des choses que notre âme a vues quand elle cheminait avec l'âme divine et que, dédaignant ce que nous prenons ici-bas pour des êtres, elle se redressait pour contempler l'être véritable. Voilà pourquoi il est juste que seule la pensée du philosophe ait des ailes ; car elle ne cesse de poursuivre de toutes ses forces, par le souvenir, les choses dont la possession assure à Dieu même sa divinité. L'homme qui sait tirer parti de ces réminiscences, initié sans cesse aux mystères de l'absolue perfection, devient seul véritablement parfait. Détaché des passions humaines et occupé des choses divines, il encourt les reproches de la foule qui le tient pour insensé et ne s'aperçoit pas qu'il est inspiré.

XXX. — C'est ici qu'en voulait venir tout ce discours sur la quatrième espèce de délire. Quand la vue de la beauté terrestre réveille le souvenir de la beauté véritable, que l'âme revêt des ailes et que, confiante en ces ailes nouvelles, elle brûle de prendre son essor, mais que sentant son impuissance, elle lève, comme l'oiseau, ses regards vers le ciel, et que, négligeant les choses d'ici-bas, elle se fait accuser de folie, l'enthousiasme qui s'élève ainsi est le plus enviable, en lui-même et dans ses causes, pour celui qui le ressent et pour celui auquel il le communique ; et celui qui, possédé de ce délire, s'éprend d'amour pour les beaux jeunes gens, reçoit le nom d'amant. J'ai dit que toute âme d'homme a naturellement contemplé les essences, autrement elle ne serait pas entrée dans un homme ; mais il n'est pas également facile à toutes les âmes de se ressouvenir des choses du ciel à la vue des choses de la terre ; car certaines âmes n'ont qu'entrevu les choses du ciel ; d'autres, après leur chute sur la terre, ont eu le malheur de se laisser entraîner à l'injustice par les mauvaises compagnies, et d'oublier les mystères sacrés qu'elles ont vus alors ; il n'en reste qu'un petit nombre qui en ont gardé un souvenir suffisant. Quand celles-ci aperçoivent quelque image des choses du ciel, elles sont saisies et ne sont plus maîtresses d'elles-mêmes ; mais elles ne reconnaissent pas ce qu'elles éprouvent, parce qu'elles n'en ont pas des perceptions assez claires. C'est qu'en ce qui regarde la justice, la tempérance et les autres biens de l'âme, leurs images d'ici-bas ne jettent point d'éclat ; par suite de la faiblesse de nos organes, c'est à peine si quelques-uns, rencontrant des images de ces vertus, reconnaissent le genre du modèle qu'elles représentent. Mais la beauté au contraire était facile à voir à cause de son éclat, lorsque, mêlés au chœur des bienheureux, nous, à la suite de Jupiter, d'autres, à la suite d'un autre dieu, nous jouissions de cette vue et de cette contemplation ravissante, et qu'initiés, on peut le dire, aux plus délicieux des mystères, et les célébrant dans la plénitude de la perfection et à l'abri de tous les maux qui nous attendaient dans l'avenir, nous étions admis à contempler dans une pure lumière des apparitions parfaites, simples, immuables, bienheureuses, purs nous-mêmes et exempts des stigmates de ce fardeau que nous portons avec nous et que nous appelons le corps, et où nous sommes emprisonnés comme l'huître dans sa coquille.

XXXI. — Il faut pardonner ces longueurs au souvenir et au regret de ces visions célestes. Je reviens à la beauté. Nous l'avons vue alors, je l'ai dit, resplendir parmi ces visions ; retombés sur la terre, nous la voyons par le plus pénétrant de tous les sens effacer tout de son éclat. La vue est en effet le plus subtil des organes du corps ; cependant elle ne perçoit pas la sagesse ; car la sagesse susciterait d'incroyables amours, si elle présentait à nos yeux une image aussi claire que celle de la beauté, et il en serait de même de toutes les essences dignes de notre amour. La beauté seule jouit du privilège d'être la plus visible et la plus charmante. Mais l'homme dont l'initiation est ancienne ou qui s'est laissé corrompre a peine à remonter d'ici-bas vers la beauté absolue, quand il contemple sur terre une image qui en porte le nom. Aussi, loin de sentir du respect à sa vue, il cède à l'aiguillon du plaisir, et, comme une bête, il cherche à la saillir et à lui jeter sa semence, et dans la frénésie de ses approches, il ne craint ni ne rougit de poursuivre une volupté contre nature. Mais celui qui a été récemment initié ou qui a beaucoup vu dans le ciel, aperçoit-il en un visage une heureuse imitation de la beauté divine ou dans un corps quelques traits de la beauté idéale, aussitôt il frissonne et sent remuer en lui quelque chose de ses émotions d'autrefois ; puis les regards attachés sur le bel objet, il le vénère comme un dieu, et s'il ne craignait de passer pour frénétique, il lui offrirait des victimes comme à une idole ou à un dieu. A sa vue, comme s'il avait le frisson de la fièvre, il change de couleur, il se couvre de sueur, il se sent brûlé d'un feu inaccoutumé (1). A peine a-t-il reçu par les yeux les effluves de la beauté qu'il s'échauffe, et que la substance de ses ailes en est arrosée. Cette chaleur fond l'enveloppe, qui, resserrée longtemps par la sécheresse, les empêchait de germer ; sous l'afflux des effluves nourrissants la tige de l'aile se gonfle et se met à pousser de la racine sur toute l'âme ; car jadis l'âme était tout ailes.

XXXII. — En cet état l'âme tout entière bouillonne et se soulève ; elle éprouve le même malaise

---

(1) Cf. Sappho : « Une sueur froide m'inonde, et un tremblement me saisit tout entière », et Rac., *Phèdre*, I, 3 :

« Je le vis, je rougis, je pâlis à sa vue,
Un trouble s'éleva dans mon âme éperdue.
Mes yeux ne voyaient plus, je ne pouvais parler,
Je sentis tout mon corps et transir et brûler. »

que ceux qui font des dents : la croissance des dents provoque des démangeaisons et une irritation des gencives ; c'est ce qui arrive à l'âme dont les ailes commencent à pousser : la pousse des ailes provoque une effervescence, un agacement, des démangeaisons du même genre. Quand elle regarde la beauté du jeune garçon et que des parcelles s'en détachent et coulent en elle — de là vient le nom donné au désir (1) — et qu'en la pénétrant elles l'arrosent et l'échauffent tout ensemble, l'âme respire et se réjouit. Mais quand elle est séparée du bien-aimé et qu'elle se dessèche, les orifices des pores par où sortent les ailes se desséchant aussi, se ferment et barrent la route au germe des ailes. Ce germe enfermé avec le désir saute comme le sang bat dans les artères, pique chacune des issues qui lui sont réservées, de sorte que l'âme aiguillonnée de toutes parts se débat dans la souffrance. Mais d'un autre côté elle se réjouit au souvenir de la beauté. Cet étrange mélange de douleur et de joie la tourmente et, dans sa perplexité, elle s'enrage, et sa frénésie l'empêche de dormir la nuit et de rester en place pendant le jour ; aussi elle court avidement du côté où elle pense voir celui qui possède la beauté. Quand elle l'a vu et qu'elle a fait entrer en elle le désir, elle sent s'ouvrir les issues fermées naguère, et, reprenant haleine, elle ne sent plus l'aiguillon ni la douleur ; au contraire elle goûte pour le moment la volupté la plus suave. Aussi l'amant ne voudrait-il jamais quitter son bel ami, et le met-il au-dessus de tout ; mère,

---

(1) Le mot ἵμερος (désir) viendrait, d'après Platon, de μέρη ἐπιόντα ῥέοντα.

frères, camarades, il oublie tout, et si sa fortune négligée se perd, il n'en a cure. Les usages et les convenances, qu'il se piquait d'observer auparavant, le laissent indifférent ; il consent à être esclave et à dormir où l'on voudra, mais le plus près possible de l'objet de son désir ; car outre qu'il vénère celui qui possède la beauté, il ne trouve qu'en lui le médecin de ses tourments. Cette affection, bel enfant à qui s'adresse mon discours, les hommes l'appellent Eros ; quant au nom que lui donnent les dieux, tu en riras sans doute, parce qu'il est étrange. Certains Homérides, je crois, citent à propos d'Eros deux vers des poèmes détachés, dont l'un est tout à fait irrespectueux et peu modeste. Ces vers disent :

« Les mortels le nomment Eros ailé,
« Et les dieux Ptéros (1), parce qu'il donne des ailes. »

On peut admettre ou rejeter l'autorité de ces vers ; mais la cause et la nature de l'affection des amants sont exactement telles que je les ai dépeintes.

XXXIII. — Quand un suivant de Zeus est épris d'amour, il a plus de force pour supporter le choc du dieu ailé ; ceux qui ont été les sectateurs d'Arès et l'ont suivi dans sa révolution, quand ils sont captivés par Eros et qu'ils se croient outragés par le bien-aimé, deviennent meurtriers et n'hésitent pas à sacrifier et eux-mêmes et l'objet de leur amour. C'est ainsi que chacun, honorant et imitant le dieu dont il a été choreute, règle, autant qu'il le peut, sa vie

(1) Il y a un jeu de mot inscrit sur Πτέρως qui vient de πτεροῦν donner des ailes, et au figuré soulever le désir et πτερόφοιτος qui marque aussi l'emportement du désir.

sur lui, tant qu'il n'est pas corrompu et qu'il n'a pas dépassé la première génération sur la terre ; et le même principe gouverne sa conduite dans ses relations avec ceux qu'il aime et avec les autres. Chacun choisit selon son caractère parmi les beaux garçons l'objet de son amour ; il en fait son dieu, il lui dresse une statue dans son cœur et la charge d'ornements, pour la vénérer et célébrer ses mystères. Les sectateurs de Zeus recherchent un ami qui ait une âme de Zeus ; ils examinent s'il a le goût de la sagesse et le don du commandement, et, quand ils l'ont trouvé et s'en sont épris, ils font tout pour perfectionner en lui ces qualités. S'ils ne s'étaient pas encore engagés dans les études qui s'y rapportent, ils s'y adonnent et s'instruisent près des maîtres qu'ils peuvent trouver ou par leurs propres recherches ; ils scrutent en eux-mêmes pour découvrir la nature de leur dieu, et ils y réussissent, parce qu'ils sont forcés de tenir leurs regards tendus vers le dieu ; puis, quand ils l'ont ressaisi par le souvenir, pris d'enthousiasme, ils lui empruntent ses mœurs et ses goûts, autant qu'il est possible à l'homme de participer à la divinité. Comme ils attribuent ce perfectionnement au bien-aimé, ils l'en aiment encore davantage, et, quand ils ont puisé leur inspiration en Zeus, comme les bacchantes, ils la reversent dans l'âme du bien-aimé et le rendent autant qu'ils le peuvent semblable à leur dieu. Ceux qui suivaient Héra, cherchent une âme royale, et, quand ils l'ont trouvée, ils tiennent avec elle la même conduite. Les suivants d'Apollon et de chacun des autres dieux, se réglant de même sur leur dieu, cherchent dans leur jeune ami un naturel conforme à leur modèle, et, quand ils l'ont trouvé, alors, imitant le dieu et pressant le jeune homme de l'imiter, ils règlent ses inclinations et l'amènent à reproduire le caractère et l'idée du dieu, autant qu'il peut le faire. Loin d'avoir pour le bien-aimé de la jalousie ou une basse malveillance, ils font tous les efforts possibles pour l'amener à une parfaite ressemblance avec eux et le dieu qu'ils honorent. Tel est le zèle des vrais amants, et telle est, s'ils réussissent dans leurs efforts, l'initiation dont j'ai parlé ; telle est la belle et heureuse influence que le délire de l'amant exerce sur le bien-aimé qui se laisse subjuguer. Or voici comment il se laisse subjuguer.

XXXIV. — Au début de cette allégorie, j'ai distingué dans l'âme trois parties, et assimilé les deux premières à des chevaux et la troisième à un cocher. Continuons à faire usage de la même figure. Des deux chevaux, disions-nous, l'un est bon, l'autre ne l'est pas ; mais nous n'avons pas dit en quoi consistait la bonté de l'un, la méchanceté de l'autre ; c'est ce qu'il faut expliquer à présent. Le premier, plus beau de contenance, est droit et bien découplé, d'encolure haute, les naseaux aquilins, la robe blanche et les yeux noirs ; il est amoureux de l'honneur, de la tempérance et de la pudeur, attaché à l'opinion vraie ; la parole et la raison, sans les coups, suffisent à le conduire ; l'autre au contraire est tortu, épais, mal bâti, le cou trapu (1), l'encolure courte (2), la face

(1) C'est pour Aristote le signe de la stupidité et de la violence.
(2) Un cou trop court est pour Aristote la marque d'un caractère astucieux.

camarde (1), la robe noire, les yeux bleus ; il est sanguin, ami de la violence et de la fanfaronnade, il est velu autour des oreilles (2), il est sourd et n'obéit qu'avec peine au fouet et à l'aiguillon. Quand donc le cocher, apercevant l'objet d'amour, sent toute son âme prendre feu et qu'il est envahi par les chatouillements et les aiguillons du désir, le cheval docile aux rênes, dominé comme toujours par la pudeur, se retient de bondir sur le bien-aimé ; mais l'autre, sans souci de l'aiguillon ni du fouet, saute et s'emporte avec violence ; il donne toutes les peines du monde à son compagnon d'attelage et à son cocher, et les contraint d'aborder le jeune garçon et de l'entretenir des plaisirs d'Aphrodite. Tous les deux résistent d'abord, indignés qu'on les pousse à des démarches si hardies et si criminelles ; mais à la fin, comme il ne cesse de les tourmenter, ils se laissent entraîner, cèdent et consentent à lui obéir ; ils s'attachent au jeune homme et contemplent cette apparition resplendissante.

XXXV. — A sa vue, la mémoire du cocher se reporte vers l'essence de la beauté, et il la revoit debout avec la tempérance sur un piédestal sacré. Devant cette vision, saisi de crainte et de respect, il se renverse en arrière, ce qui lui fait tirer les rênes avec tant de violence que les deux chevaux tombent sur leur croupe, l'un volontairement, parce qu'il ne résiste pas, mais l'autre, le brutal, tout à fait malgré lui. Tandis qu'ils reculent, l'un, de honte et de stupeur,

---

(1) Les gens camus sont débauchés, d'après le philosophe Polémon et d'autres.
(2) Signe de débauche.

mouille de sueur l'âme tout entière; mais l'autre, remis de la douleur que le mors et sa chute lui ont causée, ayant à peine repris haleine, s'emporte et charge de reproches et d'outrages son guide et son compagnon, sous prétexte qu'ils ont, par lâcheté et couardise, abandonné leur poste et manqué à leur parole. En dépit qu'ils en aient, il veut les contraindre à revenir à la charge, et c'est à grand'peine qu'il accorde un délai à leurs prières ; le terme échu, comme ils font semblant d'oublier, il leur rappelle leur engagement, les violente, hennit, les tiraille et les force à s'approcher du jeune garçon pour lui faire les mêmes propositions ; puis, quand ils sont en sa présence, avançant la tête, tendant la queue, mordant le frein, il les traîne avec effronterie ; mais le cocher, saisi d'une émotion plus forte encore que la première fois, comme s'il se rejetait en arrière à l'entrée de la carrière, tire encore plus fort sur la bouche du cheval emporté, ensanglante sa langue insolente et ses mâchoires, le renverse sur ses jambes de derrière et sa croupe, et le fait souffrir. Lorsqu'après plusieurs expériences de cette nature, le cheval vicieux a perdu sa fougue et se sent dompté, il obéit désormais à son prévoyant cocher, et, quand il voit le bel enfant, il se meurt de terreur. C'est alors seulement que l'âme de l'amant suit le jeune garçon avec respect et avec crainte.

XXXVI. — Le jeune homme qui se voit entouré de soins de toute sorte et honoré comme un dieu par un amant non pas simulé, mais véritablement épris, et qui se sent naturellement porté par l'amitié vers son adorateur, a pu auparavant entendre ses condisciples ou d'autres personnes dénigrer l'amour et soutenir qu'il est honteux d'avoir un commerce amoureux, il a pu sous ce prétexte repousser son amant ; mais avec le temps, l'âge et la loi de la nature l'amènent à le recevoir dans son intimité ; car il n'a jamais été dans les arrêts du destin qu'un méchant soit l'ami d'un méchant, et qu'un homme de bien ne puisse être l'ami d'un homme de bien. Or quand le jeune homme a consenti à l'accueillir dans sa compagnie, et à prêter l'oreille à ses discours, l'affection de l'amant, circonvenant son cœur de plus près, le ravit ; il comprend que l'affection de tous les amis et parents ensemble n'est rien auprès de celle d'un amant inspiré. Quand il s'est prêté à ces relations pendant quelque temps, qu'il s'est approché de lui et l'a touché dans les gymnases et les autres réunions, dès lors la source de ce courant que Zeus, amoureux de Ganymède, a nommé le désir, roulant à grands flots vers l'amant, pénètre en lui, et quand il en est rempli, le reste s'épanche au dehors, et, comme un souffle ou un son renvoyé par un corps lisse et solide revient au point d'où il est parti, ainsi le courant de la beauté revient dans l'âme du bel enfant par les yeux, chemin naturel de l'âme, ouvre les passages des ailes, les arrose et en fait sortir les ailes, et remplit en même temps d'amour l'âme du bien-aimé. Il aime donc, mais il ne sait quoi ; il ne se rend pas compte de ce qu'il éprouve et il est incapable de l'expliquer ; comme un homme qui a pris l'ophthalmie d'un autre (1), il ne peut dire la cause de son mal, et il ne

---

(1) Les anciens croyaient que les maladies des yeux se communiquaient par le simple regard.

s'aperçoit pas qu'il se voit dans son amant comme dans un miroir. En sa présence, il oublie, comme lui, ses tourments ; en son absence, il le regrette, comme il en est regretté ; son amour est l'image réfléchie de l'amour de son amant ; mais il ne l'appelle pas amour, il n'y voit que de l'amitié. Comme lui, quoique plus faiblement, il désire le voir, le toucher, le baiser, coucher à ses côtés, et naturellement il ne tarde pas à le faire. Tandis qu'il est couché près de lui, le cheval lascif de l'amant a bien des choses à dire au cocher, et pour prix de tant de peines il réclame un peu de plaisir. Le cheval du jeune homme n'a rien à dire ; mais, gonflé de désirs vagues, il embrasse l'amant et le baise, comme on caresse un tendre ami, et, quand ils sont couchés ensemble, il est prêt pour sa part à donner ses faveurs à l'amant, s'il en fait la prière. Mais d'un autre côté son compagnon et le cocher s'y opposent au nom de la pudeur et de la raison.

XXXVII. — Si les éléments supérieurs de l'âme ont la victoire et réduisent les amants à mener une vie réglée et à cultiver la philosophie, ils passent leur existence terrestre dans le bonheur et l'union ; maîtres d'eux-mêmes et réglés dans leur conduite, ils tiennent en servage la partie où naît le vice, et assurent la liberté à celle où naît la vertu. A la fin de leur vie, reprenant leurs ailes et leur légèreté, ils sortent vainqueurs d'une de ces trois luttes qu'on peut appeler vraiment olympiques (1), et c'est un tel bien que ni la

---

(1) Les trois révolutions de mille ans qui sont le privilège des âmes philosophiques sont comparées aux trois épreuves des combats olympiques. Le lutteur n'y était en effet proclamé vainqueur qu'après avoir terrassé trois fois son adversaire, d'où la locution proverbiale τὸ τρίτον πάλαισμα.

sagesse humaine ni le délire divin ne sont capables d'en procurer à l'homme un plus grand. Mais s'ils ont embrassé un genre de vie grossier, où la philosophie n'a point de part, s'ils s'attachent aux honneurs, il se peut que, dans l'ivresse ou dans tout autre moment d'oubli, les deux chevaux intempérants de l'un et de l'autre surprennent leurs âmes sans défense, les amènent au même but, et fassent un choix que le vulgaire trouve enviable : qu'elles assouvissent leurs désirs. Leur brutalité satisfaite, ils recommencent encore, mais rarement, parce qu'une telle conduite n'est pas approuvée de l'âme tout entière. Ces amants aussi restent amis, mais moins étroitement que les premiers, et dans le temps de leur passion et après qu'elle s'est éteinte ; car ils pensent qu'ils se sont donné et ont reçu mutuellement les gages les plus solides, qu'il serait impie de briser de tels nœuds et d'en venir à se haïr. A la fin de leur vie, sans ailes encore, mais brûlant d'en avoir, leurs âmes sortent du corps et sont récompensées magnifiquement de leur délire amoureux ; car la loi défend que celles qui ont commencé leur voyage céleste descendent dans les ténèbres d'un voyage souterrain ; elles mènent une vie brillante et heureuse, en voyageant ensemble, et quand elles reçoivent des ailes, elles les reçoivent ensemble en récompense de leur amour.

XXXVIII. — Tels sont, mon enfant, les grands et divins avantages que te procurera l'affection d'un amant; mais l'intimité d'un homme sans amour, gâtée par une sagesse mortelle, appliquée à ménager des intérêts périssables et frivoles, n'enfantera dans l'âme de l'aimé que cette bassesse que la foule décore du nom de vertu, et la fera rouler, privée de raison, autour de la terre et sous la terre pendant neuf mille années.

Voilà, cher Eros, la palinodie la plus belle et la meilleure que j'aie pu faire pour te l'offrir en expiation ; si les idées et les expressions ont une couleur poétique, c'est Phèdre qui m'a forcé à parler ainsi. Pardonne à mon premier discours, prends en gré celui-ci ; sois-moi favorable et propice ; ne m'ôte pas, ne diminue pas dans ta colère cet art d'aimer dont tu m'as fait présent ; accorde-moi au contraire d'être prisé plus que jamais dans la société des beaux jeunes gens. Si tout à l'heure, Phèdre et moi, nous t'avons offensé dans nos discours, accuses-en Lysias, le père de ce débat ; oblige-le à renoncer à de telles compositions, et tourne-le vers la philosophie comme son frère Polémarque s'y est tourné, afin que son amant qui m'écoute ne reste point partagé entre deux partis, mais qu'il consacre résolument sa vie à l'amour réglé par la philosophie.

XXXIX. — Je joins ma prière à la tienne, Socrate, pour que tes souhaits, s'ils nous sont réellement avantageux, se réalisent. Quant à ton discours, je n'ai pas attendu la fin pour en admirer la beauté : il est bien supérieur au premier. Aussi je crains que Lysias ne fasse piètre figure, en admettant qu'il se prête à composer un pendant à ton discours. Aussi bien, tout dernièrement, merveilleux Socrate, un de nos hommes d'Etat, le prenant à parti, lui reprochait justement d'écrire, et d'un bout à l'autre de sa diatribe le traitait de faiseur de discours. Il se pourrait donc bien que par respect humain il refusât d'écrire.

SOCRATE

Voilà une idée qui n'est pas sérieuse, jeune homme, et tu connais bien mal ton ami, si tu le crois si timoré ; mais peut-être penses-tu que son détracteur aussi parlait sérieusement ?

PHÈDRE

Il en avait bien l'air, Socrate, et tu sais toi-même que les hommes les plus puissants et les plus considérables dans les Etats rougissent d'écrire des discours et de laisser des écrits, dans la crainte de passer auprès de la postérité pour des sophistes.

SOCRATE

Tu oublies, Phèdre, que le proverbe « coude charmant » vient du grand coude du Nil (1). Outre cela, tu ne vois pas non plus que les hommes d'Etat les plus infatués sont les plus ardents à rédiger des discours et à laisser des écrits après eux. Quand ils ont écrit un discours, ils sont si contents d'avoir des approbateurs qu'ils ne manquent jamais d'inscrire en première ligne le nom de ceux qui les approuvent.

PHÈDRE

Que dis-tu ? Je ne comprends pas.

SOCRATE

Tu ne comprends pas qu'en tête de tout écrit d'un homme d'Etat on trouve toujours inscrit l'approbateur.

(1) Voici l'explication la plus probable de ce passage obscur : Comme les navigateurs appellent par antiphrase coude charmant, le coude occidental du Nil, long et difficile à remonter, ainsi les politiques affectent de mépriser l'art d'écrire des discours, qu'en réalité ils estiment infiniment.

PHÈDRE

Comment ?

SOCRATE

Il a plu, dit-il, au Sénat ou au peuple ou à tous les deux, sur la proposition d'un tel — et ici l'auteur se loue lui-même en termes magnifiques, et il continue en étalant à ses admirateurs sa propre sagesse dans un écrit qui prend parfois des proportions considérables. Ne te semble-t-il pas qu'un placard de ce genre n'est autre chose qu'un discours écrit ?

PHÈDRE

Il me le semble.

SOCRATE

L'écrit passe-t-il, l'auteur est aussi joyeux qu'un poète couronné au sortir du théâtre ; est-il rejeté, et l'auteur se voit-il ôter l'honneur d'être un faiseur de discours et juger indigne d'écrire, il s'en désole, et ses amis avec lui.

PHÈDRE

C'est vrai.

SOCRATE

Preuve que, loin de mépriser ce métier, ils le regardent avec envie.

PHÈDRE

Sans doute.

SOCRATE

Mais quoi ! lorsqu'un orateur ou un roi est capable de revêtir la puissance d'un Lycurgue, d'un Solon, d'un Darius, et de s'immortaliser dans un Etat comme faiseur de discours, ne se regarde-t-il pas lui-même comme un dieu, durant sa vie, et la postérité ne porte-t-elle pas de lui le même jugement, en considérant ses écrits ?

PHÈDRE

Certainement.

SOCRATE

Penses-tu donc qu'un de ces politiques, quels que soient son caractère et sa malveillance pour Lysias, lui fasse honte de son talent même d'écrivain ?

PHÈDRE

Ce n'est pas vraisemblable, d'après ce que tu dis ; car ce serait dénigrer, ce me semble, sa propre passion.

SOCRATE

XL. — Il est donc évident pour tout le monde que le fait même d'écrire des discours n'emporte pas de honte.

PHÈDRE

En effet.

SOCRATE

Mais ce qui est honteux, ce me semble, ce n'est pas de parler ou d'écrire bien, c'est de parler ou d'écrire mal et ridiculement.

PHÈDRE

C'est évident.

SOCRATE

Qu'est-ce donc que bien ou mal écrire ? Faut-il, Phèdre, que nous interrogions sur ce point Lysias et tout autre qui a écrit ou doit écrire sur un sujet public ou privé, en vers, comme un poète, ou en style libre, comme un prosateur ?

PHÈDRE

S'il le faut ? dis-tu. Et pourquoi vivrait-on, j'ose le dire, sinon pour de tels plaisirs ? Ce n'est pas vivre que de vivre pour ceux que la peine précède nécessairement ou qui ne donnent même pas de joie, ce qui est le cas de presque tous les plaisirs physiques, qu'on a justement pour ce motif appelés serviles.

SOCRATE

Nous avons du temps, n'est-ce pas ? Et puis les cigales qui sous l'effet de la chaleur étouffante chantent et s'entretiennent ensemble au-dessus de nos têtes, semblent nous regarder. Si donc elles nous voyaient tous deux, comme le commun des hommes, cesser nos entretiens au milieu du jour, baisser la tête et bercer à leurs chansons nos esprits paresseux, elles se moqueraient de nous avec juste raison ; elles penseraient voir des esclaves qui seraient venus près d'elles en cet asyle pour faire la sieste, comme des moutons assoupis à l'heure de midi autour de la fontaine ; mais si elles nous voient converser et passer à côté d'elles sans nous laisser charmer par leurs chants de sirènes, elles nous admireront et peut-être nous feront-elles part de cette récompense que, par une permission des dieux, elles peuvent accorder aux hommes.

PHÈDRE

XLI. — De quelle récompense veux-tu parler ? Je crois bien que je n'en ai jamais entendu parler.

SOCRATE

Il ne sied pas à un ami des muses d'ignorer ces choses-là. On dit que jadis, avant la naissance des muses, les cigales étaient des hommes. Quand les muses naquirent et firent connaître le chant aux hommes, certains d'entre eux furent alors tellement transportés de plaisir qu'ils oublièrent en chantant de boire et de manger et moururent sans s'en apercevoir. C'est d'eux que vient la race des cigales, qui ont reçu des muses le privilège de n'avoir pas besoin de nourriture et de chanter de leur naissance à leur mort sans boire ni manger, puis d'aller rapporter aux muses par qui chacune d'elles est honorée ici-bas. Ainsi elles font connaître à Terpsichore ceux qui l'ont honorée dans les chœurs et elles augmentent sa tendresse pour eux, à Erato ceux qui l'ont honorée dans leurs poèmes d'amour, et de même aux autres, ceux qui leur ont rendu le genre d'hommage qui leur convient. A Calliope, la plus ancienne, et à Uranie, la cadette, elles rapportent les noms de ceux qui passent leur vie à philosopher et qui honorent les arts auxquels elles président. Ces deux muses qui sont spécialement occupées du ciel et des discours des dieux et des hommes, sont celles dont les accents sont les plus beaux. Voilà bien des raisons de parler, au lieu de faire la sieste de midi.

PHÈDRE

Eh bien ! parlons.

SOCRATE

XLII. — Nous nous proposions tout à l'heure

d'examiner ce qui fait qu'on parle ou qu'on écrit bien ou mal ; faisons donc cet examen.

PHÈDRE

Faisons.

SOCRATE

N'est-il pas nécessaire, pour qu'un discours soit parfait, qu'il ait pour fondement la connaissance de la vérité touchant la question qu'on veut traiter ?

PHÈDRE

J'ai entendu dire à ce sujet, mon cher Socrate, qu'il n'était pas nécessaire au futur orateur de connaître ce qui est réellement juste, mais ce qui semble juste à la multitude chargée de prononcer, ni ce qui est réellement bon ou beau, mais ce qui paraîtra tel ; car c'est de la vraisemblance, non de la vérité que sort la persuasion.

SOCRATE

Il ne faut pas dédaigner, Phèdre, une parole tombée de la bouche des sages (1) ; il faut se rendre compte de son importance, et ce que tu viens de dire mérite qu'on s'y arrête.

PHÈDRE

Tu as raison.

SOCRATE

Nous nous y prendrons de la manière que voici.

---

(1) Allusion au v. 65 du chant III de l'*Iliade* : Οὔ τοι ἀπόβλητ' ἐστὶ θεῶν ἐρικυδέα δῶρα ; « Il ne faut pas dédaigner les glorieux présents des dieux », ou plutôt au v. 361 du chant II : Οὔτοι ἀπόβλητον ἔπος ἔσσεται ὅ τι κεν εἴπω : « Il ne faudra pas dédaigner le mot que je vais dire. »

PHÈDRE

Voyons.

SOCRATE

Si je te conseillais de te procurer un cheval pour aller à la guerre et que nous ignorions tous deux ce qu'est un cheval, si je savais seulement que Phèdre prend pour un cheval celui des animaux domestiques qui a les plus grandes oreilles...

PHÈDRE

Il y aurait de quoi rire, Socrate.

SOCRATE

Un moment. Si je voulais sérieusement te persuader, et si pour cela je composais un discours à la louange de l'âne que j'appellerais cheval, disant que c'est une bête inestimable à la maison et à l'armée, propre à te porter au combat, capable de transporter les bagages et apte à bien d'autres usages...

PHÈDRE

Ce serait le comble du ridicule.

SOCRATE

Ne vaut-il pas mieux être ridicule que dangereux et funeste à ses amis.

PHÈDRE

Sans doute.

SOCRATE

Lors donc qu'un orateur ignorant le bien et le mal trouve ses concitoyens dans la même ignorance, et veut leur persuader par ses louanges, non pas de prendre l'ombre d'un âne pour un cheval, mais le mal pour le bien ; lorsqu'ayant étudié les préjugés de la multitude, il lui persuade de faire le mal au lieu du bien, à ton avis, quels fruits la rhétorique récoltera-t-elle de ce qu'elle a semé ?

PHÈDRE

Des fruits assez mauvais.

SOCRATE

XLIII. — N'aurions-nous pas, mon bon ami, maltraité la rhétorique un peu brutalement ? Peut-être pourrait-elle nous dire : Qu'est-ce que vous débitez là ? Vous êtes d'étranges raisonneurs. Je ne force personne à apprendre l'art de la parole sans connaître le vrai ; mais, si l'on veut m'en croire, qu'on s'assure d'abord la possession de la vérité, on viendra ensuite à moi ; car j'affirme bien haut que sans moi on aura beau posséder la vérité ; on n'en sera pas plus capable de persuader par les règles de l'art.

PHÈDRE

N'aurait-elle pas raison de parler ainsi ?

SOCRATE

Sans doute si les voix qui s'élèvent vers elle rendent témoignage qu'elle est un art ; mais je crois en entendre qui s'approchent et protestent qu'elle ment et qu'elle n'est pas un art, mais une simple routine. De véritable art de la parole, en dehors de la vérité, il n'y en a pas, dit le Laconien, et il n'y en aura jamais.

PHÈDRE

Il faut donner audience à ces voix, Socrate ; fais-les comparaître ici et approfondis leurs paroles et leurs raisons.

SOCRATE

Approchez, généreux nourrissons, et persuadez Phèdre, père de beaux enfants (1), que, s'il n'a pas suffisamment étudié la philosophie, il ne sera jamais capable de parler sur quoi que ce soit. Que Phèdre réponde.

PHÈDRE

Interrogez.

SOCRATE

La rhétorique en général n'est-elle pas l'art de conduire les âmes par la parole, non seulement dans les tribunaux et toutes les autres assemblées publiques, mais encore dans les réunions privées, art qui ne varie pas selon la petitesse ou la grandeur des sujets et dont le juste emploi ne fait pas moins d'honneur dans les choses légères que dans les choses importantes ? N'est-ce pas en ce sens que tu en as entendu parler ?

PHÈDRE

Non, par Jupiter, ce n'est pas tout à fait cela ; mais c'est surtout dans les tribunaux que règne l'art de parler et d'écrire ; on pratique aussi l'art de parler dans les assemblées du peuple. Je n'ai pas entendu dire qu'il s'étendît plus loin.

SOCRATE

Tu ne connais donc que les traités de rhétorique de Nestor et d'Ulysse, qu'ils composèrent dans leurs

---

(1) Ces enfants sont les discours qu'il a fait prononcer.

loisirs sous les murs d'Ilion, et tu n'as jamais entendu parler de ceux de Palamède ?

PHÈDRE

Non, par Jupiter, non plus que des traités de Nestor, à moins que tu n'ériges Gorgias en Nestor et Ulysse en Thrasymaque (1) ou en Théodore (2).

SOCRATE

XLIV. — Peut-être ; mais laissons-les de côté, et dis-moi, toi, dans les tribunaux, que font les parties adverses ? elles parlent contradictoirement, n'est-ce pas ?

PHÈDRE

C'est cela même.

SOCRATE

Sur le juste et l'injuste ?

PHÈDRE

Oui.

SOCRATE

N'est-il pas vrai que celui qui fait cela avec art fera paraître la même chose aux mêmes personnes, tantôt juste, tantôt injuste, à son gré ?

---

(1) Thrasymaque de Chalcédoine est un des interlocuteurs de Socrate dans la *République* de Platon. C'était un maître de rhétorique. Il s'attacha surtout à faire sentir l'importance du pathétique dans l'éloquence, soit dans des compositions oratoires dont nous avons quelques fragments, soit dans son *Traité de rhétorique*, soit surtout dans ses *Commisérations* (Ἔλεοι).

(2) Théodore de Byzance, son contemporain plus jeune, introduisit des distinctions nouvelles dans la composition des discours, et des procédés de raisonnement qui n'avaient pas encore été analysés. Il eut assez de réputation pour faire ombrage à Lysias, et le décider à chercher la gloire dans une autre voie, celle de l'éloquence judiciaire.

PHÈDRE

Sans doute.

SOCRATE

Et s'il parle au peuple, il lui fera paraître les mêmes choses tantôt bonnes, tantôt mauvaises ?

PHÈDRE

C'est vrai.

SOCRATE

Ne savons-nous pas que le Palamède d'Elée (1) parlait avec tant d'art qu'il faisait paraître à ses auditeurs les mêmes choses semblables ou dissemblables, unes ou multiples, en repos ou en mouvement?

PHÈDRE

Si.

SOCRATE

Ce n'est donc pas seulement dans les tribunaux et à l'assemblée du peuple que s'applique l'art de la controverse ; mais il y a, semble-t-il, un art unique qui s'applique à tout ce qu'on dit ; et cet art, s'il existe réellement, rend capable d'assimiler tout à tout dans tous les cas possibles, et lorsqu'un autre en fait autant, de faire éclater aux yeux sa supercherie.

PHÈDRE

Que veux-tu dire par là ?

SOCRATE

Suis mon raisonnement, je crois qu'il éclaircira la question. Est-il plus facile de faire illusion dans

(1) Zénon d'Elée, qui possédait une science universelle, comme Palamède.

les choses très différentes ou dans les choses peu différentes ?

PHÈDRE

Dans les choses peu différentes.

SOCRATE

Si tu veux changer de côté sans qu'on s'en aperçoive, n'y arriveras-tu pas mieux en te déplaçant à petits pas qu'à grands pas ?

PHÈDRE

Sans contredit.

SOCRATE

Il est donc nécessaire pour tromper les autres sans se laisser tromper soi-même de distinguer exactement la ressemblance et la différence des choses ?

PHÈDRE

C'est indispensable.

SOCRATE

Mais pourra-t-on, si l'on ignore la vraie nature de chaque chose, discerner si la chose qu'on ignore ressemble peu ou beaucoup aux autres ?

PHÈDRE

On ne le pourra pas.

SOCRATE

Donc, lorsqu'on a une opinion contraire à la vérité et qu'on s'est trompé, l'erreur provient évidemment de certaines ressemblances ?

PHÈDRE

C'est cela même.

SOCRATE

Est-il possible qu'on ait l'art de faire passer insensiblement les autres de ressemblance en ressemblance et de les amener dans tous les cas de la vérité à son contraire et d'éviter soi-même une telle erreur, si l'on ignore l'essence de chaque chose ?

PHÈDRE

Jamais.

SOCRATE

Ainsi, mon camarade, l'art des discours, quand on ignore la vérité et qu'on ne s'attache qu'à l'opinion, n'est, ce semble, qu'un art ridicule et sans valeur.

PHÈDRE

C'est à croire.

SOCRATE

XLV. — Eh bien ! dans le discours de Lysias que tu tiens à la main et dans ceux que j'ai prononcés, veux-tu que nous cherchions quelques exemples de choses qui, selon moi, sont étrangères ou conformes à l'art ?

PHÈDRE

Très volontiers ; car à présent la discussion est en quelque sorte nue, faute d'exemples appropriés.

SOCRATE

C'est vraiment un heureux hasard, semble-t-il, qui nous a fait prononcer deux discours propres à montrer par des exemples comment l'homme qui connaît le vrai fait, en se jouant de la parole, prendre le change à ceux qui l'écoutent. Pour moi, Phèdre, je rapporte cette chance aux dieux de cet endroit ; peut-être aussi ces interprètes des muses qui chantent sur nos têtes nous ont-elles soufflé cette heureuse inspiration ; car pour ma part je suis étranger à tout art oratoire.

PHÈDRE

Je veux bien le croire, puisque tu le dis ; mais explique ce que tu veux dire.

SOCRATE

Eh bien ! lis-moi le commencement du discours de Lysias.

PHÈDRE

« Tu connais mes sentiments : j'estime, je te l'ai dit, qu'il est de notre intérêt à tous deux que tu écoutes mes propositions, et je soutiens qu'il n'est pas juste de me refuser ce que je demande par la raison que je ne suis pas ton amant ; car les amants regrettent... »

SOCRATE

Arrête ; il faut expliquer en quoi Lysias se trompe et manque d'art, n'est-il pas vrai ?

PHÈDRE

Si.

SOCRATE

XLVI. — N'est-il pas évident pour tout le monde que, sur les matières comme celles que nous débattons, nous sommes tantôt d'accord, tantôt en désaccord ?

PHÈDRE

Je crois te comprendre ; cependant explique-toi plus clairement.

SOCRATE

Quand on prononce le mot de fer ou d'argent, n'en avons-nous pas tous la même idée ?

PHÈDRE

Assurément.

SOCRATE

Mais si l'on prononce le mot de juste ou de bon, les avis ne se partagent-ils pas, et ne sommes-nous pas en désaccord les uns avec les autres et avec nous-mêmes ?

PHÈDRE

C'est vrai.

SOCRATE

Il y a donc des choses où nous sommes d'accord, d'autres où nous ne le sommes pas ?

PHÈDRE

Oui.

SOCRATE

Maintenant de quel côté est-on le plus facile à tromper et dans quels sujets la rhétorique a-t-elle le plus de pouvoir ?

PHÈDRE

Evidemment dans ceux où l'opinion est flottante.

SOCRATE

Il faut donc, pour aborder l'art oratoire, distinguer d'abord méthodiquement ces sujets et saisir le caractère des deux espèces, celle où l'opinion de la foule est forcément flottante, et celle où elle ne l'est pas ?

PHÈDRE

Il est certain, Socrate, que saisir ce caractère serait une observation précieuse.

SOCRATE

Il faut ensuite, selon moi, en abordant un sujet, ne pas s'y jeter à l'aveugle, mais distinguer nettement à quelle espèce il appartient.

PHÈDRE

Sans doute.

SOCRATE

Et l'amour ? Le rangerons-nous parmi les matières à dispute, ou non ?

PHÈDRE

Sans nul doute, parmi les matières à dispute. Autrement penses-tu que tu aurais pu en dire ce que tu en as dit tout à l'heure, qu'il était un mal pour l'aimé et pour l'amant, puis qu'il était le plus grand des biens ?

SOCRATE

A merveille ; mais réponds encore à cette question ; car l'enthousiasme où j'étais a troublé la netteté de mes souvenirs : est-ce que j'ai défini l'amour en commençant mon discours ?

PHÈDRE

Oui, par Zeus, et merveilleusement.

SOCRATE

Oh ! oh ! c'est dire que les nymphes de l'Achéloüs et Pan, fils d'Hermès, sont bien supérieurs à Lysias, fils de Céphale, dans l'art des discours. Ou bien me trompé-je, et Lysias, en commençant à parler de l'amour, nous en a-t-il fait accepter la définition qu'il voulait, et y a-t-il rapporté toute la suite et la conclusion du discours qu'il a composé ? Veux-tu que nous en relisions le début ?

PHÈDRE

Si tu veux ; mais tu n'y trouveras pas ce que tu cherches.

SOCRATE

Lis, je désire l'entendre encore.

PHÈDRE

« Tu connais mes sentiments : j'estime, je te l'ai dit, qu'il est de notre intérêt à tous deux que tu écoutes mes propositions, et je soutiens qu'il n'est pas juste de me refuser ce que je demande par la raison que je ne suis pas ton amant ; car les amants regrettent le bien qu'ils ont fait, quand leur désir est éteint. »

SOCRATE

L'auteur est loin, ce me semble, de faire ce que nous demandons, puisqu'il part, non du commencement, mais de la fin, comme s'il remontait le courant du discours en nageant sur le dos, et qu'il débute par où finirait un amant parlant à son bien-aimé. Me trompé-je, Phèdre, mignonne tête ?

PHÈDRE

C'est justement la fin, Socrate, qui fait l'objet du discours.

SOCRATE

Et le reste ? Ne trouves-tu pas que toutes les idées du discours ont été jetées pêle-mêle ; te paraît-il que le second point doive être placé à la seconde place, plutôt que tel autre point ? Il m'a semblé à moi, dans mon ignorance, que l'auteur avait bravement couché sur le papier au fur et à mesure tout ce qui se présentait à son esprit. Distingues-tu, toi, quelque nécessité de composition qui lui ait fait aligner ses idées dans cet ordre ?

PHÈDRE

Tu es bien bon de me supposer capable de pénétrer si exactement les secrets d'un tel écrivain.

SOCRATE

Eh bien ! tu avoueras du moins, je pense, qu'un discours doit être constitué comme un être vivant, avec un corps qui lui soit propre et qui ait une tête et des pieds, un milieu et des extrémités, toutes parties bien proportionnées entre elles et avec l'ensemble.

PHÈDRE

Sans doute.

SOCRATE

Examine donc le discours de ton ami, et vois s'il est composé de cette manière ou s'il ne l'est pas. Tu trouveras qu'il ressemble exactement à l'épitaphe qui fut, dit-on, gravée en l'honneur de Midas, roi de Phrygie.

PHÈDRE

Quelle est cette épitaphe, et qu'a-t-elle de particulier ?

SOCRATE

La voici :

« Je suis une vierge d'airain ; je suis couchée sur le
[tombeau de Midas.
Tant que l'eau coulera et que les grands arbres ver-
[diront,
Fixée ainsi sur ce tombeau arrosé de larmes,
J'annoncerai aux passants que Midas a été enseveli
[dans ce lieu. »

On peut indifféremment placer n'importe quel vers à la première ou à la dernière place, tu le vois bien, n'est-ce pas ?

PHÈDRE

Tu te moques de notre discours, Socrate.

SOCRATE

XLVIII. — Laissons-le donc, pour ne pas te fâcher, bien qu'il contienne à mon avis beaucoup d'exemples qu'il y aurait profit à étudier, pour éviter avec soin de les imiter, et passons aux autres discours. Il s'y trouvait, je crois, une chose qu'il convient de considérer, si l'on veut se rendre compte de l'art de discourir.

PHÈDRE

Que veux-tu dire par là ?

SOCRATE

Ces discours étaient contradictoires ; car l'un soutenait qu'il faut accorder ses faveurs à l'amant, et l'autre au prétendant sans amour.

PHÈDRE

Et ils le soutenaient avec force.

SOCRATE

Je croyais que tu allais dire le mot juste : avec fureur. C'est justement ce que je cherchais, car nous avons dit que l'amour est une sorte de fureur ou de délire, n'est-ce pas ?

PHÈDRE

Oui.

SOCRATE

Et qu'il y a deux genres de délire : l'un, causé par des maladies humaines, l'autre par une impulsion divine qui nous jette hors de nos habitudes régulières.

PHÈDRE

C'est vrai.

SOCRATE

Et dans le délire divin nous avons distingué quatre espèces relevant de quatre dieux ; nous avons rapporté l'inspiration des prophètes à Apollon, celle des initiés à Dionysos, celle des poètes aux Muses, enfin celle des amants à Aphrodite et à Eros ; c'est la dernière que nous avons déclarée la meilleure. Et je ne sais comment, tandis que nous tracions l'image de la passion amoureuse, touchant peut-être à la vérité, peut-être aussi nous fourvoyant loin d'elle, et composant de cette manière un discours assez persuasif, nous avons fait, en nous jouant avec décence et piété, une sorte d'hymne mythique en l'honneur de ton maître et du mien, Phèdre, en l'honneur d'Eros qui veille sur les beaux jeunes gens.

PHÈDRE

Pour ma part, j'ai eu beaucoup de plaisir à l'entendre.

SOCRATE

XLIX. — Tirons-en donc un enseignement et voyons par quel chemin le discours a passé du blâme à l'éloge.

PHÈDRE

Comment cela ?

SOCRATE

A mon avis, tout le reste n'est en vérité que jeu ; mais, dans ces développements où le hasard nous a guidés, il y a deux procédés dont il serait intéressant d'étudier méthodiquement la vertu.

PHÈDRE

Lesquels ?

SOCRATE

C'est d'abord d'embrasser d'une seule vue et de ramener à une seule idée les notions éparses de côté et d'autre, afin d'éclaircir par la définition le sujet qu'on veut traiter. C'est ainsi que tout à l'heure nous avons défini l'amour ; notre définition a pu être bonne ou mauvaise ; en tout cas elle nous a permis de rendre notre discours clair et cohérent.

PHÈDRE

Mais le second procédé, Socrate, quel est-il ?

SOCRATE

Il consiste à diviser à nouveau l'idée en ses éléments, suivant ses articulations naturelles, en tâchant de n'y rien tronquer, comme ferait un boucher maladroit. C'est ce que nous avons fait dans les discours de tout à l'heure. Nous avons ramené le délire à une idée générale commune ; puis comme dans un seul corps il y a des couples de membres qui ont le même nom, ceux de gauche et ceux de droite, ainsi nos deux discours ont considéré d'abord le délire comme un genre unique, puis l'un, s'attaquant au côté gauche, l'a divisé et subdivisé sans s'arrêter, jusqu'à ce qu'il ait rencontré une sorte d'amour de gauche auquel il a dit justement son fait ; l'autre, nous conduisant sur la droite du délire, y a trouvé un amour du même nom que le premier, mais d'origine divine, qu'il a mis en lumière et loué comme l'auteur des plus grands biens pour l'humanité.

PHÈDRE

C'est très exact.

SOCRATE

L. — Voilà, Phèdre, de quoi je suis amoureux, moi : c'est des divisions et des synthèses ; j'y vois le moyen d'apprendre à parler et à penser. Et si je trouve quelque autre capable de voir les choses dans leur unité et leur multiplicité, voilà l'homme que je suis à la trace, comme un dieu. Ceux qui en sont capables, Dieu sait si j'ai tort ou raison de leur appliquer ce nom, mais enfin jusqu'ici je les appelle dialecticiens. Mais pour ceux qui ont étudié près de toi ou de Lysias, dis-moi, quel nom dois-je leur donner ? Serait-ce là cet art de la parole grâce auquel Thrasymaque et les autres sont devenus habiles à parler, et communiquent cette habileté à ceux qui veulent bien leur apporter des présents, comme à des rois ?

PHÈDRE

Ces hommes sont vraiment rois ; mais ils ignorent l'art dont tu parles. Au reste, tu as raison, je crois, de l'appeler dialectique ; mais il me semble que nous n'avons pas encore abordé la rhétorique.

SOCRATE

Comment dis-tu ? Y aurait-il en dehors de la dialectique quelque beau procédé que l'art peut s'approprier ? Gardons-nous bien, toi et moi, de le dédaigner, et disons en quoi consiste cette autre partie de la rhétorique.

PHÈDRE

Il y a beaucoup à dire, Socrate, s'il faut rapporter ce qui est dans les livres de rhétorique.

SOCRATE

LI. — Tu fais bien de m'y faire penser. D'abord il faut, je crois, qu'un exorde soit placé au commencement du discours. Ce sont ces sortes de choses, n'est-ce pas, que tu appelles les finesses de l'art ?

PHÈDRE

Oui.

SOCRATE

La seconde place est pour la narration, suivie des dépositions de témoins, la troisième pour la preuve, la quatrième pour les présomptions. On parle aussi de confirmation et de surconfirmation : c'est, je crois, l'habile artisan de discours qui nous vient de Byzance.

PHÈDRE

Tu veux parler de l'habile Théodore (1) ?

SOCRATE

Sans doute. Il enseigne aussi ce que doit être la réfutation et la postréfutation dans l'attaque et dans la défense. Donnons audience aussi à l'éminent Euénos (2) de Paros, l'inventeur de l'insinuation et des louanges détournées ; on dit qu'il a mis en vers la doctrine des blâmes indirects pour aider la mémoire : c'est un habile homme. Laisserons-nous dormir Tisias et Gorgias (3), eux qui ont découvert que le vraisemblable est bien supérieur au vrai, qui, par la force de leur parole, font paraître grand ce qui est petit et petit ce qui est grand, qui donnent aux choses nouvelles un air d'antiquité, aux choses antiques un air de nouveauté (4), et qui ont inventé les

(1) Cf. Aristote, *Rhét.*, III, 13 : « Il y aura donc, si l'on fait les distinctions pratiquées par Théodore et ses disciples, une narration, une postnarration et une avant-narration, une réfutation et une postréfutation. » Cf. aussi Cic., *Or.*, XII : « Les premiers qui traitèrent cette partie de l'art furent Thrasymaque de Chalcédoine et Gorgias de Léontini, puis Théodore de Byzance et plusieurs autres que dans le *Phèdre* Socrate appelle artisans de discours. Ils ont des phrases assez harmonieuses, mais menues, comme il est naturel pour des nouveautés à peine formées ; certaines resssemblent à de petits vers et sont trop enjolivées. »

(2) Euénos, poète et philosophe, né à Paros, fut, dit-on, un des maîtres de Socrate. Ses cours étaient payants et coûtaient cinq mines. Platon parle encore de lui dans le *Phédon* et dans l'*Apologie*.

(3) Tisias vint à Athènes avec Gorgias, comme ambassadeur des Léontins. Lysias suivit les leçons de Tisias, lors de son séjour à Thurii, où Tisias s'était retiré. Voici ce que Quintilien rapporte de ces rhéteurs au livre III, 1 de son *Institution oratoire* : « Les premiers qui ont écrit sur la rhétorique sont les Siciliens Tisias et Corax ; ils furent suivis de près par leur compatriote Gorgias de Léontini qui fut, dit-on, disciple d'Empédocle. Grâce à sa longévité — il vécut cent neuf ans — Gorgias fut en réputation pendant plusieurs générations ; aussi fut-il le rival de ceux dont j'ai parlé plus haut, et il se maintint jusque par-delà Socrate. » Cf. Cicéron, *Brutus*, 8 et 12.

(4) Cf. Isoc., *Panég.*, e, 1. « Telle est la nature de la parole qu'on peut interpréter les mêmes choses de plusieurs manières, rendre ce qui est grand petit, ajouter de la grandeur à ce qui est petit, exposer ce qui est ancien d'une manière nouvelle, et parler de choses nouvelles d'une manière antique. »

discours condensés ou amplifiés à l'infini sur n'importe quel sujet. Un jour que j'en parlais à Prodicos (1), il se mit à rire et déclara que lui seul avait trouvé la méthode exigée par l'art des discours et que ce n'était ni la prolixité, ni la concision, mais la juste mesure.

PHÈDRE

C'était sagement parler, Prodicos.

SOCRATE

Ne dirons-nous rien d'Hippias (2) ? Je pense que l'étranger d'Elis serait aussi de l'avis de Prodicos.

PHÈDRE

Assurément.

SOCRATE

Que dirons-nous des doctes officines d'expressions de Polos (3), du savant emploi qu'il fait des répétitions, des sentences, des figures, des mots à la Licymnios (4), présents que ce maître lui fit pour fabriquer de l'élégance.

(1) Prodicos, né à Iulis, dans l'île de Céos, fut condamné à boire la ciguë, quelque temps après Socrate. C'est un des interlocuteurs du *Protagoras*. Voyez ce dialogue.
(2) Hippias d'Elis, qui figure comme interlocuteur dans le *Protagoras* (voyez ce dialogue), a donné son nom à deux dialogues de Platon.
(3) Polos d'Agrigente, disciple de Licymnios, avait composé un traité intitulé Τὰ πέρισα. Sans doute la διπλασιολογία ou expression redoublée consistait en ἰσόκωλα (membres égaux) ou πέρισα (membres correspondants) où une partie des mots était identique, comme φιλόδωρος εὐμενείας, ἄδωρος δυσμενείας. Cf. Gorgias, p. 448 C où Polos lui-même se sert de ces artifices.
(4) Le scholiaste dit à propos de ce passage que Licymnios, maître de Polos, divisait les mots en mots propres, composés, frères, adjectifs et autres catégories.

PHÈDRE

Les procédés de Protagoras (1), Socrate, n'étaient-ils pas du même genre ?

SOCRATE

C'était une certaine propriété des termes, mon enfant, avec beaucoup d'autres belles choses.

Pour apitoyer par des lamentations sur la vieillesse et la pauvreté, l'art du puissant rhéteur de Chalcédoine (2) me paraît sans rival. Il est également capable de soulever les foules et d'apaiser leur colère par ses chants magiques, comme il disait, et il excelle à entasser et à détruire les accusations, d'où qu'elles viennent.

Quant à la fin du discours, il semble y avoir un accord unanime, qu'on l'appelle récapitulation ou qu'on lui donne un autre nom.

PHÈDRE

Tu veux parler du résumé final où l'on rappelle aux auditeurs ce qui a été dit.

SOCRATE

C'est cela. Vois-tu d'autres choses à dire sur l'art du discours ?

PHÈDRE

Je ne vois que des choses insignifiantes et qui ne valent pas la peine d'en parler.

---

(1) Protagoras d'Abdère (489-408 av. J.-C.), disciple de Démocrite, le plus illustre des sophistes avec Gorgias. Voir le dialogue qui porte son nom.
(2) Voyez la note sur Thrasymaque de Chalcédoine, page 217.

SOCRATE

Si elles sont insignifiantes, laissons-les de côté, et faisons voir sous un plus grand jour quelle est la puissance de l'art, et où elle se manifeste.

PHÈDRE

Cette puissance est immense, Socrate, du moins dans les assemblées populaires.

SOCRATE

Elle l'est en effet ; mais examine toi aussi, cher ami, si tu ne trouveras pas comme moi que la trame de leur art est bien lâche.

PHÈDRE

Explique-toi seulement.

SOCRATE

LII. — Dis-moi donc, si quelqu'un venait trouver ton ami Eryximaque ou son père Acoumène (1), et leur disait : « Je sais par l'emploi de certaines drogues échauffer ou refroidir à mon gré le corps, faire, si bon me semble, vomir ou évacuer par le bas, et produire quantité d'autres effets du même genre, et je prétends de ce chef être médecin et faire un médecin de tout homme à qui je transmettrai ces connaissances, que penses-tu qu'ils répondraient à ces prétentions ? »

PHÈDRE

Ils lui demanderaient à coup sûr s'il sait encore à qui et quand il faut appliquer chaque traitement, et à quelle dose.

---

(1) Voyez sur ces deux médecins *Phèdre*, p. 208, note 1, et le *Banquet*, notice, p. 334.

SOCRATE

Et s'il répliquait : « Je n'en sais absolument rien ; mais je prétends qu'un homme qui aura reçu mes leçons sera lui-même capable de faire ce que vous demandez ? »

PHÈDRE

Ils répondraient, je pense : « Cet homme est fou ; pour avoir appris dans quelque livre ou attrapé par hasard quelques petits remèdes, il s'imagine être médecin, bien qu'il n'entende rien à cet art. »

SOCRATE

Et si quelqu'un venait trouver Sophocle et Euripide et leur disait qu'il sait composer des tirades sans fin sur de petits sujets et traiter succinctement les grands sujets, manier à son gré la pitié ou, au contraire, la terreur et la menace et tous les sentiments du même genre, et qu'en enseignant cela il prétend enseigner la manière de faire une tragédie ?

PHÈDRE

M'est avis, Socrate, qu'ils lui riraient au nez, s'il s'imaginait que la tragédie n'est pas avant tout une composition harmonieuse où tous ces éléments s'accordent entre eux et avec l'ensemble.

SOCRATE

Mais ils se garderaient sans doute de le rudoyer grossièrement. Si un musicien rencontrait un homme qui se figure savoir l'harmonie, parce qu'il sait la manière de hausser ou de baisser le ton d'une corde, il ne lui dirait pas brutalement : « Pauvre homme, tu es hypocondre », mais il lui dirait avec la douceur propre au musicien : « Mon très cher, il faut savoir ce que tu sais, si l'on veut connaître l'harmonie ; mais on peut fort bien, au point où tu en es, ignorer totalement l'harmonie ; tu possèdes les notions indispensables pour aborder l'harmonie, mais l'harmonie, non pas. »

PHÈDRE

Rien de plus juste.

SOCRATE

De même Sophocle répondrait à son vantard qu'il connaît les notions préliminaires de l'art tragique, mais non l'art tragique, et Acoumène répondrait au sien qu'il connaît les notions préliminaires de la médecine, mais non la médecine.

PHÈDRE

Assurément.

SOCRATE

LIII. — Et si Adraste(1) à la voix de miel ou Périclès avaient entendu ce que nous venons de dire de ces beaux artifices, du style concis et figuré et des autres procédés que nous devions, disions-nous, examiner au grand jour, est-il à croire que, comme toi et moi, ils répondraient par un mot brutal et malhonnête à ceux qui ont écrit de ces artifices et qui les enseignent comme étant l'art oratoire ? ou, plus sages que nous,

---

(1) Allusion à un vers de Tyrtée, Frg., III, 8 : οὐδ' εἰ... γλῶσσαν δ' Ἀδρήστου μειλιχόγηρυν ἔχοι. Le même Adraste est représenté dans les *Suppliantes* d'Euripide comme un orateur éloquent. Mais les critiques pensent qu'en nommant Adraste, roi d'Argos, beau-père de Polynice, Platon pensait à Antiphon de Rhamnunte, surnommé Nestor à cause de sa voix plus douce que le miel (μέλιτος γλυκίων αὐδήν).

n'est-ce pas nous-mêmes qu'ils reprendraient ? O Phèdre, ô Socrate, diraient-ils, au lieu de vous fâcher, pardonnez plutôt à ceux qui, ne connaissant pas la dialectique, ont été impuissants à définir l'art oratoire. Dans leur ignorance, ils ont cru, parce qu'ils étaient en possession des préliminaires indispensables de l'art, avoir trouvé l'art de la parole, et, en enseignant ces préceptes à leurs disciples, ils pensent avoir parfaitement enseigné la rhétorique. Mais quant à l'art de disposer chacun de ces moyens en vue de la persuasion et d'ordonner le tout, ils l'ont tenu pour négligeable et ont cru que leurs disciples devaient le trouver tout seuls en composant leurs discours.

PHÈDRE

J'ai peur, Socrate, que l'art que ces maîtres donnent pour l'art oratoire dans leurs leçons et dans leurs écrits ne se borne à ce que tu dis, et je crois bien que tu as touché juste. Mais le véritable art de parler et de persuader, comment et où peut-on l'acquérir ?

SOCRATE

La perfection dans les luttes oratoires, Phèdre, est vraisemblablement, peut-être même nécessairement soumise aux mêmes conditions que dans les autres arts. Si la nature t'a doué du don de la parole, tu deviendras un orateur illustre, en y ajoutant la science et l'exercice ; mais s'il te manque une de ces choses, tu seras par là même imparfait. Pour ce qui est de l'art, ce n'est pas sur les traces de Lysias et de Thrasymaque qu'il faut marcher pour le chercher.

PHÈDRE

Quel chemin faut-il donc prendre ?

SOCRATE

Il y a, mon bon ami, des raisons de croire que de tous les orateurs Périclès a été le plus consommé dans son art.

PHÈDRE

Comment ?

SOCRATE

LIV. — C'est que tous les grands arts ne peuvent pas se passer de « ce bavardage et de ces spéculations de haut vol sur la nature (1) » ; car c'est de là que semblent bien venir la hauteur de l'esprit et l'aisance à s'élever jusqu'à la perfection : ce sont ces qualités que Périclès ajouta à ses dons naturels ; ayant trouvé dans Anaxagore l'homme de ces hautes spéculations, il en nourrit son esprit (2), pénétra la nature de ce qui est intelligent et de ce qui ne l'est pas, sujet qu'Anaxagore a si souvent traité, et il tira de là pour l'art oratoire ce qui s'y rapportait.

PHÈDRE

Que veux-tu dire par là ?

SOCRATE

Il en est sans doute de la rhétorique comme de la médecine.

---

(1) C'est le langage des ennemis de Socrate. Le mot μετεωρολογία fait songer aux Nuées ; il se retrouve d'ailleurs dans l'acte d'accusation de Mélitos.

(2) Cf. Cicéron, *Brutus*, XI, 44 : « Sed tunc fere Pericles, Xanthippi filius, de quo ante dixi, primus adhibuit doctrinam ; quæ quanquam tum nulla erat dicendi, tamen ab Anaxagora physico eruditus exercitationem mentis a reconditis abstrusisque rebus ad causas forenses popularesque facile traduxerat. » D'après Suidas et Philostrate, Périclès eut aussi pour maître Gorgias. Ici Platon ne juge Périclès qu'au point de vue de l'art ; dans le *Gorgias*, 515 D E, il lui reproche d'avoir gâté les Athéniens.

PHÈDRE

Comment ?

SOCRATE

Dans l'une et dans l'autre il faut analyser la nature, dans l'une la nature du corps, dans l'autre celle de l'âme, si, au lieu de se contenter de la routine et de l'expérience, on veut recourir à l'art, pour procurer au corps par les remèdes et la nourriture la santé et la force, et pour faire naître dans l'âme, par des discours et un entraînement vers la justice, la conviction qu'on veut y produire et la vertu.

PHÈDRE

Ce que tu dis, Socrate, est vraisemblable.

SOCRATE

Mais crois-tu qu'on puisse connaître suffisamment la nature de l'âme sans connaître la nature universelle ?

PHÈDRE

S'il faut en croire Hippocrate, descendant d'Asclépios, on ne peut pas même connaître la nature du corps sans ce moyen.

SOCRATE

Hippocrate a raison, mon camarade ; mais, outre Hippocrate, il faut encore consulter la raison et voir si elle est d'accord avec lui.

PHÈDRE

J'en conviens.

SOCRATE

LV. — Examine donc ce que disent sur la nature Hippocrate et la droite raison. Pour étudier la nature d'une chose, quelle qu'elle soit, ne faut-il pas s'y prendre de cette manière, c'est-à-dire se demander d'abord si la chose qu'on veut connaître méthodiquement et qu'on veut être capable d'enseigner aux autres, est simple ou multiple ; puis, si elle est simple, examiner ses propriétés, comment et sur quoi elle agit, comment et par quoi elle est affectée ; si, au contraire, elle comporte plusieurs espèces, les dénombrer et faire sur chacune le travail qu'on a fait sur la chose simple, voir en quoi et comment elle agit, en quoi et par quoi elle est affectée.

PHÈDRE

Apparemment, Socrate.

SOCRATE

En tout cas procéder autrement, c'est marcher à l'aveugle ; mais ce n'est pas le fait d'un aveugle ni d'un sourd que de traiter avec art une chose quelconque. Il est au contraire évident que si l'on enseigne à discourir avec art, on fera voir exactement ce qu'est la nature de l'objet auquel le disciple doit rapporter ses discours, et cet objet, c'est l'âme.

PHÈDRE

Sans nul doute.

SOCRATE

N'est-ce pas vers cet objet que tend tout son effort ? Il s'agit en effet d'y porter la persuasion, n'est-ce pas ?

PHÈDRE

Oui.

SOCRATE

Il est donc évident que Thrasymaque et tout autre qui veut enseigner sérieusement l'art oratoire devra d'abord décrire l'âme avec toute l'exactitude possible et montrer si, de sa nature, elle est une et identique, ou multiple comme le corps : car c'est cela que nous appelons montrer la nature des choses.

PHÈDRE

Parfaitement.

SOCRATE

En second lieu il décrira comment et sur quoi elle agit, comment et par quoi elle est affectée.

PHÈDRE

Sans doute.

SOCRATE

En troisième lieu, ayant classé les espèces de discours et d'âmes, et les affections de l'âme, il en passera en revue les causes, il appropriera chaque chose à celle qui lui correspond et enseignera quels discours et quelles causes produiront nécessairement la persuasion dans telle âme, et resteront sans effet sur telle autre.

PHÈDRE

On ne saurait mieux s'y prendre, à mon avis.

SOCRATE

Toute autre méthode d'explication ou d'exposition, soit orale, soit écrite, ne sera jamais la méthode de l'art, ni dans la matière qui nous occupe, ni dans aucune autre. Mais ceux qui ont de notre temps écrit des traités de rhétorique et que tu as entendus parler sont des fourbes qui dissimulent leur parfaite connaissance de l'âme. Aussi tant qu'ils ne parleront pas et n'écriront pas de la manière que j'entends, gardons-nous de croire qu'ils écrivent avec art.

PHÈDRE

Quelle manière entends-tu ?

SOCRATE

En parler dans les termes propres n'est pas chose facile. Cependant je veux bien te montrer, dans la mesure où j'en suis capable, comment il faut écrire pour écrire avec art.

PHÈDRE

Parle donc.

SOCRATE

LVI. — Puisque le propre du discours est de conduire les âmes, pour être un habile orateur, il faut savoir combien il y a d'espèces d'âmes ; or, il y en a un certain nombre, avec telles et telles qualités ; il y a par suite aussi tels et tels hommes. A ces distinctions correspondent respectivement autant d'espèces de discours, et c'est ainsi qu'il est facile de persuader tels hommes de telles choses par tels discours et par telle cause, tandis que tels autres résistent aux mêmes moyens de persuasion. Quand on s'est bien mis dans la tête ces distinctions, il faut en observer les effets dans la vie pratique et pouvoir les suivre vivement par la pensée ; autrement on n'est pas plus avancé que lorsque l'on était encore à l'école de ses maîtres. Mais lorsqu'on est à même de juger par quels discours tel homme peut être persuadé et qu'on peut, à la vue d'un individu, le pénétrer et se dire : Voilà l'homme, voilà le caractère dont on m'a fait leçon jadis ; il est là devant moi, et il faut lui appliquer des discours de telle sorte pour lui persuader telle chose ; quand on est maître de tous ces moyens, qu'on sait en outre discerner les occasions de parler ou de se taire, d'être concis, émouvant, véhément, et s'il est à propos ou mal à propos de recourir à telle espèce de discours, apprise à l'école, alors on aura atteint la pleine perfection de l'art ; auparavant, non pas. Mais si, soit en parlant, soit en enseignant, soit en écrivant, l'on manque à remplir quelqu'une de ces conditions, on aura beau prétendre parler avec art : on ne sera pas cru, et ce sera justice. Mais quoi ! dira peut-être notre auteur (1), pensez-vous, toi, Phèdre, et toi, Socrate, qu'il faille donner son suffrage à cette façon d'enseigner l'art oratoire ou le réserver à quelque autre ?

PHÈDRE

Il est impossible, Socrate, d'en adopter une autre, bien que ce soit, semble-t-il, une rude tâche.

SOCRATE

C'est vrai ; aussi faut-il mettre sens dessus dessous tous les traités pour voir si nous ne découvrirons pas une route plus facile et plus courte qui nous mène à l'art ; ce serait sottise de nous engager dans les détours d'une route longue et âpre, quand nous pouvons en prendre une courte et unie. Mais si tu peux

---

(1) L'auteur auquel Socrate s'est substitué pour tracer le cadre d'un vrai traité de rhétorique.

trouver de quoi nous aider dans les leçons que tu as entendu faire à Lysias ou à quelque autre, essaye de t'en souvenir et de me le rapporter.

PHÈDRE

Essayer, je le puis ; mais y réussir instantanément, c'est autre chose.

SOCRATE

Veux-tu que je te rapporte, moi, certain discours que j'ai entendu tenir à des gens versés dans ces matières ?

PHÈDRE

Certainement.

SOCRATE

On dit, Phèdre, qu'il est juste de plaider même la cause du loup.

PHÈDRE

Eh bien ! fais-le, toi aussi.

SOCRATE

LVII. — Ils disent donc qu'il ne faut pas attacher tant d'importance à notre méthode ni remonter si haut par tant de détours ; car il est bien certain, comme nous l'avons dit au début de cet entretien, qu'il n'est pas nécessaire, pour être bon orateur, de connaître la vérité sur la justice et la bonté des choses et des hommes et de savoir si ces qualités sont naturelles ou acquises ; dans les tribunaux en effet on ne s'inquiète pas le moins du monde de dire la vérité, mais de persuader, et la persuasion relève de la vraisemblance : c'est à la vraisemblance que l'on doit s'appliquer, si l'on veut parler avec art. Il y a même des cas où il faut se garder d'exposer les faits comme ils se sont passés : c'est quand ils sont contraires à la vraisemblance ; il faut alors les réduire au vraisemblable, aussi bien dans la défense que dans l'attaque. Enfin, en général, l'orateur doit s'attacher au vraisemblable et envoyer promener le vrai. La vraisemblance, soutenue d'un bout à l'autre du discours, voilà ce qui constitue tout l'art oratoire.

PHÈDRE

C'est bien cela, Socrate : tu as rapporté exactement ce que disent ceux qui se donnent pour les maîtres de l'art oratoire. Je me rappelle en effet que nous avons brièvement touché ce point, et qu'il est de première importance pour ceux qui s'occupent de ces matières.

SOCRATE

Mais à coup sûr, tu as pratiqué Tisias lui-même avec une attention minutieuse. Que Tisias nous dise donc encore si par le vraisemblable il entend autre chose que ce qui semble vrai à la multitude.

PHÈDRE

Pourrait-il entendre autre chose ?

SOCRATE

Ayant découvert, semble-t-il, cette ingénieuse règle de l'art, il a écrit que, si un homme faible et courageux est traduit en justice pour avoir battu un homme fort et lâche et lui avoir enlevé son manteau ou quelque autre objet, ni l'un ni l'autre ne doit dire la vérité ; mais que le lâche doit affirmer que le brave n'était pas seul à le battre, et le brave essayer de prouver qu'ils étaient tous deux seuls et recourir à un argument comme celui-ci : Comment moi, si faible, aurais-je attaqué un homme si fort ? De son côté, l'autre, loin d'avouer sa lâcheté, essayera quelque autre mensonge qui peut-être fournira à son adversaire l'occasion de le confondre. Tout le reste est du même acabit, et voilà ce qu'ils appellent parler avec art. N'est-ce pas vrai, Phèdre ?

PHÈDRE

Si.

SOCRATE

Ah ! c'était un habile homme que l'inventeur de cet art mystérieux, que ce soit Tisias ou un autre, quel qu'il puisse être et quel que soit le nom qu'il se pique de porter. Mais, mon camarade, ne dirons-nous pas à cet habile homme... ?

PHÈDRE

Quoi ?

SOCRATE

LVIII. — Ceci : Bien avant ton entrée en scène, Tisias, nous disions justement que cette vraisemblance s'impose à la foule précisément par sa ressemblance à la vérité, et nous faisions voir tout à l'heure que, quand on possède la vérité, on sait fort bien découvrir ces ressemblances en toutes circonstances. Si donc tu as quelque autre chose à dire sur l'art oratoire, nous t'écouterons volontiers ; sinon, nous nous en tiendrons aux principes que nous avons posés, que si l'on n'a pas fait un dénombrement exact des caractères des auditeurs, si l'on n'a pas divisé les choses en espèces, et si l'on n'est pas capable de ramener chaque idée particulière à une idée générale, on n'atteindra jamais la perfection de l'art oratoire, dans la mesure où elle est accessible à l'homme. Mais cette perfection, on ne saurait l'acquérir sans un immense labeur, et, si le sage en assume la peine, ce ne sera pas pour parler aux hommes et traiter avec eux, mais pour se mettre en état, autant qu'il dépend de lui, de plaire aux dieux par ses paroles, et de leur plaire en toute sa conduite ; car un homme de sens ne doit pas, Tisias, c'est l'opinion de gens plus sages que nous, s'étudier à plaire à ses compagnons d'esclavage, sinon en passant, mais à de bons et nobles maîtres. Aussi tu ne dois pas t'étonner si le circuit est long ; au rebours de ce que tu crois, c'est à un but sublime que doivent aboutir ces détours. D'ailleurs, comme notre discussion l'a fait voir, en atteignant ce but sublime, on atteint du même coup, si l'on veut, l'art oratoire.

PHÈDRE

C'est parfait, Socrate, à condition qu'on puisse atteindre ce but.

SOCRATE

Quand on poursuit les belles choses, il est beau d'affronter toutes les souffrances.

PHÈDRE

Certainement.

SOCRATE

En voilà assez sur l'art et le défaut d'art des discours. Il nous reste à examiner la convenance ou l'inconvenance qu'il peut y avoir à écrire, et la manière de le faire suivant ou contre la décence, n'est-ce pas ?

PHÈDRE

Oui.

SOCRATE

LIX. — Sais-tu à propos des discours quelle est la manière de faire ou de parler qui est la plus agréable aux dieux ?

PHÈDRE

Pas du tout, et toi ?

SOCRATE

Je puis te rapporter une tradition des anciens : les anciens connaissent la vérité. Si nous pouvions la trouver par nous-mêmes, est-ce que nous nous préoccuperions encore des opinions des hommes ?

PHÈDRE

Plaisante question ! Mais rapporte ta tradition.

SOCRATE

J'ai donc ouï dire qu'il y avait près de Naucratis en Egypte un des anciens dieux de ce pays à qui les Egyptiens ont dédié l'oiseau qu'ils appellent ibis ; ce démon porte le nom de Theuth ; c'est lui qui inventa la numération et le calcul, la géométrie et l'astronomie, le trictrac et les dés et enfin l'écriture. Thamous régnait alors sur toute la contrée, dans la grande ville de la haute Egypte que les Grecs nomment Thèbes l'égyptienne, comme ils appellent

Ammon le dieu-roi Thamous (1). Theuth vint trouver le roi ; il lui montra les arts qu'il avait inventés et lui dit qu'il fallait les répandre parmi les Egyptiens. Le roi demanda à quel usage chacun pouvait servir ; le dieu le lui expliqua et selon qu'il lui paraissait avoir tort ou raison, le roi le blâmait ou le louait. On dit que Thamous fit à Theuth beaucoup d'observations pour ou contre chaque art. Il serait trop long de les relever. Mais quand on en vint à l'écriture : « L'enseignement de l'écriture, ô roi, dit Theuth, accroîtra la science et la mémoire des Egyptiens ; car j'ai trouvé là le remède de l'oubli et de l'ignorance ». Le roi répondit : « Ingénieux Theuth, tel est capable de créer les arts, tel autre de juger dans quelle mesure ils porteront tort ou profit à ceux qui doivent les mettre en usage : c'est ainsi que toi, père de l'écriture, tu lui attribues bénévolement une efficacité contraire à celle dont elle est capable ; car elle produira l'oubli dans les âmes en leur faisant négliger la mémoire (2) : confiants dans l'écriture, c'est du dehors, par des caractères étrangers, et non plus du dedans, du fond d'eux-mêmes qu'ils chercheront à susciter leurs souvenirs ; tu as trouvé le moyen, non pas de retenir, mais de renouveler le souvenir, et ce que tu vas procurer à tes disciples, c'est la présomption qu'ils ont la science, non la

(1) Le texte dit simplement ils appellent Ammon le dieu. Il est évident que ce dieu est le roi Thamous, comme l'indiquent au chapitre suivant les mots τὴν Ἄμμωνος μαντείαν ἀγνοοίη, qui rappellent ce que dit ici Thamous.
(2) C'est pour la même raison que les druides n'écrivaient pas leur doctrine et ne la transmettaient qu'oralement. Cf. César, VI, 4. Quintilien rappelle ce passage de Platon dans son Institution oratoire, XI, 2-9, et Sénèque, Ép., 88, 28, dit : Certior est memoria quæ nullum extra se subsidium habet. L'idée semble remonter à l'école de Pythagore.

science elle-même ; car, quand ils auront beaucoup lu sans apprendre, ils se croiront très savants, et ils ne seront le plus souvent que des ignorants de commerce incommode, parce qu'ils se croiront savants sans l'être.

PHÈDRE

Il t'en coûte peu, Socrate, à faire des discours égyptiens ; tu en ferais, si tu voulais, de n'importe quel pays du monde.

SOCRATE

Mon ami, les prêtres du temple de Zeus à Dodone ont affirmé que c'est d'un chêne que sortirent les premières divinations. Les gens de ce temps-là, qui n'étaient pas savants comme vous, jeunes gens, écoutaient fort bien dans leur simplicité un chêne ou une pierre, si le chêne ou la pierre disaient la vérité ; mais toi tu veux savoir sans doute le nom de l'orateur et son pays d'origine, et tu ne te contentes pas de savoir si ce qu'il dit est vrai ou faux.

PHÈDRE

Tu as raison de me reprendre, et je me range sur l'écriture à l'avis du Thébain.

SOCRATE

LX. — Ainsi donc celui qui pense laisser après lui un art consigné dans un livre, comme celui qui le recueille dans la pensée qu'il sortira de cette écriture un enseignement clair et durable, fait preuve d'une grande simplicité, et il ignore à coup sûr l'oracle d'Ammon, s'il pense que des discours écrits sont quelque chose de plus qu'un memento qui rappelle à celui qui les connaît déjà les choses traitées dans le livre.

PHÈDRE

C'est très juste.

SOCRATE

C'est que l'écriture, Phèdre, a un grave inconvénient, tout comme la peinture. Les produits de la peinture sont comme s'ils étaient vivants ; mais pose-leur une question, ils gardent gravement le silence. Il en est de même des discours écrits. On pourrait croire qu'ils parlent en personnes intelligentes, mais demande-leur de t'expliquer ce qu'ils disent, ils ne répondront qu'une chose, toujours la même. Une fois écrit, le discours roule partout et passe indifféremment dans les mains des connaisseurs et dans celles des profanes, et il ne sait pas distinguer à qui il faut, à qui il ne faut pas parler. S'il se voit méprisé ou injurié injustement, il a toujours besoin du secours de son père ; car il n'est pas capable de repousser une attaque et de se défendre lui-même.

PHÈDRE

C'est également très juste.

SOCRATE

Mais si nous considérions un autre genre de discours, frère germain de l'autre, et si nous examinions comment il naît, et combien il est meilleur et plus efficace que lui ?

PHÈDRE

Quel discours ? et comment naît-il ?

SOCRATE

Celui qui s'écrit avec la science dans l'âme de celui qui étudie, qui est capable de se défendre lui-même, qui sait parler et se taire suivant les personnes.

PHÈDRE

Tu veux parler du discours de celui qui sait, du discours vivant et animé, dont le discours écrit n'est à proprement parler que l'image.

SOCRATE

LXI. — C'est cela même ; mais, dis-moi, si un laboureur sensé avait des graines auxquelles il tînt et dont il voulût avoir des fruits, irait-il sérieusement les semer en été dans les jardins d'Adonis(1), pour avoir le plaisir de les voir fleurir en huit jours, et, s'il le faisait, ne serait-ce pas en manière d'amusement et à l'occasion d'une fête ? Mais pour celles auxquelles il s'intéresserait sérieusement, ne suivrait-il pas les règles de l'agriculture, semant en terrain convenable, et se contentant de voir ses plantes arriver à maturité huit mois après ?

PHÈDRE

C'est bien ce qu'il ferait, Socrate, soit pour des semailles sérieuses, soit pour des semailles d'agrément comme tu disais.

SOCRATE

Et l'homme qui a la science du juste, du beau et du

---

(1) C'étaient des vases ou des corbeilles où l'on faisait éclore des fleurs vitement, pour en orner le temple d'Adonis, le jour de la fête de ce demi-dieu. Cf. Théocrite, *Idylle*, XV, 113-114 : « A côté se trouvaient de tendres jardins tenus dans des corbeilles d'argent. » Le poète décrit dans cette pièce une fête d'Adonis dans le palais de Ptolémée.

bien sera-t-il, selon nous, moins sensé que le laboureur dans l'emploi de ses grains ?

PHÈDRE

Non certes.

SOCRATE

Il n'ira donc pas sérieusement écrire ce qu'il sait dans l'eau (1), il ne le sèmera pas avec l'encre et la plume en des discours incapables de parler pour se défendre eux-mêmes, incapables même d'enseigner suffisamment la vérité ?

PHÈDRE

Ce n'est pas probable.

SOCRATE

Assurément non ; mais ce sera sans doute pour son amusement qu'il sèmera dans les jardins de l'écriture et qu'il écrira, si jamais il écrit. Amassant ainsi un trésor de souvenirs pour lui-même, quand la vieillesse oublieuse sera venue, et pour tous ceux qui marcheront sur ses traces, il prendra plaisir à voir pousser les plantes délicates de ses jardins, et, tandis que les autres rechercheront d'autres divertissements et s'adonneront à des banquets et autres passe-temps du même genre, lui, répudiant ces plaisirs, passera sans doute sa vie dans l'amusement dont je viens de parler (2).

(1) Ecrire dans l'eau se disait en manière de proverbe pour faire un travail inutile.
(2) Cf. Cicéron, *Pour Archias*, VI, 13. « Qui donc pourrait me blâmer, qui pourrait se choquer à juste titre, si les moments que les autres accordent à leurs affaires, à la célébration des jeux aux jours de fête, à d'autres plaisirs, au délassement même de l'esprit et du corps, si le temps que d'autres consacrent aux longs festins, aux dés enfin ou à la paume, je le consacre, moi, à reprendre ces études. »

PHÈDRE

C'est un bien beau passe-temps, Socrate, à côté des mesquines distractions des autres, que celui de l'homme capable de se jouer en des discours et de composer des allégories sur la justice et les autres belles choses dont tu as parlé.

SOCRATE

C'est bien vrai, mon cher Phèdre ; mais il est, à mon avis, une manière bien plus belle encore de s'occuper de ces choses : c'est, quand on a trouvé une âme qui s'y prête, d'y planter et d'y semer avec la science, selon les règles de la dialectique, des discours capables de se défendre eux-mêmes et aussi celui qui les a semés, et qui, au lieu de rester stériles, portent une semence qui donnera naissance en d'autres âmes à d'autres discours, lesquels assureront à la semence toujours renouvelée l'immortalité, et rendront ses dépositaires aussi heureux qu'on peut l'être sur terre.

PHÈDRE

Oui, cette manière est en effet beaucoup plus belle.

SOCRATE

LXII. — Ces principes admis, nous pouvons à présent, Phèdre, nous prononcer sur la question.

PHÈDRE

Laquelle ?

SOCRATE

Celle dont l'examen nous a conduits au point où nous sommes. Nous voulions examiner si Lysias méritait des reproches pour avoir écrit des discours, et quels sont en général les discours qui relèvent ou ne relèvent pas de l'art. Il me semble que nous avons suffisamment expliqué ce qui est conforme à l'art et ce qui ne l'est pas.

PHÈDRE

C'est ce qu'il m'a semblé aussi ; mais rafraîchis un peu mes souvenirs.

SOCRATE

Tant qu'on ne connaîtra pas la vérité sur chacune des choses dont on parle ou écrit, qu'on ne sera pas capable de définir la chose en elle-même, qu'on ne saura pas, après l'avoir définie, la diviser en espèces jusqu'à ce qu'on arrive à l'indivisible ; tant qu'on n'aura pas de même pénétré la nature de l'âme, reconnu l'espèce de discours qui convient à chaque nature, et disposé et ordonné son discours en conséquence, offrant à une âme complexe des discours complexes, ajustés de tout point à ses exigences, et à une âme simple des discours simples, jamais on ne sera capable de manier l'art oratoire aussi parfaitement que le comporte la nature du discours, ni pour enseigner, ni pour persuader, comme nous l'avons fait voir dans tout ce qui précède.

PHÈDRE

C'est absolument ce qui nous a paru.

SOCRATE

LXIII. — Quant à savoir s'il est beau ou honteux de prononcer et d'écrire des discours et dans quel cas l'on a tort ou raison d'en faire un grief à l'auteur, ce que nous avons dit tout à l'heure ne suffit-il pas à montrer...

PHÈDRE

Quoi ?

SOCRATE

Que si Lysias ou tout autre a jamais écrit ou vient à écrire sur une question d'intérêt privé ou public, en faisant des lois et en composant à cette occasion un écrit politique, et s'il pense y avoir mis une grande solidité et une grande clarté, ses écrits ne rapporteront à leur auteur que de la honte, qu'on en convienne ou non ; car son ignorance absolue du juste et de l'injuste, du mal et du bien, est une véritable honte à laquelle il ne saurait échapper, fût-il couvert des applaudissements universels de la multitude.

PHÈDRE

Il ne le saurait en effet.

SOCRATE

Mais celui qui pense qu'un discours écrit, quel qu'en soit le sujet, est nécessairement à beaucoup d'égards un badinage, et que jamais discours en vers ou en prose, écrit ou prononcé, ne mérite qu'on en fasse grand cas, non plus que de ces discours que les rhapsodes récitent pour captiver les auditeurs, sans les admettre à discuter ni les instruire, et qu'en réalité les meilleurs discours ne sont que des mementos pour ceux qui savent ; qu'au contraire les discours faits pour être étudiés, prononcés pour l'instruction des auditeurs et véritablement écrits dans leur âme, avec le juste, le beau et le bien pour sujet, sont les seuls qui soient clairs, solides et dignes de considération ; qu'il faut regarder de tels discours comme les fils légitimes de leur auteur, d'abord ceux qui vivent en lui et sont le produit de son esprit, puis ceux qui, fils ou frères de ceux-là, sont nés les uns dans telles âmes, les autres dans telles autres, sans démériter : cet homme-là, s'il n'a cure des autres sortes de discours, pourrait bien être celui que toi et moi nous souhaiterions d'être.

PHÈDRE

Pour ma part je le souhaite de tout mon cœur et je le demande aux dieux.

SOCRATE

LXIV. — Finissons : c'est assez nous jouer sur l'art de la parole, et toi, va retrouver Lysias et dis-lui qu'étant descendus tous deux au ruisseau et à la retraite des muses, nous avons entendu des discours où l'on faisait savoir à Lysias et à tous ceux qui composent des discours, à Homère et à tous ceux qui ont composé des poèmes chantés ou non chantés, et enfin à Solon et à tous les orateurs politiques qui sous le nom de lois ont rédigé des écrits, que si, en composant ces ouvrages, ils ont connu la vérité, s'ils peuvent en venir à la discussion et défendre ce qu'ils ont écrit, et si l'orateur en eux est capable de faire pâlir l'auteur, ce n'est point leur activité d'écrivain, mais le souci de la vérité qui leur vaudra leur nom.

PHÈDRE

Quels sont les noms que tu leur donnes ?

SOCRATE

Le nom de sage, Phèdre, me semble bien sublime

et ne convient qu'à Dieu ; celui d'ami de la sagesse ou tel autre semblable leur conviendrait mieux et s'accorderait mieux à leur faiblesse.

PHÈDRE

C'est très juste.

SOCRATE

En revanche celui qui n'a rien en lui de plus précieux que ce qu'il a composé ou écrit à force de temps, en mettant son esprit à la torture, en ajoutant et retranchant pièce à pièce, tu l'appelleras, comme il le mérite, poète, faiseur de discours, rédacteur de lois.

PHÈDRE

Oui.

SOCRATE

Va donc redire cela à ton ami.

PHÈDRE

Mais toi, que vas-tu faire ? car ton ami non plus ne doit pas être oublié.

SOCRATE

Quel ami ?

PHÈDRE

Le bel Isocrate ; que lui diras-tu, Socrate, et quel nom lui donnerons-nous ?

SOCRATE

Isocrate est encore jeune, Phèdre ; cependant je veux te dire ce que j'augure de lui.

PHÈDRE

Voyons.

SOCRATE

Il me semble qu'il est trop bien doué par la nature pour que l'on compare son éloquence à celle de Lysias, et qu'il est aussi fait d'une étoffe plus noble. Aussi je ne m'étonnerais pas si, avec l'âge, dans le genre de discours qu'il cultive à présent, il prenait sur tous ceux qui ont jamais mis la main à un discours plus d'avantage qu'un homme fait n'en a sur un enfant, et, si cet art ne lui suffisait plus, qu'un instinct divin ne le poussât à des œuvres plus hautes ; car il a dans l'esprit l'amour de la sagesse (1). Voilà ce que je rapporterai de la part des dieux de ces rivages à mon bien-aimé Isocrate ; de ton côté répète à ton cher Lysias ce que nous avons dit.

PHÈDRE

Je le ferai ; mais partons, puisque la chaleur s'est adoucie.

SOCRATE

Il serait bien de faire une prière avant de partir.

PHÈDRE

C'est vrai.

SOCRATE

Cher Pan, et vous, divinités de ces lieux, donnez-moi la beauté intérieure, et que l'extérieur soit en

---

(1) Cicéron a traduit ce passage dans l'*Orator*, ch. XIII ; voici sa traduction : « Adulescens etiam nunc, o Phædre, Isocrates est ; sed quid de illo augurer lubet dicere. — Quid tandem ? inquit ille. — Majore mihi ingenio videtur esse, quam ut cum orationibus Lysiæ comparetur ; præterea ad virtutem major indoles, ut minime mirum futurum sit, si, cum ætate processerit, aut in hoc orationum genere, cui nunc studet, tantum quantum pueris, reliquis præstet omnibus qui unquam orationes attigerunt ; aut si contentus his non fuerit, divino aliquo animi motu majora concupiscat ; inest enim natura philosophia in hujus viri mente quædam. »

harmonie avec l'intérieur ; que le sage me paraisse toujours riche, que j'aie juste autant d'or que le sage seul peut en emporter avec lui. Avons-nous quelque autre chose à demander, Phèdre ? Pour moi, je n'ai rien à ajouter à ma prière.

PHÈDRE

Fais les mêmes vœux pour moi ; car tout est commun entre amis.

SOCRATE

Allons-nous-en.

NOTICE SUR LE BANQUET

Le *Banquet* est quelquefois désigné sous le nom de *Discours sur l'amour*. C'est en effet une suite de discours qui furent censés tenus au banquet donné par le poète Agathon, quand il remporta le prix au concours de tragédie, avec son premier ouvrage (416 av. J.-C.).

Un ami d'Apollodore, disciple de Socrate, le prie de raconter ce qui s'était dit à ce banquet. Justement quelques jours auparavant un certain Glaucon lui avait déjà fait la même demande : il se trouvait donc bien préparé à faire le récit de cet entretien. Ce n'est pas qu'il eût pris part lui-même au banquet, lequel remontait à quelque seize années plus tôt ; mais il avait été renseigné par un disciple fidèle de Socrate, Aristodème, et, en questionnant Socrate lui-même sur certains détails, il s'était convaincu de la véracité et de l'exactitude du narrateur. Or voici ce que racontait Aristodème.

Socrate, se rendant à l'invitation d'Agathon, rencontre Aristodème et l'engage à l'accompagner. Aristodème se laisse emmener ; mais, pendant le trajet, Socrate s'arrête, absorbé dans une méditation profonde, et le laisse entrer seul chez Agathon. C'est en vain qu'on l'appelle : il ne viendra que lorsqu'il aura trouvé ce qu'il cherche. Il arrive en effet au milieu du souper, et prend place à la droite d'Agathon. Le repas fini,

Pausanias et Aristophane, qui ont déjà fêté la veille le triomphe d'Agathon, déclarent qu'ils veulent se ménager et boire avec modération. Profitant de ces dispositions, le médecin Eryximaque, partisan de la tempérance, propose de renvoyer la joueuse de flûte et de lier quelque conversation. « Mon ami Phèdre, dit-il, s'indigne qu'aucun poète n'ait encore fait l'éloge de l'Amour, un si grand dieu ! Si vous voulez, nous paierons à ce dieu le tribut de louanges qu'il mérite, et chacun de nous fera un discours en son honneur. » Socrate, qui fait profession de ne savoir que l'amour, accepte la proposition en son nom et au nom de toute la compagnie. C'est Phèdre qui commencera.

L'Amour, dit-il, est le plus ancien des dieux ; car on ne lui connaît ni père, ni mère. C'est aussi le dieu qui fait le plus de bien aux hommes ; car il leur inspire la honte du mal et l'émulation du bien. Un amant en effet n'oserait s'avilir par une mauvaise action devant celui qu'il aime, de sorte qu'un Etat composé d'amants et d'aimés serait le plus vertueux de tous.

L'amour inspire encore le courage et le dévouement, vertus qui sont récompensées par les dieux, témoin Alceste qu'ils ont rendue à la vie, et Achille qu'ils ont placé dans le séjour des bienheureux, tandis qu'Orphée, qui n'eut pas le courage de mourir, en a été puni par les femmes de Thrace. « Je conclus, dit Phèdre, que de tous les dieux l'Amour est le plus ancien, le plus auguste et le plus capable de rendre l'homme vertueux et heureux durant sa vie et après sa mort. »

Pausanias prend ensuite la parole. Il commence par critiquer le discours de Phèdre. — Phèdre, dit-il, a parlé comme s'il n'y avait qu'un seul Amour ; mais, comme il y a deux Aphrodites, une céleste et une populaire, il y a aussi deux Amours, dont il faut distinguer les fonctions, si l'on veut les louer suivant leurs mérites. L'Amour de l'Aphrodite populaire, qui s'attache au corps sans distinction de sexe, plutôt qu'à l'âme, n'inspire que des actions basses. Mais l'Amour de l'Aphrodite céleste, qui s'attache au sexe masculin, naturellement plus fort et plus intelligent, forme les belles liaisons qui durent toute la vie. Ce sont les sectateurs de l'Amour populaire qui ont jeté le discrédit sur cette sorte d'amour.

L'opinion sur ce point diffère d'ailleurs suivant les pays. Dans tous les Etats grecs, à l'exception d'Athènes (1), l'opinion est simple. En Elide, en Béotie on approuve le commerce des amants tout bonnement par pauvreté d'esprit, parce qu'on ignore l'art de gagner les cœurs par les paroles. En Asie et chez les barbares, on le proscrit, parce qu'il est dangereux pour les tyrans, comme le prouve l'exemple de Harmodios et d'Aristogiton. A Athènes, l'opinion est complexe. On applaudit à toutes les folies de l'amour, et cependant les parents veillent avec un soin jaloux sur leurs enfants, pour les empêcher de causer avec ceux qui les recherchent. D'où vient cette anomalie ? C'est que l'amour n'est de soi ni beau ni laid ; il est beau, si l'on aime suivant les règles de l'honnêteté ; il est laid, si l'on aime contre ces règles. Or il est déshonnête d'accorder ses faveurs à un homme vicieux et pour de mauvais motifs ; mais il est beau de se donner à un homme vertueux, pour se perfectionner par son secours dans la vertu.

Un hoquet malencontreux empêchant Aristophane de parler, Eryximaque prend sa place, non sans lui avoir copieusement indiqué les remèdes propres à l'en

---

(1) Le texte ajoute : « et de Lacédémone » ; mais l'authenticité de cette addition est contestée.

débarrasser. Eryximaque, qui est versé dans la médecine et dans les sciences naturelles, essaye d'établir que l'Amour étend son empire non-seulement sur l'âme de l'homme, mais sur toute la nature animée et inanimée. Ici la définition de l'amour s'élargit : il devient l'union et l'harmonie des contraires, et il comporte la même dualité que l'amour humain. La médecine en fournit un premier exemple. Le corps contient des parties saines et des parties malades qui ont des désirs et des amours différents : il est beau de céder à ce qui est sain et bon, honteux de complaire à ce qui est malade et dépravé. La médecine est la science de l'amour dans les corps, relativement à la réplétion et à l'évacuation, et l'habile médecin est celui qui sait établir l'harmonie entre les contraires, comme le froid et le chaud, le sec et l'humide, l'amer et le doux.

La gymnastique et l'agriculture sont également soumises à l'amour. La musique est la science de l'amour relativement à l'harmonie et au rythme ; car c'est l'amour qui, d'éléments opposés, comme le grave et l'aigu, les longues et les brèves, produit l'harmonie et le rythme. Dans la constitution de l'harmonie et du rythme, il n'y a pas de place pour les deux amours ; mais on les retrouve dans l'application, c'est-à-dire dans la composition et dans l'éducation : ici l'artiste doit cultiver l'amour élevé et répudier l'amour vulgaire.

En astronomie, les effets de l'amour réglé se révèlent dans l'heureuse harmonie des éléments climatériques, qui produit la fertilité, et ceux de l'amour déréglé dans les pestes, les maladies des plantes, les gelées. L'astronomie est la science de l'amour en ce qui regarde les mouvements des astres et les saisons de l'année.

Enfin la religion et la divination nous apprennent à choisir le meilleur amour vis-à-vis des vivants, des morts et des dieux ; l'impiété est l'effet de l'amour désordonné.

Ainsi la puissance de l'amour est universelle : quand il s'applique au bien et qu'il est réglé par la justice et la tempérance, il nous procure une félicité parfaite, en nous faisant vivre en paix les uns avec les autres, et en nous conciliant la bienveillance des dieux.

A Eryximaque succède Aristophane dont le hoquet a cessé. — L'Amour, dit-il, est le protecteur et le médecin des hommes ; il les guérit des maux qui les empêchent d'être heureux. Pour juger de ses bienfaits, il faut connaître ce qu'était jadis la nature humaine. Il y avait trois sortes d'hommes : l'homme double, la femme double et l'homme-femme ou androgyne. Ils étaient de forme ronde, avaient quatre bras, quatre jambes et deux visages opposés l'un à l'autre sur une seule tête. Vigoureux et audacieux, ils tentèrent d'escalader le ciel. Pour les punir, Zeus les coupa en deux, leur tourna le visage du côté de la coupure, afin que la vue du châtiment les rendît plus modestes, et chargea Apollon de guérir la plaie. Mais dès lors chaque moitié rechercha sa moitié, et quand elles se retrouvaient, elles s'étreignaient avec une telle ardeur de désir qu'elles se laissaient mourir dans cet embrassement de faim et d'inaction. Pour empêcher la race de s'éteindre, Zeus mit par devant les organes de la génération, qui étaient restés par derrière. De cette manière les hommes purent apaiser leurs désirs et enfanter, et c'est ainsi que l'Amour rétablit l'unité primitive.

Chacun de nous n'est donc qu'une moitié d'homme, et cherche sa moitié. Ceux qui proviennent des androgynes aiment le sexe différent du leur ; les femmes qui proviennent de la double femme primitive aiment les femmes, et les hommes qui proviennent de la division du double homme aiment les hommes, et ce sont les meilleurs. Lorsque chaque moitié rencontre sa moitié, l'amour les saisit d'une si merveilleuse façon qu'elles ne veulent plus se séparer : elles aspirent à se fondre ensemble et à refaire ainsi l'unité primitive.

Comme c'est l'impiété qui a causé la séparation, c'est la piété envers les dieux qui nous gagnera la faveur du dieu Amour, et qui nous fera retrouver le bonheur avec l'autre partie de nous-même.

Agathon à son tour critique la méthode de ceux qui ont parlé avant lui. — Ils ont, dit-il, moins loué le dieu qu'ils n'ont félicité les hommes d'avoir un tel bienfaiteur. La vraie manière de le louer, c'est d'expliquer d'abord ce qu'il est, puis ce qu'il fait pour les hommes. Or l'Amour est d'abord le plus heureux des dieux, puisqu'il est le plus beau et le meilleur. Il est le plus beau, puisqu'il est le plus jeune des dieux, comme le prouve son aversion pour la vieillesse ; il est aussi le plus délicat, puisqu'il fait sa demeure dans les cœurs les plus tendres ; il est le plus subtile : autrement il ne pourrait se glisser inaperçu dans les âmes ni en sortir de même ; il a la grâce, il a la fraîcheur du teint, car il ne vit que parmi les fleurs et les parfums. Il est bon, parce qu'il ignore la violence et la contrainte ; il est le plus tempérant, puisqu'il l'emporte sur le plaisir, tout plaisir étant inférieur à l'amour ; le plus courageux, puisqu'il triomphe d'Arès, le plus courageux des dieux ; le plus habile, puisqu'il inspire les poètes et les artistes, qu'il a été le précepteur des dieux mêmes et qu'il a détrôné la Nécessité qui régnait sur eux pour mettre à sa place l'amour du beau et la concorde. L'Amour communique aux hommes les dons qu'il possède lui-même, la beauté et la bonté. Il est le bien et le charme de la société humaine, l'objet de l'admiration et du désir des hommes et des dieux, l'auteur de tout plaisir, le consolateur de nos peines, le guide de notre vie, le bienfaiteur dont tout mortel doit chanter les louanges.

Socrate parle le dernier. Après avoir payé à Agathon son tribut d'éloges, non sans ironie, il marque aussitôt la différence de sa méthode et de celle des précédents orateurs. Ils ont fait hommage à l'Amour de toutes les perfections, sans s'inquiéter si elles étaient vraies ou fausses. Lui ne sait pas louer ainsi ; il ne sait que dire la vérité. Il fondera d'abord son discours sur une définition exacte et écartera les idées fausses que le vulgaire se forme de l'Amour. Pour cela il a recours à sa dialectique ordinaire, et il engage la discussion avec Agathon. — Réponds-moi, lui dit-il, l'Amour est-il l'amour de quelque chose ou de rien ? — De quelque chose assurément. — L'Amour désire-t-il ce qu'il aime ? — Oui. — Possède-t-on ce qu'on désire ? — Non. — Or tu dis que l'Amour aime et désire la beauté. Il en manque donc, et comme le beau est en même temps bon, il manque donc aussi de bonté ? — Il faut l'avouer.

Au lieu de poursuivre cet interrogatoire qui tournerait à la confusion d'Agathon, Socrate feint de céder la parole à Diotime, femme de Mantinée, savante en tout ce qui touche à l'amour. C'est elle qui l'a éclairé sur la vraie nature de l'Amour. Après lui avoir prouvé qu'il n'est ni beau ni bon, elle lui montre qu'il n'est pas pour cela laid ni mauvais, mais qu'il tient le milieu entre l'un et l'autre. Il n'est pas un dieu, puisqu'il manque du beau et du bon qui sont le partage de tous les dieux, mais il n'est pas non plus mortel : c'est un démon, c'est-à-dire un être intermédiaire entre les dieux et les hommes, chargé d'assurer les rapports entre eux.

Ce démon est fils de Poros (la Ressource) et de Pénia (la Pauvreté) qui le conçut le jour de la naissance d'Aphrodite, dont il devint le compagnon et le serviteur. Comme sa mère, il est pauvre, maigre, mal vêtu, indigent ; mais de son père il tient le désir du bon et du beau, la hardiesse, l'esprit d'entreprise, l'amour de la sagesse. Si Socrate se le figurait autrement, c'est qu'il croyait que l'Amour est ce qui est aimé, et non ce qui aime.

De quelle utilité ce démon est-il aux hommes ? C'est le second point du discours de Diotime. L'Amour est l'amour du beau ou du bon ; car le beau et le bon sont choses inséparables. Il désire le posséder toujours pour être heureux. Mais on n'appelle pas amour toute recherche du bonheur ; le mot ne s'applique qu'à une sorte d'acte, la génération dans la beauté, soit par le corps, soit par l'âme. La génération est une œuvre divine, et la laideur ne peut s'accorder avec le divin : la beauté seule le peut. Et pourquoi la génération est-elle l'objet de l'amour ? C'est qu'elle assure à l'homme l'immortalité, au moins l'immortalité que comporte notre nature mortelle. Or le désir du bon ne va pas sans le désir de l'immortalité, puisque l'amour consiste à désirer que le bon nous appartienne toujours.

C'est ce désir de l'immortalité qui explique la passion sexuelle et l'amour de leurs petits qui est si frappant chez tous les animaux, puisque le seul moyen d'être immortel dans ce monde sujet au changement, est la génération qui substitue un individu jeune à un vieux et assure ainsi aux hommes la perpétuité. C'est le désir de l'immortalité qui gouverne les actions des hommes. Ceux qui sont féconds selon le corps aiment les femmes, parce qu'ils croient se procurer l'immortalité en procréant des enfants. Ceux qui sont féconds selon l'esprit cherchent une belle âme pour y enfanter des vertus qui doivent vivre à jamais, et le lien de ces mariages d'âmes est plus fort que celui des liaisons charnelles.

Jusqu'ici nous ne sommes arrivés qu'au premier degré de l'amour. Il nous faut monter jusqu'au degré suprême et nous élever des beautés d'ici-bas jusqu'à la beauté absolue, en gravissant un par un tous les degrés de l'échelle. On doit d'abord aimer un beau corps, puis, comprenant que la beauté d'un corps est sœur de la beauté qui se trouve dans tous les autres, aimer tous les beaux corps ; puis regarder la beauté de l'âme comme supérieure à celle du corps ; on verra alors la beauté qui est dans les lois et les actions des hommes. Des actions des hommes on passera aux sciences pour en contempler la beauté, et enfanter avec une fécondité inépuisable les discours et les pensées les plus magnifiques de la philosophie, jusqu'à ce qu'enfin on arrive à ne plus voir qu'une seule science, celle de la beauté absolue, idéale, éternelle, de laquelle participent toutes les belles choses. Vivre pour contempler cette beauté est la seule vie digne d'être vécue. L'homme qui vivra dans cette contemplation engendrera, non des images de vertu, mais des vertus véritables, il sera aimé des dieux, et si jamais un homme peut prétendre à l'immortalité, ce sera celui-là.

Aristophane allait répliquer à Socrate, quand on entendit un grand fracas à la porte. C'était Alcibiade accompagné d'une bande de buveurs, qui demandait à entrer pour couronner Agathon. Il ceint de bandelettes la tête du poète ; mais il aperçoit Socrate et feint d'être jaloux de le voir assis près du bel Agathon ; il ne laisse pas pourtant de redemander une partie de ses bandelettes au poète pour en couronner la merveilleuse tête de Socrate. Puis il se proclame roi du festin et demande qu'on boive à pleines coupes. Mais Eryximaque le prie de faire comme les autres convives et de prononcer à son tour un éloge de l'Amour. Alcibiade répond qu'en présence de Socrate, il n'oserait louer personne, ni dieu, ni homme. Il fera si l'on veut l'éloge de Socrate. On le prie de le faire. « Socrate, dit-il, ressemble à ces Silènes qui renferment des images des dieux, et au satyre Marsyas : il est, comme lui, un effronté moqueur et un joueur de flûte supérieur à lui, car, sans instrument, par de simples discours, il tient tout le monde sous le charme. Jamais, pour ma part, ni Périclès ni les autres grands orateurs ne m'ont ému comme lui ; il me fait rougir de la vie que je mène et me rend mécontent de moi-même. J'ai dit qu'il ressemblait aux Silènes ; en effet, quand il parle sérieusement et qu'il s'ouvre enfin, que de trésors divins l'on voit en lui ! Il a l'air d'aimer les beaux jeunes gens ; au fond il dédaigne leur beauté, comme il dédaigne la richesse et les autres avantages dont les hommes sont vains. Je le sais par expérience. Le croyant épris de ma beauté, j'essayai de le séduire, dans l'espoir qu'il me communiquerait sa science ; mais j'eus beau me ménager des tête à tête avec lui, le défier à des exercices de gymnastique, l'inviter à souper et le retenir sous mon toit, il n'eut que du dédain pour ma beauté, sa tempérance est invincible. Puis, nous fîmes campagne ensemble à Potidée ; là je le vis surpasser tout le monde par son endurance et étonner l'armée par sa facilité à supporter le froid. Il me sauva la vie dans cette expédition, et c'est lui qui méritait le prix de la valeur qui me fut attribué. A Délion, sa fière attitude pendant la retraite tint à l'écart tous ceux qui auraient eu la velléité de l'attaquer. Mais ce qui est le plus admirable en lui, c'est l'originalité de ses discours ; eux aussi ressemblent aux Silènes : grossiers d'apparence, ils renferment un sens divin. Voilà ce que j'avais à dire de Socrate. Profite de mon expérience, Agathon, et ne te laisse pas prendre au jeu de cet homme qui, sous couleur d'aimer, capte l'amour d'autrui. »

On rit de la candeur d'Alcibiade. Socrate détourna l'attention des louanges qu'il venait de recevoir en badinant sur la jalousie du jeune homme, et en priant Agathon de n'y point avoir égard et de venir plutôt s'asseoir à sa droite, pour qu'il fît son éloge. Mais une nouvelle bande de buveurs arriva qui remplit toute la salle de tumulte. On se remit à boire jusqu'à ce que le sommeil eût réduit les plus intrépides. Socrate seul tint jusqu'au matin, puis se rendit à ses occupations habituelles.

Le *Banquet* n'est pas le seul ouvrage où Platon ait traité de l'amour. La plus grande et la plus belle partie du *Phèdre* est consacrée à la même question. Platon y distingue deux espèces d'amour, l'amour vulgaire et l'amour honnête. L'amour vulgaire, qui ne vise qu'au plaisir est égoïste, jaloux, tyrannique ; il ne va jamais sans injures et querelles violentes et il aboutit fatalement à la brouille et à l'abandon. Les deux discours où Lysias et Socrate exposent ces idées sont comme le commentaire du passage où Pausanias établit l'existence de l'Amour vulgaire, serviteur de l'Aphrodite populaire. L'amour honnête correspond à l'Amour céleste, serviteur de l'Aphrodite céleste. La doctrine est donc la même dans les deux ouvrages ; mais elle est présentée d'une manière différente. Dans le *Phèdre*, elle est rattachée au système des Idées et de la réminiscence. Les âmes humaines ont jadis suivi le cortège des dieux, lorsqu'ils vont contempler de l'autre côté du ciel le monde des Idées. Mais, entravées dans leur essor par les passions brutales, elles n'ont pu, et pas toutes, que l'entrevoir, pour retomber ensuite sur la terre. Une seule Idée, celle de la Beauté, dont l'éclat resplendit entre toutes les autres, a laissé en elles un souvenir durable ; et toutes les fois qu'ici-bas elles rencontrent quelque objet où brille l'image de la beauté absolue, elles s'élancent vers lui, elles l'aiment, ou plutôt elles aiment la beauté absolue dont il porte le reflet. Cette théorie a séduit les poètes depuis Pétrarque jusqu'à nos jours, et son règne n'est pas fini, parce qu'elle contient une part de vrai. Quand nous recevons le coup de foudre, par exemple, n'est-ce pas l'idéal révélé soudain qui ravit tout notre être. Il est vrai que nous ne remontons point dans le ciel pour y trouver l'origine de cet idéal : il est en nous, il est notre œuvre, et voilà pourquoi il diffère en chacun de nous.

Le *Banquet* nous offre une autre explication de l'amour. Diotime, qui représente Platon lui-même, le définit la génération dans la beauté, et le rattache au désir d'immortalité qui travaille tous les êtres vivants. L'homme veut se survivre à lui-même, et tous les travaux des ambitieux et des artistes ont pour but l'immortalité ; mais leurs efforts ne perpétuent que leur nom, tandis que l'amour perpétue l'homme lui-même dans ses enfants. Voilà pourquoi c'est un sentiment universel, qui gouverne non-seulement les hommes, mais tous les êtres vivants. Cette explication de l'irrésistible instinct qui porte les sexes l'un vers l'autre, est certainement ce que l'on a trouvé jusqu'ici de plus juste et de plus profond sur ce sujet.

Mais Platon va plus loin. Il prétend que la génération charnelle n'est que le premier degré de l'amour, et qu'une âme bien née doit s'élever de l'amour des corps à l'amour des âmes, puis à l'amour des sciences, pour aboutir à l'amour de la beauté absolue, théorie fameuse, qui égale en célébrité celle du *Phèdre*, mais plus brillante que solide. Elle repose en effet sur la confusion de choses d'un ordre tout à fait différent. L'amour proprement dit, la vertu et la science n'ont pas le même but et ne relèvent pas des mêmes facultés. L'amour est un instinct physique qui vise à la perpétuité de l'espèce ; la vertu relève de la conscience et recherche la perfection individuelle ; enfin la science naît de la curiosité et a pour objet la connaissance. Le fossé qui sépare ces trois choses nous paraît infranchissable. Il n'existait pas pour Platon qui soutient partout que le beau, le bien et le vrai sont inséparables, que tout ce qui est bon est beau, et que connaître le bien c'est le faire. Dès lors l'enthousiasme qu'il ressent pour la beauté lui semble du même ordre que celui que lui inspirent la vertu et la science.

Platon commet une autre confusion quand il prend pour de l'amour ce qui n'en est qu'une déviation maladive. A ses yeux l'amour de la femme est un amour inférieur ; seul, l'amour de l'homme pour l'homme est digne de séduire une âme généreuse, née pour la philosophie. Il est vrai que cet amour doit avoir pour but l'enfantement de la science et de la vertu dans l'âme du bien-aimé. Le manteau de la philosophie sert à couvrir ici de singuliers égarements, et l'on aurait bien de la peine à prendre Platon au sérieux, si l'on ne savait combien il est difficile aux meilleurs esprits d'échapper aux erreurs de leur temps (1).

On trouve encore dans le *Banquet* deux autres explications de l'amour, ce dont il ne faut pas s'étonner, car l'amour est un sentiment complexe, qu'on peut considérer de points de vue divers. Le médecin Eryximaque explique l'harmonie du monde par l'amour, qui est l'union des contraires. Chez les hommes aussi les contraires s'attirent, et c'est leur attrait réciproque qui constitue l'amour humain : c'est parce que l'homme et la femme diffèrent qu'ils sont portés à se rapprocher ; la faiblesse attire la force et de leur union résulte l'harmonie. A cette théorie métaphysique, Arisophane oppose la doctrine contraire du semblable

---

(1) Il faut noter pourtant que dans le *Banquet* de Xénophon Socrate s'élève résolument contre la pédérastie. Il est vraisemblable que Platon, si tendre à la beauté masculine, prête ici encore ses propres idées à son maître.

attiré par le semblable. Selon lui, nous ne sommes plus que des moitiés d'homme, et chacun de nous cherche sa moitié pour reformer l'unité primitive. Ainsi tout en partant d'un principe opposé, la théorie d'Aristophane aboutit à l'unité, comme celle d'Eryximaque, mais elle est moins exacte et moins vraie. L'amour est lent à se former entre des personnes qui se ressemblent, elles s'arrêtent plutôt à l'amitié ; il éclate au contraire subitement et avec violence entre des personnes de caractère opposé. Ce que nous cherchons, entre autres choses dans l'amour, c'est l'attrait de l'inconnu, et lorsque notre curiosité est satisfaite, notre passion s'émousse et fait place à l'indifférence : c'est ce qui explique l'inconstance, une des misères que l'amour traîne à sa suite.

Malgré la variété des points de vue où Platon s'est placé, il n'a pas épuisé le sujet, qui d'ailleurs va se compliquant avec le progrès de la civilisation ; car l'humanité se comporte envers l'amour comme les orateurs du *Banquet :* elle le pare de toutes les perfections et lui fait hommage de tout ce qu'elle invente et découvre de raffinements et de délicatesses dans le monde du sentiment. Mais son regard pénétrant a démêlé l'essentiel ; il a su discerner dans l'obscurité de l'instinct le but que poursuit la nature et les moyens dont elle se sert pour y conduire les hommes. Ce n'était pas sans raison que Socrate, ou plutôt Platon qui parle par sa bouche, se vantait d'être savant en amour.

La forme du dialogue ordinaire, comme ceux que Socrate engageait à la Lesché, au gymnase ou dans la rue, se fût prêtée difficilement à l'exposition de ces théories variées. Platon a trouvé pour les placer un cadre approprié à leur diversité, celui d'un banquet terminé par une conversation réglée sur un sujet choisi. La vogue de la rhétorique au temps de la guerre du Péloponnèse avait mis à la mode ces sortes de divertissements littéraires. Platon, comme Xénophon et les autres Socratiques, met à profit cet usage nouveau. Chacun des convives exposera une face de la question : Phèdre, les effets bienfaisants de l'amour dans l'Etat ; Pausanias, la distinction des deux amours qui est comme une première ébauche du discours de Diotime ; Eryximaque, le rôle de l'amour au point de vue cosmogonique et la théorie des contraires ; Aristophane, celle des semblables, et Agathon, le principe que l'amour est l'amour du beau, principe sur lequel Socrate, le vrai porte-parole de Platon, va fonder à son tour, la doctrine de l'amour charnel et de l'amour philosophique. Après la théorie, viendra l'exemple du parfait amant réalisé dans Socrate, âme divine qui, déjà détachée de la beauté terrestre, n'est pas loin du dernier terme de l'initiation à l'amour, la contemplation de la beauté absolue. C'est Alcibiade, convive inattendu, qui ajoutera ce couronnement à l'ouvrage.

Tel est le cadre où s'ajustent ces diverses théories de l'amour complétées par le vivant exemple de Socrate. Quant aux personnages qui s'y meuvent, ce ne sont pas de simples porte-parole : ce sont des hommes copiés sur le vif. Platon aurait sans doute illustré son nom dans l'art dramatique, si la philosophie ne l'avait de bonne heure enlevé à la scène. En tout cas il sait donner au plus insignifiant de ses personnages un caractère particulier, et chacun de ses ouvrages est une galerie d'originaux. Il y a, par exemple, dans le *Banquet* deux figures tout à fait accessoires, celles d'Aristodème et d'Apollodore. Elles n'en sont pas moins nettement dessinées. Ce sont deux sectateurs enthousiastes de Socrate, qui le suivent pas à pas, notent ses discours, et les rapportent avec la conviction de contribuer au grand édifice de la philosophie ; mais chacun d'eux est marqué d'un trait qui lui est propre : c'est l'humeur contre les mondains qui méprisent la philosophie chez Apollodore, c'est la modestie chez Aristodème. Voici maintenant les figures des personnages importants. C'est d'abord Phèdre, le jeune Athénien enthousiaste, passionné pour toutes les nouveautés, avide de discussions et de discours, courant des leçons du sophiste Hippias à celles du rhéteur Lysias, auditeur assidu de Socrate : tel nous le voyons dans le *Phèdre,* tel nous le retrouvons ici. C'est ensuite Pausanias, l'amant d'Agathon, fougueux sectateur du plaisir sensuel, dont il s'était fait le défenseur dans un traité donné au public. Platon adoucit la crudité de ses opinions et couvre d'un spécieux prétexte sa passion grossière, car il ne faut pas qu'il se trouve en opposition avec Socrate, et rompe par sa brutalité l'harmonie générale de l'ouvrage. Il se présente donc comme un partisan résolu de l'amour des garçons, mais il y met de la décence ; il est habile à manier la parole et versé dans l'art des distinctions subtiles : c'est un bon disciple d'Isocrate. Eryximaque est le pédant de la compagnie : il a de solides connaissances non seulement en médecine, mais dans les sciences naturelles, et il ne manque jamais l'occasion de faire une leçon et d'étaler son érudition. L'humeur maligne d'Aristophane se donne carrière à ses dépens, mais avec l'urbanité qui convient dans une réunion d'honnêtes gens. Platon a copié sur le vif la manière d'Aristophane. C'est un poète à qui les idées abstraites se présentent sous des formes concrètes, d'une drôlerie, d'une originalité saisissantes. Cette invention bizarre des hommes doubles, dont il peint la forme et les avatars avec des détails plastiques si minutieux qu'on oublie l'invraisemblance, rappelle certaines scènes des Oiseaux et de Lysistrata dont Platon s'est heureusement inspiré. A la force comique d'Aristophane s'oppose la rhétorique solennelle et fleurie d'Agathon, en qui l'on reconnaît l'élève de Gorgias. C'est un homme du monde, riche et de belles manières. Vrai poète, il ne descend pas dans les détails ennuyeux de l'économie domestique et laisse ses esclaves diriger sa maison. Il est beau, il a du talent, et il accepte la louange, sans que jamais sa modestie s'en effarouche. Il ne faut pas s'en étonner ; Socrate non plus ne proteste pas contre les louanges d'Alcibiade : les anciens ne connaissent pas notre fausse modestie ; leur vanité est naïve, et cette naïveté, tout en nous faisant sourire, nous dispose à l'indulgence.

Entre tous ces orateurs, Socrate se distingue par son amour de la vérité. Au lieu de faire comme ceux qui ont parlé avant lui et d'attribuer à l'Amour toutes les perfections de la terre et du ciel, il s'attache uniquement à chercher et à dire la vérité. Pour lui la seule méthode qui la fasse découvrir est la dialectique. Or la loi du festin lui impose un discours suivi. Plutôt que de déroger à la méthode de la dialectique, il a recours à un subterfuge : il simule un entretien avec Diotime. On y retrouve le chasseur infatigable, qui poursuit le vrai de question en question et qui s'élève degré par degré jusqu'aux régions inaccessibles aux mortels, où planent les purs esprits. Alcibiade complète le portrait, en nous faisant voir la continence, l'endurance, le courage, la puissance de réflexion et de parole de cet amant de la beauté, de la vérité et de la vertu.

Enfin le dernier venu, Alcibiade, est peint avec une naïveté charmante. Beau comme Agathon, riche comme lui, il est fier de sa beauté, orgueilleux de son rang ; il a les manières d'un homme qui se sait élevé au-dessus des autres ; il raille, mais sans aigreur ; il est frivole, il aime la popularité. Mais comme il nous plaît par sa belle humeur, la franchise avec laquelle il avoue ses défauts et ses inconséquences, et surtout son admiration enthousiaste pour Socrate, qui révèle le plus beau naturel !

Cette vérité des personnages donne un charme particulier à leurs discours. Nous nous croyons transportés dans un banquet véritable, au milieu d'Athéniens du Vᵉ siècle qui s'amusent à traiter des plus hautes questions philosophiques, comme d'autres s'amuseraient à parler de combats de coqs ou de courses de chevaux. Une chose augmente encore l'illusion, ce sont les détails familiers que Platon laisse tomber sans y penser, sans en avoir l'air du moins, pour ajouter à la vraisemblance du récit. Au début, c'est une discussion entre Apollodore et un ami, dont tous les traits sont calculés pour éveiller l'intérêt et la curiosité ; puis ce sont les intermèdes pleins de détails empruntés à la réalité. Un convive se présente-t-il ; un esclave vient lui laver les pieds. Le repas fini, on fait des libations, on chante le péan et l'on n'oublie aucune des cérémonies qui sont de règle en pareille occasion. Dans le cours de la réunion, Alcibiade arrive avec une bande de joyeux buveurs, soutenu par une joueuse de flûte ; il se nomme lui-même roi du festin et ordonne aux convives de boire à pleines coupes. Puis une autre bande avinée fait irruption dans la salle et le banquet philosophique se termine en une orgie tapageuse, où tous les convives s'endorment successivement, à l'exception de l'invincible Socrate. Tous ces traits de mœurs jetés dans le cours du récit, avec brièveté et discrétion, ne reposent pas seulement le lecteur de l'attention que réclament les longs discours ; ils découvrent à ses yeux la salle du festin, les hôtes, leurs figures, leurs divertissements. Il est devenu par un coup de baguette magique le témoin muet, mais charmé du banquet d'Agathon ; il écoute les discours du plus illustre des philosophes et du plus aimable des Athéniens, et le livre est fini que son illusion dure encore.

LE BANQUET

ou

DE L'AMOUR

Interlocuteurs

D'abord : Apollodore, l'Ami d'Apollodore ;

Ensuite : Socrate, Agathon, Phèdre, Pausanias, Eryximaque, Aristophane, Alcibiade.

APOLLODORE (1)

Je crois être assez bien préparé à vous faire le récit que vous demandez. Dernièrement en effet, comme je montais de Phalère, où j'habite, à la ville, un homme de ma connaissance, qui venait derrière moi, m'aperçut et m'appelant de loin : « Hé ! l'homme de Phalère, Apollodore, s'écria-t-il en badinant, attends-moi donc. » Je m'arrêtai et l'attendis. « Apollodore, me dit-il, je te cherchais justement pour te questionner

---

(1) Disciple de Socrate. Dans le *Phédon* il s'abandonne à des plaintes sans mesure sur la perte de Socrate. Xénophon parle de son zèle et dit qu'il était passionné pour Socrate, mais simple d'esprit. Platon le nomme dans l'*Apologie* parmi ceux qui offrirent à Socrate leur caution pour une amende éventuelle.

sur l'entretien d'Agathon avec Socrate, Alcibiade et les autres convives du banquet qu'il a donné, et savoir les discours qu'on y a tenus sur l'amour. Quelqu'un m'en a déjà parlé, qui les tenait de Phénix, fils de Philippe ; il a dit que tu les connaissais aussi, mais lui n'a rien pu dire d'exact. Rapporte-les-moi donc : c'est à toi qu'il appartient avant tous de rapporter les discours de ton ami. Mais d'abord dis-moi, ajouta-t-il, étais-tu présent toi-même à cette réunion ? — On voit bien, répondis-je, que ton homme ne t'a rien raconté d'exact, si tu penses que la réunion dont tu parles est de date assez récente pour que j'y aie assisté. — Je le pensais pourtant. — Est-ce possible, Glaucon ? dis-je. Ne sais-tu pas qu'il y a plusieurs années qu'Agathon n'est pas venu à Athènes (1) ? D'ailleurs depuis que je me suis attaché à Socrate et que je me fais chaque jour un soin de savoir ce qu'il a dit et ce qu'il a fait, il n'y a pas encore trois ans. Auparavant j'errais à l'aventure et je me croyais sage ; mais j'étais plus malheureux qu'homme du monde, tout comme tu l'es maintenant, toi qui places toute autre occupation avant la philosophie. — Epargne-moi tes sarcasmes, dit-il ; dis-moi plutôt dans quel temps eut lieu cette réunion. — En un temps où nous étions encore enfants, répondis-je, lorsqu'Agathon remporta le prix avec sa première tragédie, le lendemain du jour où il offrit avec ses choreutes le sacrifice de victoire. — Cela date de loin, ce me semble, dit-il ; mais qui t'a raconté ces choses ? est-ce Socrate lui-même ? — Non, par Zeus, dis-je, mais le même qui les a ra-

(1) Il avait quitté Athènes pour la cour d'Archélaos, roi de Macédoine.

contées à Phénix, un certain Aristodème (1) de Kydathénaeon (2), un petit homme qui allait toujours pieds nus ; il avait en effet assisté à l'entretien, et, si je ne me trompe, Socrate n'avait pas alors de disciple plus passionné. Cependant j'ai depuis questionné Socrate lui-même sur certains points que je tenais de la bouche d'Aristodème, et Socrate s'est trouvé d'accord avec lui. — Eh bien ! reprit-il, raconte vite. La route qui mène à la ville est faite à souhait pour parler et pour écouter tout en cheminant. Dès lors nous nous entretînmes de ces choses tout le long de la route ; c'est ce qui fait, comme je le disais en commençant, que je ne suis pas mal préparé. Si donc vous voulez que je vous les rapporte à vous aussi, il faut que je m'exécute. D'ailleurs, de parler moi-même ou d'entendre parler philosophie, c'est, indépendamment de l'utilité que j'y trouve, un plaisir sans égal. Quand au contraire j'entends parler certaines personnes, et surtout vos gens riches et vos hommes d'affaires, cela m'assomme et je vous ai en pitié, vous leurs amis, de croire que vous faites merveilles alors que vous ne faites rien. Peut-être vous aussi, de votre côté, vous me croyez malheureux, et je pense que vous ne vous trompez pas ; mais que vous le soyez, vous, je ne le pense pas seulement, j'en suis sûr.

L'AMI D'APOLLODORE

Tu es toujours le même Apollodore : tu dis toujours du mal de toi et des autres, et l'on croirait vraiment

---

(1) Aristodème le Petit. Voyez dans *les Mémorables* de Xénophon, I, 4, l'entretien que Socrate eut avec lui sur la Divinité.
(2) Dème de la tribu Pandionide

à t'entendre que, sauf Socrate, tout le monde est misérable, toi tout le premier. A quelle occasion on t'a donné le sobriquet de furieux, je l'ignore ; mais ce que je sais, c'est que tu ne varies pas dans tes discours et que tu es toujours en colère contre toi et contre les autres, à l'exception de Socrate.

APOLLODORE

Oui, mon très cher, et il est bien clair, n'est-ce pas, que c'est l'opinion que j'ai de moi-même et des autres qui fait de moi un furieux et un extravagant.

L'AMI D'APOLLODORE

Ce n'est pas la peine de discuter là-dessus maintenant, Apollodore ; fais ce qu'on te demande, rapporte-nous les discours en question.

APOLLODORE

Eh bien donc ! les voici à peu près ; mais il vaut mieux essayer de reprendre les choses au commencement, dans l'ordre où Aristodème me les a racontées.

II. « Je rencontrai, dit-il, Socrate, sortant du bain et les pieds chaussés de sandales, ce qui n'est guère dans ses habitudes, et je lui demandai où il allait si beau. Il me répondit : Je vais dîner chez Agathon. Je me suis dérobé hier à la fête qu'il a donnée en l'honneur de sa victoire, parce que je craignais la foule ; mais je me suis engagé à venir le lendemain : voilà pourquoi je me suis paré ; je voulais être beau pour venir chez un beau garçon. Mais toi, ajouta-t-il, serais-tu disposé à venir dîner sans invitation ? — A tes ordres, répondis-je. — Suis-moi donc, dit-il, et disons en modifiant le proverbe, que des gens de bien vont dîner chez des gens de bien sans être priés (1). Homère non seulement le modifie, mais il semble bien qu'il s'en moque, quand, après avoir représenté Agamemnon comme un grand guerrier et Ménélas comme un faible soldat, il fait venir Ménélas, sans y être invité, au festin qu'Agamemnon donne après un sacrifice, c'est-à-dire un homme inférieur chez un homme éminent (2). » Là-dessus Aristodème dit qu'il avait répondu : « J'ai bien peur à mon tour d'être, non pas l'homme que tu dis, Socrate, mais bien, pour parler comme Homère, l'hôte chétif qui se présente au festin d'un sage sans y être invité. As-tu, si tu m'emmènes, une excuse à donner ? car pour moi je n'avouerai pas que je suis venu sans invitation, mais je dirai que c'est toi qui m'as prié. — « En allant à deux, répondit-il, nous chercherons le long de la route » (1) ce qu'il faut dire ; allons seulement ». Après avoir échangé ces propos, nous nous mîmes en marche. Or, pendant la route, Socrate s'en-

---

(1) La forme originelle du proverbe semble avoir été αὐτόματοι ἀγαθοὶ ἀγαθῶν ἐπὶ δαῖτας ἴασι. S'il en est ainsi, les mots διαφθείρωμεν μεταβάλλοντες n'ont aucun sens, et il faut recourir à l'ingénieuse correction de Lachmann Ἀγαθῶν, pour Ἀγάθωνι qui donne un jeu de mots intraduisible. Mais le proverbe avait été travesti par Eupolis en αὐτόματοι ἀγαθοὶ δειλῶν ἐπὶ δαῖτας ἴασιν, et il est possible que Socrate ait pris ou affecté de prendre la parodie d'Eupolis pour le proverbe original.
(2) Hom., *Il.*, II, 468. « Ménélas à la voix puissante vint de lui-même chez lui ». Ce n'est pas précisément Homère, c'est Apollon qui appelle Ménélas un faible soldat, *Il.*, XVII, 588.
(1) *Iliade*, X, 224 :

Σύν τε δύ' ἐρχομένω καί τε πρὸ ὃ τοῦ ἐνόησεν
Ὅππως κέρδος ἔῃ.

« En allant à deux l'un trouve avant l'autre ce qui peut être utile ». Platon a changé πρὸ ὃ τοῦ en πρὸ ὁδοῦ, parce que πρὸ ὃ τοῦ (l'un avant l'autre) ne s'ajustait pas à βουλευσόμεθα (nous délibérerons).

fonçant dans ses pensées resta en arrière ; comme je l'attendais, il me dit d'aller devant. Quand je fus à la maison d'Agathon, je trouvai la porte ouverte et il m'arriva une plaisante aventure ; aussitôt en effet un esclave vint de l'intérieur à ma rencontre et me conduisit dans la salle où la compagnie était à table, sur le point de commencer le repas. Dès qu'Agathon m'eut aperçu : « Tu viens à point, dit-il, Aristodème, pour dîner avec nous ; si tu viens pour autre chose, remets-le à plus tard ; hier même je t'ai cherché pour t'inviter, sans pouvoir te découvrir ; mais comment se fait-il que tu n'amènes pas Socrate ? » Je me retourne alors, mais j'ai beau regarder : point de Socrate sur mes pas. « Je suis réellement venu avec Socrate, dis-je, et c'est lui qui m'a invité à dîner chez vous. — C'est fort bien fait, mais où est-il, lui ? — Il venait derrière moi tout à l'heure ; mais je me demande moi aussi où il peut être. — Enfant, dit Agathon, va vite voir où est Socrate et amène-le. Quant à toi, Aristodème, mets-toi près d'Eryximaque. »

III. — Alors l'enfant me lava les pieds pour que je prisse place à table, et un autre esclave vint annoncer que Socrate, retiré dans le vestibule de la maison voisine, n'en bougeait pas, qu'on avait beau l'appeler, il ne voulait pas venir. « Voilà qui est étrange, dit Agathon ; cours l'appeler et ne le laisse pas partir. — Non pas, dis-je, laissez-le ; c'est une habitude à lui : il lui arrive parfois de s'écarter n'importe où et de rester là ; il va venir tout à l'heure, je pense ; ne le dérangez pas, laissez-le tranquille. — Laissons-le, si c'est ton avis, dit Agathon ; quant à vous autres, servez-nous, enfants. Vous êtes absolument libres d'apporter ce que vous voudrez, comme vous faites quand il n'y a personne pour vous commander : c'est une peine que je n'ai jamais prise. Figurez-vous que moi et les hôtes que voici, nous sommes vos invités et soignez-nous, afin qu'on vous fasse des compliments. »

Dès lors nous nous mîmes à dîner ; mais Socrate ne venait pas ; aussi Agathon voulait-il à chaque instant l'envoyer chercher ; mais je m'y opposais toujours ; enfin Socrate arriva, sans s'être attardé aussi longtemps que d'habitude, comme on était à peu près au milieu du dîner. Alors Agathon, qui occupait seul le dernier lit, s'écria : « Viens t'asseoir ici, Socrate, près de moi, afin qu'en te touchant tu me communiques les sages pensées qui te sont venues dans le vestibule ; car il est certain que tu as trouvé ce que tu cherchais et que tu le tiens, sans quoi tu n'aurais pas bougé de place. » Alors Socrate s'assit et dit : « Il serait à souhaiter, Agathon, que la sagesse pût couler d'un homme qui en est plein dans un homme qui en est vide par l'effet d'un contact mutuel, comme l'eau passe par l'intermédiaire du morceau de laine de la coupe pleine dans la coupe vide (1). S'il en est ainsi de la sagesse, je ne saurais trop priser la faveur d'être assis à tes côtés ; car je me flatte que ton abondante, ton excellente sagesse va passer de toi en moi et me remplir ; car pour la mienne, elle est médiocre et douteuse, et semblable à un songe ; mais

(1) Si l'on met en contact deux vases, l'un plein d'eau, l'autre vide, on peut faire passer l'eau du vase plein dans le vide, au moyen d'un fil de laine dont un bout trempe dans l'eau du vase plein, tandis que l'autre pend dans le vase vide : c'est une application de la loi de la capillarité.

la tienne est brillante et prête à croître encore, après avoir dès ta jeunesse jeté tant de lumière et s'être révélée avant-hier avec tant d'éclat à plus de trente mille spectateurs grecs. — Tu railles, Socrate, dit Agathon ; mais nous trancherons cette question de sagesse un peu plus tard, toi et moi, en prenant Dionysos pour juge ; pour le moment, songe d'abord à dîner. »

IV. — Dès lors Socrate prit place sur le lit, et quand lui et les autres convives eurent achevé de dîner, on fit des libations, on célébra le dieu, enfin, après toutes les autres cérémonies habituelles (1), on se mit en devoir de boire. Alors Pausanias prit la parole en ces termes : « Allons, amis, voyons comment nous régler pour boire sans nous incommoder ? Pour moi, je vous déclare que je suis réellement fatigué de la débauche d'hier et que j'ai besoin de respirer, comme aussi, je pense, la plupart d'entre vous ; car vous étiez de la fête d'hier. Avisez donc à boire de façon à nous ménager ». Aristophane répondit : « C'est bien dit, Pausanias, il faut absolument nous donner du relâche ; car moi aussi je suis de ceux qui se sont largement arrosés hier ». A ces mots Eryximaque, fils d'Acoumène, reprit : « Vous parlez d'or ; mais je veux demander encore à l'un de vous s'il est dispos pour boire : c'est Agathon. — Moi non plus, répondit Agathon, je ne suis pas en train. -- C'est bien heureux, reprit Eryximaque, pour moi, pour Aristodème, Phèdre

(1) Le dîner fini, on distribuait des couronnes aux convives, on faisait au son de la flûte trois libations, la première à Zeus Olympien, et aux autres dieux de l'Olympe, la deuxième aux héros et la troisième à Zeus Sôter ; ensuite on chantait un péan ; enfin on apportait un cratère où les serviteurs remplissaient les coupes des convives.

et les autres convives, que vous, les grands buveurs, soyez rendus, car nous autres nous n'avons jamais su boire. Je fais exception pour Socrate, qui est également capable de boire et de rester sobre, en sorte que, quel que soit le parti que nous prendrons, il y trouvera son compte. Puis donc qu'aucun de ceux qui sont ici ne semble être en humeur d'abuser du vin, peut-être vous ennuierai-je moins en vous disant ce que je pense de l'ivresse. Mon expérience de médecin m'a fait voir que l'ivresse est une chose fâcheuse pour l'homme, et je ne voudrais pas pour mon compte recommencer à boire, ni le conseiller à d'autres, surtout s'ils sont encore alourdis par la débauche de la veille. — Pour moi, dit alors Phèdre de Myrrhinunte, je t'en crois toujours, surtout quand tu parles médecine, mais les autres t'en croiront aussi aujourd'hui, s'ils sont sages ». Après avoir entendu ces paroles, tout le monde fut d'accord de ne point passer la présente réunion à s'enivrer et de ne boire qu'à son plaisir.

V. — Eryximaque reprit : « Puisqu'on a décidé que chacun boirait à sa guise et sans contrainte, je propose d'envoyer promener la joueuse de flûte qui vient d'entrer ; qu'elle joue pour elle-même, ou, si elle veut, pour les femmes à l'intérieur ; pour nous, passons le temps aujourd'hui à causer ensemble ; si vous voulez, je vais vous proposer un sujet d'entretien. » Ils répondirent tous qu'ils le voulaient bien, et le prièrent de proposer le sujet. Eryximaque reprit : « Je commencerai comme dans la *Mélanippe* (1) d'Eu-

---

(1) Euripide a écrit deux pièces de ce nom : Mélanippe la sage, Mélanippe la captive. C'est à un vers de la première qu'il est fait allusion ici : οὐκ ἐμὸς ὁ μῦθος, ἀλλ' ἐμῆς μητρὸς πάρα.

ripide : Ce que je vais vous dire n'est pas de moi, mais de Phèdre ici présent. En toute occasion Phèdre me dit avec indignation : « N'est-il pas étrange, Eryximaque, que nombre d'autres dieux aient été célébrés par les poètes dans des hymnes (1) et des péans (2), et qu'en l'honneur d'Eros, un dieu si vénérable et si puissant, pas un, parmi tant de poètes que nous avons eus, n'ait jamais composé aucun éloge ? Veux-tu aussi jeter les yeux sur les sophistes habiles, tu verras qu'ils ont écrit en prose des éloges d'Hercule et d'autres, témoin le grand Prodicos (3), et il n'y a là rien que de naturel. Mais je suis tombé sur le livre d'un sophiste où le sel était magnifiquement loué pour son utilité, et les éloges d'objets aussi frivoles ne sont pas rares. N'est-il pas étrange qu'on mette tant d'application à de pareilles bagatelles et que personne encore parmi les hommes n'ait entrepris jusqu'à ce jour de célébrer Eros comme il le mérite ? Voilà pourtant comme on a négligé un si grand dieu ! » Sur ce point Phèdre a raison, ce me semble. Aussi désiré-je pour ma part offrir mon tribut à Eros et lui faire ma cour ; en même temps il me paraît qu'il siérait en cette occasion à toute la compagnie présente de faire l'éloge du dieu. Si vous êtes de mon avis, ce sujet nous fournira suffisamment de quoi nous entretenir. Si vous m'en croyez, chacun de nous, en commençant de gauche à droite, fera de son mieux le panégyrique d'Eros, et Phèdre

---

(1) Odes composées pour être chantées avec la cithare.
(2) Odes composées en l'honneur d'Apollon et accompagnées de la flûte. Le péan était chanté soit comme prière pour détourner un danger, soit pour remercier d'une faveur.
(3) Sur le mythe d'Hercule entre la volupté et la vertu, voyez Xénophon, *Mémor.*, II, 1.

parlera le premier, puisqu'il est à la première place et qu'il est en même temps le père de la proposition. — Tu rallieras tous les suffrages, Eryximaque, dit Socrate ; ce n'est pas moi en effet qui dirai non, moi qui fais profession de ne savoir que l'amour, ni Agathon, ni Pausanias, encore moins Aristophane qui ne s'occupe que de Dionysos et d'Aphrodite, ni aucun autre de ceux que je vois ici. Et pourtant la partie n'est pas égale pour nous qui sommes à la dernière place ; mais si les premiers disent bien tout ce qu'il faut dire, nous nous tiendrons pour satisfaits. Que Phèdre commence donc, à la grâce de Dieu, et qu'il fasse l'éloge d'Eros ». Tout le monde fut naturellement de l'avis de Socrate et l'on décida de faire ainsi. De redire tout ce que chacun dit, je ne le pourrais pas ; car ni Aristodème ne s'en souvenait exactement ni moi je ne me rappelle tout ce qu'il m'a dit. Je m'attacherai donc aux choses et aux orateurs qui me paraissent les plus dignes de mention, je vous redirai les discours de chacun d'eux, mais ceux-là seulement.

VI. — Phèdre, comme je l'ai dit, parla le premier et commença ainsi : « C'est un grand dieu qu'Eros, un dieu digne de l'admiration des hommes et des dieux, pour bien des raisons, mais surtout pour son origine. Il a l'honneur de compter parmi les dieux les plus anciens, et la preuve, c'est qu'il n'a ni père ni mère et que ni prosateur ni poète ne lui en attribuent ; mais Hésiode (1) affirme que le Chaos exista d'abord,

(1) Théogonie, v. 117 et sq.

« puis la terre au large sein, éternel et sûr fondement de toutes choses, et Eros. »

Pour lui, c'est donc après le Chaos que naquirent ces deux êtres : la Terre et Eros. D'un autre côté Parménide dit de la Génération :

« Elle engendra Eros, le premier de tous les dieux. »

Acousilaos (1) est du même sentiment qu'Hésiode. C'est ainsi que l'on s'accorde de différents côtés à voir dans Eros un des plus anciens dieux. Ce dieu si ancien est aussi un grand bienfaiteur pour l'humanité ; car je ne connais pas de plus grand bien pour un homme, dès qu'il entre dans l'adolescence, qu'un amant vertueux et pour un amant qu'un ami vertueux. Car il est un sentiment qui doit gouverner toute notre conduite, si nous voulons vivre honnêtement ; or ce sentiment, ni la parenté, ni les honneurs, ni les richesses, ni rien ne peut nous l'inspirer aussi bien que l'amour. Et qu'est-ce que j'entends par là ? C'est la honte du mal et l'émulation du bien ; sans cela ni Etat, ni individu ne peut rien faire de grand ni de beau. Aussi j'affirme qu'un homme qui aime, s'il est surpris à commettre un acte honteux ou à supporter lâchement un outrage, sans se défendre, souffre moins d'être vu par un père, un camarade ou qui que ce soit que par celui qu'il aime ; et pareillement le bien-aimé ne rougit jamais si fort que devant ses amants, quand il est surpris à faire quelque chose de honteux. Si donc il y avait moyen

---

(1) Acousilaos d'Argos, logographe, écrivit en dialecte Ionien plusieurs livres de généalogies. Il fleurit vers 475.

de former un Etat ou une armée d'amants et d'aimés, on aurait la constitution idéale, puisqu'elle aurait pour base l'horreur du vice et l'émulation du bien, et, s'ils combattaient ensemble, de tels hommes, en dépit de leur petit nombre, pourraient presque vaincre le monde entier. Un amant en effet aurait moins de honte d'abandonner son rang ou de jeter ses armes sous les regards de toute l'armée que sous les regards de celui qu'il aime ; il aimerait mieux mourir mille fois que de subir une telle honte. Quant à abandonner son ami, ou à ne pas le secourir dans le danger, il n'y a point d'homme si lâche qu'Eros ne suffît alors à enflammer de courage au point d'en faire un vrai héros ; et vraiment, ce que dit Homère, « que le dieu soufflait la vaillance à certains héros (1) », Eros le fait de lui-même à ceux qui aiment.

VII. — Il est certain que les amants seuls savent mourir l'un pour l'autre, et je ne parle pas seulement des hommes, mais aussi des femmes. La fille de Pélias, Alceste, en fournit à la Grèce un exemple probant : seule elle consentit à mourir pour son époux, alors qu'il avait son père et sa mère (2), et son amour dépassa de si loin leur tendresse qu'elle les fit paraître étrangers à leur fils et qu'ils semblèrent n'être ses parents que de nom ; et sa conduite parut si belle non seulement aux hommes, mais encore aux dieux

---

(1) Hom., *Il.*, X, 482, τῷ δ' ἔμπνευσε μένος γλαυκῶπις Ἀθήνη : Athéné aux yeux étincelants lui (à Diomède) souffla la vaillance, et XV, 262, ὣς εἰπὼν ἔμπνευσε μένος μέγα ποιμένι λαῶν : Ayant ainsi parlé, Apollon souffla un grand courage au pasteur de peuples (Hector).
(2) Voy. Euripide, *Alceste*, 15. sq : « Il éprouva successivement tous ses amis, et son père, et sa vieille mère qui l'a enfanté; il ne trouva que sa femme qui voulût mourir pour lui et renoncer à la lumière. »

qu'elle lui valut une faveur bien rare. Parmi tant d'hommes, auteurs de tant de belles actions, on compterait aisément ceux dont les dieux ont rappelé l'âme du Hadès : ils rappelèrent pourtant celle d'Alceste par admiration pour son héroïsme : tant les dieux mêmes estiment le dévouement et la vertu qui viennent de l'amour. Au contraire ils renvoyèrent du Hadès Orphée, fils d'Œagros, sans lui rien accorder, et ils ne lui montrèrent qu'un fantôme de la femme qu'il était venu chercher, au lieu de lui donner la femme elle-même, parce que, n'étant qu'un joueur de cithare, il montra peu de courage et n'eut pas le cœur de mourir pour son amour, comme Alceste, et chercha le moyen de pénétrer vivant dans le Hadès ; aussi les dieux lui firent payer sa lâcheté et le firent mettre à mort par des femmes. Au contraire ils ont honoré Achille, fils de Thétis et l'ont envoyé dans les îles des Bienheureux (1), parce que, prévenu par sa mère qu'il mourrait, s'il tuait Hector, et qu'il reverrait son pays, s'il ne le tuait pas, et y finirait sa vie, chargé d'années (2), il préféra résolument secourir son amant Patrocle et non seulement mourir pour le venger, mais encore mourir sur son corps. Aussi les dieux charmés l'ont-ils honoré par-dessus tous les hommes, pour avoir mis à si haut prix son amant. Eschyle nous fait des contes quand il affirme que c'est Achille qui aimait Patrocle,

---

(1) Il est dit dans la chanson d'Harmodios et d'Aristogiton : « Très cher Harmodios, tu n'es pas mort ; tu es, dit-on, dans les îles des Bienheureux, là même où sont Achille aux pieds rapides et Diomède, fils de Tydée. »
(2) Ce n'est pas exactement ce que dit Homère. Thétis prédit seulement, *Il.*, XVIII, 94, qu'Achille mourra peu après Hector. C'est Achille lui-même qui dit (*Il.*, IX, 414) qu'il parviendra à une grande vieillesse, s'il renonce à la guerre et retourne chez lui.

Achille, qui l'emportait en beauté, non seulement sur Patrocle, mais encore sur tous les héros, qui était encore imberbe et qui, au dire d'Homère, était de beaucoup le plus jeune. Si réellement les dieux honorent hautement la vertu inspirée par l'amour, ils admirent, ils aiment, ils comblent encore davantage le dévouement de l'ami pour l'amant que celui de l'amant pour son ami ; l'amant en effet est plus près des dieux que l'ami, puisqu'il est possédé d'un dieu (1). C'est pour cela qu'ils ont honoré Achille plus qu'Alceste, en l'envoyant dans l'île des Bienheureux.

Je conclus qu'Eros est de tous les dieux le plus ancien, le plus honoré, le plus capable de donner la vertu et le bonheur aux hommes soit durant leur vie, soit après leur mort ».

VIII. — Tel fut à peu près, dit Aristodème, le discours de Phèdre ; après il y en eut d'autres dont il ne se souvenait pas bien ; il les passa et en vint à celui de Pausanias qui parla ainsi :

« Il semble, Phèdre, que c'est mal poser la question que de nous faire ainsi simplement louer Eros. Si en effet il n'y avait qu'un Eros, ce serait bien ; mais Eros n'est pas unique, et s'il n'est pas unique, il est juste de dire d'abord lequel il faut louer. Je vais donc tâcher de rectifier ce point, de déterminer d'abord quel Eros il faut louer, ensuite de louer dignement le dieu. Nous savons tous qu'Aphrodite ne va pas sans Eros ; s'il n'y avait qu'une Aphrodite, il n'y aurait qu'un Eros ; mais, puisqu'il y a deux Aphro-

---

(1) Il a donc moins de peine et moins de mérite à se sacrifier.

dites, il est de toute nécessité qu'il y ait deux Eros. Peut-on nier en effet l'existence des deux déesses, l'une ancienne et sans mère, fille d'Ouranos, que nous appelons céleste (Ourania) (1), l'autre plus jeune, fille de Zeus et de Dioné, que nous appelons populaire (Pandémos) (2) ; il s'ensuit nécessairement que l'Eros qui sert l'une doit s'appeler populaire, celui qui sert l'autre, céleste. Or il faut sans doute louer tous les dieux, mais il faut essayer de déterminer les attributions de chacun des deux Eros. Toute action en effet n'est par elle-même ni belle, ni mauvaise ; par exemple, ce que nous faisons maintenant, boire, chanter, causer, rien de tout cela n'est beau en soi, mais devient tel, selon la manière dont on le fait, beau, si on le fait suivant les règles de l'honnête et du juste, mauvais, si on le fait contrairement à la justice. Il en est de même de l'amour et d'Eros : tout amour n'est pas beau et louable, mais seulement celui qui fait aimer honnêtement.

IX. — L'Eros de l'Aphrodite populaire est véritablement populaire et ne connaît pas de règles ; c'est l'amour dont aiment les hommes vulgaires. L'amour de ces gens-là s'adressse d'abord aux femmes aussi bien qu'aux garçons, au corps de ceux qu'ils aiment plutôt qu'à l'âme, enfin aux plus sots qu'ils puissent rencontrer ; car ils n'ont en vue que la

(1) Il y avait à Athènes deux temples d'Aphrodite Ourania, l'un à Colônos Agoraios, près du temple d'Héphaistos, avec une statue de la déesse en marbre de Paros de la main de Phidias ; l'autre aux Jardins (Κῆποι) au sud-est d'Athènes, avec une statue de la déesse, qui était l'œuvre d'Alcamène, élève de Phidias.
(2) Aphrodite Pandémos avait son sanctuaire sur la paroi sud de l'Acropole au-dessous du temple de Niké (la Victoire). C'est à ce temple que Solon rattacha la réglementation de la prostitution à Athènes.

jouissance et ne s'inquiètent pas de l'honnêteté ; aussi leur arrive-t-il de faire sans discernement, soit le bien, soit le mal ; car un tel amour vient de la déesse qui est de beaucoup la plus jeune des deux et qui tient par son origine de la femelle comme du mâle ; l'autre au contraire vient de l'Aphrodite céleste, qui ne procède que du sexe masculin, à l'exclusion du féminin (1), qui est la plus vieille et qui ne connaît point la violence. De là vient que ceux que l'Eros céleste inspire tournent leur tendresse vers le sexe masculin, naturellement plus fort et plus intelligent ; et même parmi eux, on peut reconnaître ceux qui subissent uniquement l'influence de cet Eros en ce qu'ils n'aiment pas ceux qui sont encore des enfants, mais ceux qui commencent à prendre de l'intelligence, ce qui arrive vers le temps de la puberté. En s'attachant aux jeunes gens de cet âge, ils ont bien le dessein de rester toujours ensemble et de vivre en commun, au lieu de courir à d'autres amours, après avoir trompé un jeune sot qui leur sert de risée. Il devrait y avoir une loi qui défende d'aimer les enfants, afin qu'on ne gaspille pas tant de soins pour une chose incertaine ; car on ne peut prévoir ce que deviendra un enfant et s'il tournera bien ou mal soit au moral, soit au physique. Les hommes de bien s'imposent spontanément cette loi à eux-mêmes ; il faudrait l'imposer aussi aux amants vulgaires, comme on les contraint, dans la mesure du possible, à s'abstenir d'aimer les femmes de condition libre. Ce sont eux en effet qui ont décrié l'amour des garçons, au point que certaines gens osent dire que c'est une honte de

---

(1) Je supprime ici les mots : « et cet amour est celui des garçons », qui sont une glose.

complaire à un amant ; s'ils parlent ainsi, c'est en voyant les amours déplacés de ces amants malhonnêtes ; car aucune action conforme à l'ordre et à la loi ne mérite d'être blâmée.

La règle sur laquelle on juge l'amour dans les autres Etats est facile à saisir ; car elle est simple et précise ; ici au contraire et à Lacédémone (1), elle est compliquée ; en Elide, en Béotie et dans les pays où l'on n'est pas habile à parler, on admet simplement qu'il est bien d'accorder ses faveurs à son amant, et personne, ni vieux, ni jeune, ne dirait qu'il y a là de la honte ; on veut je crois échapper à l'embarras de gagner les jeunes garçons par la parole, parce qu'on ne sait pas parler. En Ionie au contraire et dans beaucoup d'autres pays où dominent les barbares, l'amour des garçons passe pour honteux ; les barbares en effet, craignant pour leur tyrannie, attachent de la honte à cet amour, comme à la philosophie et à la gymnastique : ce n'est pas, n'est-ce pas, l'affaire des tyrans de laisser se former parmi leurs sujets de grands courages, ni des amitiés et des sociétés solides, comme l'amour excelle à en former. C'est ce que l'expérience apprit aux tyrans d'Athènes. L'amour d'Aristogiton et l'amitié d'Harmodios solidement cimentées détruisirent leur domination. Ainsi là où la coutume s'est établie de tenir pour honteuses les faveurs qu'on accorde à un amant, elle ne règne que par la faute de ceux qui l'ont établie, je veux dire par l'ambition des gouvernants et

---

(1) Certains critiques, considérant que Lacédémone était une des cités de la Grèce où l'amour des garçons était le plus en faveur, ont pensé qu'il y avait ici une erreur de copiste, et qu'il fallait transporter ces mots « à Lacédémone » dans la phrase suivante et mettre Lacédémone avec l'Elide et la Béotie.

la lâcheté des gouvernés ; là où la loi les approuve tout simplement, c'est par la paresse d'esprit de ses auteurs ; mais chez nous la loi repose sur des raisons plus belles et, comme je le disais, délicates à débrouiller.

X. — En effet (1) si l'on fait réflexion que suivant l'opinion courante il est plus beau d'aimer ouvertement que d'aimer en cachette, et surtout d'aimer les les jeunes gens les plus généreux et les plus vertueux, fussent-ils moins beaux que les autres ; que d'autre part les amoureux reçoivent de tout le monde des encouragements extraordinaires, comme s'ils ne faisaient rien que d'honorable ; que le succès leur fait honneur, l'insuccès, honte, et que la loi donne à l'amoureux qui entreprend une conquête la licence de faire avec l'approbation publique toutes sortes d'extravagances qu'on n'oserait pas commettre, si l'on voulait poursuivre et réaliser tout autre dessein, sans encourir les reproches les plus graves, — si en effet quelqu'un consentait, en vue de recevoir de l'argent ou d'obtenir une magistrature ou quelque autre place, à faire ce que font les amants pour l'objet aimé, quand ils appuyent leurs prières de supplications et d'objurgations, font des serments, couchent aux portes, descendent à une servilité qui répugnerait même à un esclave, il serait empêché d'agir ainsi et par ses amis et par ses ennemis, les uns lui reprochant ses adulations et ses bassesses, les autres l'admonestant et rougissant pour lui, tandis

(1) On trouvera dans cette longue phrase dont j'ai gardé la contexture un exemple de l'aisance avec laquelle Platon manie le style périodique.

qu'au contraire on passe à l'amant toutes ces extravagances et que la loi lui permet de les commettre sans honte, comme s'il faisait quelque chose d'irréprochable ; et, ce qu'il y a de plus fort, c'est que, selon le dicton populaire, seul le parjure d'un amant obtient grâce devant les dieux, car on dit qu'un serment d'amour n'engage pas ; c'est ainsi que les dieux et les hommes donnent à l'amant toute licence, comme l'atteste la loi d'Athènes — si, dis-je, on fait réflexion sur tout cela, on sera conduit à penser qu'il est parfaitement honorable dans cette ville et d'aimer et de payer d'amitié qui nous aime. Mais en revanche quand on voit les pères mettre les garçons qu'on poursuit sous la surveillance de pédagogues, défendre à ces enfants de parler à leurs amants et prescrire aux pédagogues de faire observer cette défense ; quand on voit d'autre part que les garçons de leur âge et leurs camarades, lorsqu'ils les voient nouer de telles relations, leur en font honte, et que les vieillards de leur côté ne s'opposent pas à ces taquineries, n'en blâment pas les auteurs et ne leur trouvent point de tort, quand on considère, dis-je, ces procédés, on pourrait croire au contraire que l'amour des garçons passe ici pour une chose infamante. Voici ce qui en est, à mon avis. L'amour n'est pas une chose simple. J'ai dit en commençant qu'il n'était de soi ni beau ni laid, mais que, pratiqué honnêtement, il était beau, malhonnêtement, laid. Or c'est le pratiquer malhonnêtement que d'accorder ses faveurs à un homme mauvais ou pour de mauvais motifs ; honnêtement, de les accorder à un homme de bien ou pour des motifs honorables. J'appelle mauvais l'amant populaire qui aime le corps plus que l'âme ; car son amour n'est pas durable, puisqu'il s'attache à une chose sans durée, et quand disparaît la fleur de la beauté qu'il aimait, il s'envole, trahissant ses discours et ses promesses, tandis que l'amant d'une belle âme reste fidèle toute sa vie, parce qu'il s'est uni à une chose durable. L'opinion parmi nous veut qu'on soumette les amants à une épreuve exacte et honnête, qu'on cède aux uns, qu'on fuie les autres ; aussi encourage-t-elle à la fois l'amant à poursuivre et l'aimé à fuir ; elle examine, elle éprouve à quelle espèce appartient l'amant, à quelle espèce, l'aimé. C'est pour cette raison qu'elle attache de la honte à se rendre vite : elle veut qu'on prenne du temps ; car l'épreuve du temps est généralement sûre. Il n'est pas beau non plus de céder au prestige des richesses et du pouvoir, soit qu'on tremble devant la persécution et qu'on n'ose y résister, soit qu'on ne sache pas s'élever au-dessus des séductions de l'argent et des emplois ; car rien de tout cela ne paraît ni ferme ni stable, outre qu'une amitié généreuse ne saurait en sortir. Il ne reste donc, étant donné l'esprit de nos mœurs, qu'une seule manière honnête pour l'aimé de complaire à l'amant ; car de même qu'il n'y a, nous l'avons dit, ni bassesse ni honte dans la servitude volontaire, si complète soit-elle, de l'amant envers l'aimé, ainsi n'y a-t-il aussi qu'une autre servitude volontaire qui échappe au blâme : c'est la servitude où l'on s'engage pour la vertu.

XI. — C'est une opinion qui fait loi chez nous que si quelqu'un se résout à en servir un autre, parce qu'il espère, grâce à lui, faire des progrès dans la sagesse ou dans toute autre partie de la vertu (1), cet esclavage volontaire ne comporte non plus ni honte ni bassesse. Il faut que ces deux lois concourent au même but, et celle qui concerne l'amour des garçons, et celle qui concerne la philosophie et les autres parties de la vertu, si l'on veut qu'il soit beau d'accorder ses faveurs à un amant ; car lorsque l'amant et l'aimé s'accordent à prendre pour loi, l'un, de rendre au bien-aimé complaisant tous les services compatibles avec la justice, l'autre, d'avoir toutes les complaisances compatibles avec la justice pour celui qui le rend sage et bon, l'un pouvant contribuer à donner la sagesse et toutes les autres vertus, l'autre cherchant la science et la sagesse ; quand donc cet accord se rencontre, alors seulement il est honnête de se donner à un amant ; autrement, non pas. Alors il n'y a pas de honte même à être trompé, tandis qu'en tout autre cas, trompé ou non, on se déshonore. Si en effet quelqu'un se rend à un amant par cupidité, parce qu'il le croit riche, et qu'il soit trompé et n'en obtienne pas d'argent, l'amant se trouvant être pauvre, il n'encourt pas moins de honte ; un tel homme en effet découvre le fond de son âme et laisse voir que pour de l'argent il est prêt à toutes les complaisances envers le premier venu, et cela n'est pas beau. Le même raisonnement s'applique à celui qui se rend à un amant, parce qu'il le croit vertueux et qu'il espère se perfectionner grâce à son amitié : s'il est trompé, l'amant se trouvant être mauvais et sans vertu, sa déception est néanmoins honorable ;

---

(1) La sagesse ou la science (σοφία ou φρόνησις) fait partie de la vertu, non-seulement suivant Socrate et Platon, mais suivant les gens cultivés de ce temps. Cf. Soph., Œdipe-Roi, 600.

car lui aussi montre le fond de son âme, et laisse voir qu'il est prêt à toutes les complaisances envers n'importe qui, pour acquérir la vertu et devenir meilleur, et ceci, par contre, est singulièrement beau. La conclusion est qu'il est parfaitement honorable de se donner en vue de la vertu.

Cet amour est celui de l'Aphrodite céleste, céleste lui-même, utile à l'Etat et aux particuliers ; car il contraint et l'amant et l'aimé à veiller soigneusement sur eux-mêmes pour se rendre vertueux. Tous les autres amours appartiennent à l'autre déesse, la populaire. Voilà, Phèdre, tout ce que je puis t'improviser sur l'Amour, pour payer ma quote-part. »

Pausanias ayant fait une pause — voilà une allitération que les sophistes m'ont apprise — le tour d'Aristophane, dit Aristodème, était venu ; mais le hasard voulut que, soit pour avoir trop mangé, soit pour autre chose, il fût pris d'un hoquet et mis hors d'état de parler. Il dit au médecin Eryximaque, assis au-dessous de lui : « Il faut, Eryximaque, ou que tu fasses cesser mon hoquet, ou que tu parles à ma place, en attendant qu'il cesse ». Eryximaque répondit : « Je ferai l'un et l'autre. Je parlerai à ta place, et quand tu seras débarrassé de ton hoquet, tu parleras à la mienne ; maintenant si tu veux bien, pendant que je parlerai, retenir ta respiration, peut-être en seras-tu quitte ; sinon, gargarise-toi avec de l'eau ; si ton hoquet résiste, prends quelque chose pour te gratter le nez et te faire éternuer, et, quand tu auras éternué une ou deux fois, si tenace que soit ton hoquet, il passera. — Hâte-toi de prendre la parole, dit Aristophane ; de mon côté, je suivrai tes prescriptions ».

XII. — Alors Eryximaque prit la parole : « Il me paraît nécessaire, puisque Pausanias, après avoir bien débuté, n'a pas développé suffisamment son sujet, d'essayer de compléter son discours. J'approuve en effet la distinction qu'il a faite des deux Eros ; mais la pratique de la médecine m'a fait voir que ce n'est pas seulement dans les âmes des hommes, à l'égard des belles créatures, qu'Eros fait sentir sa puissance, qu'il a beaucoup d'autres objets et règne aussi sur les corps de tous les animaux, sur les plantes, en un mot sur tous les êtres, et qu'Eros est réellement un grand, un admirable dieu, qui étend son empire à toutes les choses divines et humaines (1). Je parlerai d'abord de la médecine, pour faire honneur à mon art.

La nature corporelle est soumise aux deux Eros ; car ce qui est sain dans le corps et ce qui est malade sont, il faut bien le reconnaître, des choses tout à fait différentes qui désirent et aiment des choses différentes. L'amour qui règne dans une partie saine diffère donc de celui qui règne dans une partie malade. Ainsi de même qu'il est beau, comme le disait tout à l'heure Pausanias, d'accorder ses faveurs aux honnêtes gens, et honteux, aux débauchés, de même aussi, quand il s'agit du corps, il est beau et même nécessaire de complaire à ce qui est bon et sain dans chacun — et c'est précisément cela qu'on appelle la médecine ; — mais il est honteux de céder et il

---

(1) Eryximaque reprend la doctrine des anciens philosophes qui prétendaient que les éléments discordants qui composent l'univers avaient été conciliés et ordonnés par la concorde et l'amitié. Cf. Aristoph., *Oiseaux*, 695 sqq. : « La race des dieux n'exista point avant qu'Eros eût mêlé toutes choses ; quand elles furent mêlées les unes aux autres, on vit naître le ciel, l'Océan, la terre et la race immortelle de tous les dieux bienheureux. » Cf. aussi Aristote, *Mét.*, I, 4.

faut résister à ce qui est mauvais et maladif, si l'on veut être un habile praticien. La médecine, en effet, pour la définir d'un mot, est la science des mouvements amoureux du corps relativement à la réplétion et à l'évacuation et celui qui discerne dans ces mouvements le bon et le mauvais amour est le médecin le plus habile (1), et celui qui peut changer les dispositions du corps au point de substituer un amour à l'autre, et qui sait faire naître l'amour là où il n'est pas, mais devrait être, ou l'ôter de là où il se trouve, est un bon praticien. Un bon praticien en effet doit être capable d'établir l'amitié et l'amour entre les éléments les plus hostiles du corps. Or les éléments les plus hostiles sont les éléments les plus contraires, le froid et le chaud, l'amer et le doux, le sec et l'humide et les autres analogues. C'est parce qu'il sut mettre l'amour et la concorde entre ces éléments que notre ancêtre Asclépios, au dire des poètes, et je les en crois, a fondé notre art. La médecine est donc, comme je l'ai dit, gouvernée tout entière par le dieu Eros, comme aussi la gymnastique et l'agriculture. Quant à la musique, il est clair, pour peu qu'on y prête attention, qu'elle est dans le même cas. C'est peut-être ce qu'Héraclite voulait dire, bien qu'il ne se soit pas bien expliqué, quand il affirmait que l'unité s'opposant à elle-même produit l'accord, comme l'harmonie de l'arc et de la lyre (2). C'est

---

(1) Hippocrate (*De Flat.* p. 296, éd. Foës) définit ainsi la médecine : « La médecine est addition et retranchement, retranchement de ce qui est par excès, addition de ce qui fait défaut, et celui qui pratique le mieux ces deux choses est le meilleur médecin. »

(2) « Tout, en se divisant, se réunit, comme l'harmonie de l'archet et de la lyre. » A cette image de la lyre, Héraclite joignait encore celle de l'arc, où la corde tendue et détendue s'oppose et s'unit tour à tour au demi-cercle qui la soutient. V. Fouillée, *Histoire de la philosophie*, *Héraclite*.

une grande absurdité de dire que l'harmonie est une opposition ou qu'elle se forme d'éléments qui restent opposés ; mais peut-être voulait-il dire qu'elle est formée d'éléments auparavant opposés, l'aigu et le grave, mis d'accord ensuite par l'art musical. En effet, l'harmonie ne saurait naître de choses qui restent opposées, je veux dire l'aigu et le grave ; car qui dit harmonie dit consonnance et qui dit consonnance dit accord, et l'accord ne saurait résulter d'éléments opposés, tant qu'ils restent opposés ; et l'harmonie à son tour ne saurait résulter d'éléments opposés qui ne se mettent pas d'accord. De même que l'harmonie, le rythme est formé d'éléments d'abord opposés, ensuite accordés, les brèves et les longues. L'accord en tout cela, c'est la musique, comme plus haut la médecine, qui l'établit, en y mettant l'amour et la concorde, et l'on peut dire de la musique aussi qu'elle est la science de l'amour relativement à l'harmonie et au rythme. Et il n'est pas difficile de distinguer le rôle de l'amour dans la constitution même de l'harmonie et du rythme. Ici il n'y a pas double amour ; mais quand il faut mettre en œuvre à l'usage des hommes le rythme et l'harmonie, soit en inventant, ce qui s'appelle composition, soit en appliquant correctement les airs et les mètres inventés, ce qu'on appelle instruction, c'est là qu'est la difficulté et qu'il faut un artiste habile ; car nous retrouvons ici le principe qu'il faut complaire aux hommes sages et viser à rendre sages ceux qui ne le sont pas encore, et encourager leur amour, qui est l'amour honnête, l'amour céleste, l'amour de la muse Ourania. Au contraire celui de Polymnia, c'est l'amour populaire : il ne faut jamais l'offrir qu'avec précaution, de manière à en goûter le plaisir, sans aller jusqu'à l'incontinence. De même dans notre art il est difficile de bien régler les désirs de la gourmandise, de manière à jouir du plaisir sans se rendre malade. Il faut donc et dans la musique et dans la médecine, et dans toutes choses, soit divines, soit humaines, pratiquer l'un et l'autre amour dans la mesure permise, puisqu'ils s'y rencontrent tous les deux.

XIII. — Ils se rencontrent aussi tous les deux dans la constitution des saisons de l'année. Quand les contraires dont je parlais tout à l'heure, le chaud et le froid, le sec et l'humide se trouvent dans leurs rapports sous l'influence de l'amour réglé et se mélangent dans un harmonieux et juste tempérament, ils apportent l'abondance et la santé aux hommes, aux animaux et aux plantes, sans nuire à quoi que ce soit ; mais quand c'est l'amour désordonné qui prévaut dans les saisons, il gâte et abîme bien des choses ; car ses dérèglements occasionnent d'ordinaire des pestes et beaucoup d'autres maladies variées aux animaux et aux plantes ; les gelées, la grêle, la nielle proviennent en effet du défaut de proportion et d'ordre que cet amour met dans l'union des éléments. La connaissance des influences de l'amour sur les révolutions des astres et les saisons de l'année s'appelle astronomie. En outre tous les sacrifices et tout ce qui relève de la divination, laquelle met en communication les hommes et les dieux, n'ont pas d'autre objet que d'entretenir ou de guérir l'amour ; car toute impiété vient de ce que nous refusons de céder à l'Eros réglé, de l'honorer, de le révérer, pour révérer l'autre Eros, dans toute notre conduite, soit envers nos parents vivants ou morts, soit envers les dieux. Telle est la multiple, l'immense ou plutôt l'universelle puissance qu'Eros possède en général ; mais c'est quand il cherche le bien dans les voies de la sagesse et de la justice, soit chez nous, soit chez les dieux, qu'Eros possède la plus grande puissance et nous procure le bonheur complet, en nous rendant capables de vivre en société et d'être les amis même des dieux, si élevés au-dessus de nous.

Peut-être moi aussi, en louant Eros, j'ai commis plus d'un oubli, mais c'est involontairement. D'ailleurs, s'il m'est échappé quelque chose, c'est à toi, Aristophane, à le suppléer. Cependant si tu as l'intention de louer le dieu autrement, fais-le, puisque aussi bien ton hoquet a passé ».

Aristophane prit la parole à son tour et dit : « Sans doute il a cessé, mais pas avant de lui avoir appliqué le remède de l'éternuement ; aussi j'admire que le bon état du corps réclame des bruits et des chatouillements tels que l'éternuement ; aussitôt que je lui ai appliqué l'éternuement, le hoquet a cessé. — Mon ami, dit Eryximaque, Aristophane, mon ami, prends garde à ce que tu fais. Tu fais rire à mes dépens, au moment de prendre la parole : c'est me forcer à surveiller ton discours, pour voir si tu ne diras rien qui prête à rire, quand tu pourrais parler en toute sécurité. » Aristophane se mit à rire et dit : « Tu as raison, Eryximaque ; fais comme si je n'avais rien dit ; ne me surveille pas, car je crains dans le discours que j'ai à faire, non pas de faire rire : ce serait une bonne fortune pour nous et c'est le propre de ma muse, mais de dire des choses ridicules. — Tu m'as décoché ton trait, et tu penses m'échapper, Aristophane ? Fais attention et parle comme un homme qui rendra raison. Je ne veux pas dire pourtant que, s'il me convient, je ne te fasse grâce.

XIV. — Oui, Eryximaque, dit Aristophane, j'ai l'intention de parler autrement que vous ne l'avez fait, toi et Pausanias. Il me semble en effet que les hommes ne se sont nullement rendu compte de la puissance d'Eros ; s'ils s'en rendaient compte, ils lui consacreraient les temples et les autels les plus magnifiques et lui offriraient les plus grands sacrifices, tandis qu'à présent on ne lui rend aucun de ces honneurs, alors que rien ne serait plus convenable. Car c'est le dieu le plus ami des hommes, puisqu'il les secourt et les guérit de maux dont la guérison donnerait à l'humanité le plus grand bonheur. Je vais donc essayer de vous initier à sa puissance, et vous en instruirez les autres. Mais il faut d'abord que vous appreniez à connaître la nature humaine et ses transformations.

Jadis notre nature n'était pas ce qu'elle est à présent, elle était bien différente. D'abord il y avait trois espèces d'hommes, et non deux, comme aujourd'hui : le mâle, la femelle et outre ces deux-là, une troisième composée des deux autres ; le nom seul en reste aujourd'hui, l'espèce a disparu. C'était l'espèce androgyne qui avait la forme et le nom des deux autres, mâle et femelle, dont elle était formée ; aujourd'hui elle n'existe plus, ce n'est plus qu'un nom décrié. De plus chaque homme était dans son ensemble de forme ronde (1), avec un dos et des flancs arrondis,

---

(1) Les éditeurs modernes expliquent στρόγγυλον par cylindrique ; mais Platon dit formellement plus bas que les hommes étaient sphériques, comme le soleil, la terre et la lune.

quatre mains, autant de jambes, deux visages tout à fait pareils sur un cou rond, et sur ces deux visages opposés une seule tête, quatre oreilles, deux organes de la génération et tout le reste à l'avenant. Il marchait droit, comme à présent, dans le sens qu'il voulait, et, quand il se mettait à courir vite, il faisait comme les saltimbanques qui tournent en cercle en lançant leurs jambes en l'air ; s'appuyant sur leurs membres qui étaient au nombre de huit, ils tournaient rapidement sur eux-mêmes. Et ces trois espèces étaient ainsi conformées parce que le mâle tirait son origine du soleil, la femelle de la terre, l'espèce mixte de la lune, qui participe de l'un et de l'autre. Ils étaient sphériques et leur démarche aussi, parce qu'ils ressemblaient à leurs parents ; ils étaient aussi d'une force et d'une vigueur extraordinaires, et comme ils avaient de grands courages, ils attaquèrent les dieux, et ce qu'Homère dit d'Ephialte et d'Otos (1), on le dit d'eux, à savoir qu'ils tentèrent d'escalader le ciel, pour combattre les dieux.

XV. — Alors Zeus délibéra avec les autres dieux sur le parti à prendre. Le cas était embarrassant : ils ne pouvaient se décider à tuer les hommes et à détruire la race humaine à coups de tonnerre, comme ils avaient fait celle des géants ; car c'était anéantir les hommages et le culte que les hommes rendent aux dieux ; d'un autre côté, ils ne pouvaient non plus tolérer leur insolence. Enfin Jupiter, ayant trouvé non sans peine un expédient, prit la parole ; « Je crois, dit-il, tenir le moyen de conserver les hommes

---

(1) Sur Ephialte et Otos, fils de Neptune et d'Iphimédie, voyez Homère, *Odys.*, XI, v. 307 et suivants.

tout en mettant un terme à leur licence : c'est de les rendre plus faibles. Je vais immédiatement les couper en deux l'un après l'autre ; nous obtiendrons ainsi le double résultat de les affaiblir et de tirer d'eux davantage, puisqu'ils seront plus nombreux. Ils marcheront droit sur deux jambes. S'ils continuent à se montrer insolents et ne veulent pas se tenir en repos, je les couperai encore une fois en deux, et les réduirai à marcher sur une jambe à cloche-pied. Ayant ainsi parlé, il coupa les hommes en deux, comme on coupe des alizes pour les sécher (1) ou comme on coupe un œuf avec un cheveu (2) ; et chaque fois qu'il en avait coupé un, il ordonnait à Apollon de retourner le visage et la moitié du cou du côté de la coupure, afin qu'en voyant sa coupure, l'homme devînt plus modeste, et il lui commandait de guérir le reste. Apollon retournait donc le visage, et, ramassant de partout la peau sur ce qu'on appelle à présent le ventre, comme on fait des bourses à courroie, il ne laissait qu'un orifice et liait la peau au milieu du ventre : c'est ce qu'on appelle le nombril. Puis il polissait la plupart des plis et façonnait la poitrine avec un instrument pareil à celui dont les cordonniers se servent pour polir sur la forme les plis du cuir ; mais il laissait quelques plis, ceux qui sont au ventre même et au nombril, pour être un souvenir de l'antique châtiment. Or quand le corps eut été ainsi divisé, chacun regrettant sa moitié, allait à elle ;

---

(1) Cf. Varron, *De Re Rustica*, I, 59 : (putant manere) sorba quidam dissecta et in sole macerata, ut pira, et sorba per se ubicumque sint posita, in arido facile durare. »

(2) Couper des œufs avec des cheveux était une expression proverbiale. Était-ce un jeu ? était-ce une manière de divination ? Les Orphiques pratiquaient la divination par l'examen des œufs, ὠοσκοπία. Peut-être les coupaient-ils en deux.

et, s'embrassant et s'enlaçant les uns les autres avec le désir de se fondre ensemble, les hommes mouraient de faim et d'inaction, parce qu'ils ne voulaient rien faire les uns sans les autres ; et quand une moitié était morte et que l'autre survivait, celle-ci en cherchait une autre et s'enlaçait à elle, soit que ce fût une moitié de femme entière — ce qu'on appelle une femme aujourd'hui — soit que ce fût une moitié d'homme, et la race s'éteignait. Alors Zeus touché de pitié imagine un autre expédient : il transpose les organes de la génération sur le devant ; jusqu'alors ils les portaient derrière, et ils engendraient et enfantaient non point les uns dans les autres, mais sur la terre, comme les cigales (1). Il plaça donc les organes sur le devant et par là fit que les hommes engendrèrent les uns dans les autres, c'est-à-dire le mâle dans la femelle. Cette disposition était à deux fins : si l'étreinte avait lieu entre un homme et une femme, ils enfanteraient pour perpétuer la race, et, si elle avait lieu entre un mâle et un mâle, la satiété les séparerait pour un temps, ils se mettraient au travail et pourvoiraient à tous les besoins de l'existence. C'est de ce moment que date l'amour inné des hommes les uns pour les autres : l'amour recompose l'antique nature, s'efforce de fondre deux êtres en un seul, et de guérir la nature humaine.

XVI. — Chacun de nous est donc comme une tessère d'hospitalité (2), puisque nous avons été coupés

---

(1) Les cigales font cela au moyen d'un aiguillon que la femelle a par derrière et qui égale en grosseur le tiers de la bête. Elles percent la terre avec cet aiguillon, qui s'ouvre alors pour laisser tomber les œufs dans le sable où le soleil les couve.
(2) Σύμβολον, tessera hospitalis, marque d'hospitalité. Cette marque consistait en un osselet (ἀστράγαλον) partagé en deux par-

comme des soles et que d'un nous sommes devenus deux ; aussi chacun cherche sa moitié. Tous les hommes qui sont une moitié de ce composé des deux sexes que l'on appelait alors androgyne aiment les femmes, et c'est de là que viennent la plupart des hommes adultères ; de même toutes les femmes qui aiment les hommes et pratiquent l'adultère appartiennent aussi à cette espèce. Mais toutes celles qui sont une moitié de femme, ne prêtent aucune attention aux hommes, elles préfèrent s'adresser aux femmes et c'est de cette espèce que viennent les tribades. Ceux qui sont une moitié de mâle s'attachent aux mâles, et tant qu'ils sont enfants, comme ils sont de petites tranches de mâle, ils aiment les hommes et prennent plaisir à coucher avec eux et à être dans leurs bras, et ils sont parmi les enfants et les jeunes garçons les meilleurs, parce qu'ils sont les plus mâles de nature. Certains disent qu'ils sont sans pudeur ; c'est une erreur : ce n'est point par impudence, mais par hardiesse, courage et virilité qu'ils agissent ainsi, s'attachant à ce qui leur ressemble, et en voici une preuve convaincante, c'est que, quand ils ont atteint leur complet développement, les garçons de cette nature sont les seuls qui se consacrent au gouvernement des Etats. Quand ils sont devenus des hommes, ils aiment les garçons, et s'ils se marient et ont des enfants, ce n'est point qu'ils suivent un penchant naturel, c'est qu'ils y sont contraints par la loi : ils se contenteraient de vivre ensemble, en célibataires. Il faut donc absolument qu'un tel

---

tles. On en gardait une, on donnait l'autre à son hôte, au moment du départ. Le rapprochement des deux moitiés permettait plus tard aux mêmes personnes ou à leurs descendants de se reconnaître et de renouer les liens de l'hospitalité.

homme devienne amant ou ami des hommes, parce qu'il s'attache toujours à ce qui lui ressemble.

Quand donc un homme, qu'il soit porté pour les garçons ou pour les femmes, rencontre celui-là même qui est sa moitié, c'est un prodige que les transports de tendresse, de confiance et d'amour dont ils sont saisis ; ils ne voudraient plus se séparer, ne fût-ce qu'un instant. Et voilà les gens qui passent toute leur vie ensemble, sans pouvoir dire d'ailleurs ce qu'ils attendent l'un de l'autre ; car il ne semble pas que ce soit le plaisir des sens qui leur fasse trouver tant de charme dans la compagnie l'un de l'autre. Il est évident que leur âme à tous deux désire autre chose, qu'elle ne peut pas dire, mais qu'elle devine et laisse deviner. Si, pendant qu'ils sont couchés ensemble, Héphaistos leur apparaissait avec ses outils, et leur disait : « Hommes, que désirez-vous l'un de l'autre » ? et si, les voyant embarrassés, il continuait : « L'objet de vos vœux n'est-il pas de vous rapprocher autant que possible l'un de l'autre, au point de ne vous quitter ni nuit ni jour ? Si c'est là ce que vous désirez, je vais vous fondre et vous souder ensemble, de sorte que de deux vous ne fassiez plus qu'un, que jusqu'à la fin de vos jours vous meniez une vie commune, comme si vous n'étiez qu'un, et qu'après votre mort, là-bas, chez Hadès, vous ne soyez pas deux, mais un seul, étant morts d'une commune mort. Voyez si c'est là ce que vous désirez, et si en l'obtenant vous serez satisfaits ». A une telle demande nous savons bien qu'aucun d'eux ne dirait non et ne témoignerait qu'il veut autre chose ; il croirait tout bonnement qu'il vient d'entendre exprimer ce qu'il désirait depuis longtemps, c'est-à-dire de se réunir et de se fondre avec l'objet aimé et de ne plus faire qu'un au lieu de deux. Et la raison en est que notre ancienne nature était telle et que nous étions un tout complet : c'est le désir et la poursuite de ce tout qui s'appelle amour.

Jadis, comme je l'ai dit, nous étions un ; mais depuis à cause de notre injustice, nous avons été séparés par le dieu, comme les Arcadiens par les Lacédémoniens (1). Aussi devons-nous craindre, si nous manquons à nos devoirs envers les dieux, d'être encore une fois divisés et de devenir comme les figures de profil taillées en bas-relief sur les colonnes, avec le nez coupé en deux, ou pareils à des moitiés de jetons (2). Il faut donc s'exhorter les uns les autres à honorer les dieux, afin d'échapper à ces maux et d'obtenir les biens qui viennent d'Eros, notre guide et notre chef. Que personne ne se mette en guerre avec Eros : c'est se mettre en guerre avec lui que de s'exposer à la haine des dieux. Si nous gagnons l'amitié et la faveur du dieu, nous découvrirons et rencontrerons les garçons qui sont nos propres moitiés, bonheur réservé aujourd'hui à peu de personnes. Qu'Eryximaque n'aille pas se moquer de ce que je dis, comme si je parlais de Pausanias et d'Agathon ; peut-être sont-ils en effet de ce petit nombre et tous deux de nature mâle ; je parle des hommes et des femmes en général, et je dis que notre espèce ne saurait être heureuse qu'à une condition, c'est de réaliser nos

---

(1) Cf. Xénophon, *Hell.*, V, 2, 1. C'est en 385 que les Lacédémoniens ayant détruit la ville et les remparts de Mantinée forcèrent les habitants à s'établir dans des bourgs dispersés. Il y a là un audacieux anachronisme, puisque le dialogue est censé avoir lieu en 416

(2) Les λίσπαι ou jetons coupés en deux servaient, comme les tessères, de signes de reconnaissance pour les hôtes et pour leur famille.

aspirations amoureuses, de rencontrer chacun le garçon qui est notre moitié, et de revenir ainsi à notre nature première. Si c'est là le bonheur suprême, il s'ensuit que ce qui s'en rapproche le plus, dans le monde actuel, est le plus grand bonheur que l'on puisse atteindre, je veux dire rencontrer un ami selon son cœur. S'il faut louer le dieu qui le procure, on a raison de louer Eros, qui est dans le présent notre plus grand bienfaiteur et qui nous donne pour l'avenir les plus belles espérances, en nous promettant, si nous rendons aux dieux nos devoirs de piété, de nous remettre dans notre ancien état, de nous guérir et de nous donner le bonheur et la félicité.

Voilà, Eryximaque, mon discours sur Eros : il ne ressemble pas au tien. Je t'en prie encore une fois, ne t'en moque point ; mieux vaut écouter chacun de ceux qui restent ou plutôt les deux seuls qui restent, Agathon et Socrate ».

XVII. — « Je t'obéirai, dit Eryximaque ; car j'ai eu du plaisir à t'entendre, et si je ne savais pas que Socrate et Agathon sont des maîtres en matière d'amour, je craindrais fort de les voir demeurer court, après tant de discours si divers ; néanmoins leur talent me rassure ». Socrate répondit : « Tu as bien soutenu ta partie, Eryximaque ; mais si tu étais au point où j'en suis, ou plutôt où j'en serai, quand Agathon aura fait son beau discours, tu tremblerais et tu serais aussi embarrassé que je le suis à présent. — Tu veux me jeter un sort, Socrate, dit Agathon ; tu veux que je me trouble à la pensée que l'assemblée est dans une grande attente des belles choses que j'ai à dire. — J'aurais bien peu de mémoire, Agathon, répliqua Socrate, si, après t'avoir vu monter si bravement et si hardiment sur l'estrade avec les acteurs et regarder en face sans la moindre émotion une si imposante assemblée, au moment de faire représenter ta pièce, je pensais maintenant que tu vas te laisser troubler par le petit auditoire que nous sommes. — Eh quoi ! Socrate, dit Agathon, tu ne me crois pourtant pas si entêté de théâtre que j'aille jusqu'à ignorer que pour un homme sensé un petit nombre d'hommes sages est plus à craindre qu'une multitude d'ignorants. — J'aurais grand tort, Agathon, dit Socrate, de te croire si peu de goût ; je sais bien au contraire que si tu te trouvais avec un nombre restreint de gens qui te paraîtraient sages, tu aurais plus d'égard à leur jugement qu'à celui de la foule. Mais peut-être ne sommes-nous pas de ces sages ; car enfin nous étions nous aussi au théâtre et faisions partie de la foule. Mais si tu te trouvais avec d'autres qui fussent des sages, peut-être craindrais-tu leur jugement, si tu croyais faire quelque chose de honteux, est-ce vrai ? — C'est vrai, répondit Agathon. — Et ne craindrais-tu pas celui de la foule, si tu pensais commettre une action répréhensible » ? Ici Phèdre, prenant la parole, dit : « Mon cher Agathon, si tu réponds à Socrate, peu lui importe où s'en ira notre entretien, pourvu qu'il ait un interlocuteur, surtout si c'est un beau garçon. J'ai moi-même plaisir à entendre discuter Socrate ; mais je dois veiller à l'éloge d'Eros et recueillir le tribut de louanges de chacun de vous : payez l'un et l'autre votre dette au dieu, vous discuterez ensuite. — Tu as raison, Phèdre, dit Agathon ; je n'ai pas de scrupule à prendre la parole ; car je retrouverai bien d'autres occasions de causer avec Socrate.

XVIII. — Je veux d'abord indiquer comment il faut, à mon sens, louer Éros, puis je ferai son éloge. Il me semble en effet que tous ceux qui ont parlé avant moi n'ont pas loué le dieu, mais félicité les hommes des biens dont ils lui sont redevables ; ce qu'est ce dieu bienfaiteur, on ne l'a pas expliqué. Or en fait de louange, quel qu'en soit le sujet, il n'y a qu'une méthode exacte, c'est d'expliquer la nature, puis les effets de la chose en question. Selon cette méthode, il convient, pour louer Éros, de faire connaître d'abord sa nature, puis ses bienfaits. Or j'affirme que, parmi tous les dieux bienheureux, Éros est, si l'on peut le dire, sans blesser Némésis, le plus heureux de tous, comme étant le plus beau et le meilleur. C'est le plus beau, et voici pourquoi. D'abord c'est le plus jeune des dieux, Phèdre ; lui-même en fournit une preuve convaincante par le fait qu'il échappe à la vieillesse, qui est pourtant, on le sait, bien rapide, car elle vient à nous plus vite qu'il ne faudrait, Éros a pour elle une horreur innée et n'en approche même pas de loin. Jeune, il est toujours avec la jeunesse ; car le vieux dicton a raison : Qui se ressemble s'assemble. Aussi, d'accord avec Phèdre sur beaucoup d'autres points, je ne puis lui accorder celui-ci qu'Éros est plus ancien que Chronos et que Japet. Je soutiens au contraire que c'est le plus jeune des dieux, qu'il est éternellement jeune, et que ces vieilles querelles des dieux, dont parlent Hésiode et Parménide, sont l'œuvre de la Nécessité et non d'Éros, si tant est que ces écrivains aient dit la vérité ; car ces castrations, ces emprisonnements mutuels (1) et tant d'autres violences ne seraient point arrivées, si Eros eût été parmi eux ; au contraire ils auraient vécu dans l'amitié et dans la paix, comme aujourd'hui qu'Eros règne sur les dieux. Etant jeune, il est aussi délicat ; mais il faudrait un Homère pour peindre la délicatesse de ce dieu. Homère dit d'Até qu'elle est déesse et délicate, ou du moins que ses pieds sont délicats : « Elle a des pieds délicats, dit-il ; car elle ne touche point le sol, mais elle marche sur les têtes des hommes (2). » C'est, ce me semble, donner une belle preuve de sa délicatesse que de dire qu'elle ne marche pas sur ce qui est dur, mais sur ce qui est mou. Nous appliquerons le même argument à Eros pour montrer sa délicatesse : il ne marche pas sur la terre, ni sur les têtes, point d'appui qui n'est pas des plus mous ; mais il marche et habite dans les choses les plus molles qui soient au monde ; c'est en effet dans les cœurs et les âmes des dieux et des hommes qu'il établit son séjour, et encore n'est-ce pas dans toutes les âmes indistinctement ; s'il en rencontre qui soient d'un caractère dur, il s'en écarte, et n'habite que celles qui sont douces. Or, puisqu'il touche toujours de ses pieds et de tout son être les choses les plus molles entre les plus molles, il faut bien qu'il soit délicat. Ainsi donc il est le plus jeune et le plus délicat. Il est en outre souple de forme, il ne pourrait,

---

(1) Cf. Eutyphron, ch. IV : « Les hommes eux-mêmes regardent Zeus comme le meilleur et le plus juste des dieux, et ils avouent pourtant qu'il enchaîna son père, qui dévorait ses enfants contre toute justice, et que celui-ci aussi avait châtré son père pour les mêmes motifs. »
(2) *Iliade*, XIX, 92.

s'il était rigide, envelopper de tous côtés son objet, ni entrer dans toute âme et en sortir, sans qu'on s'en aperçoive. Une forte preuve qu'il est flexible et souple est sa grâce, attribut que, de l'aveu de tous, Eros possède à un degré supérieur ; car Eros et la difformité sont en hostilité perpétuelle. Qu'il ait un beau teint, sa vie passée au milieu des fleurs l'indique assez ; car Eros ne s'établit pas sur les objets sans fleur ou défleuris, que ce soit un corps, une âme ou toute autre chose ; mais là où il y a des fleurs et des parfums, là il se pose et demeure.

XIX. — Sur la beauté du dieu, j'en ai dit assez, bien qu'il reste encore beaucoup à dire. Il me faut parler maintenant de la vertu d'Eros. Un très grand avantage est qu'Eros ne fait aucun tort à personne, soit dieu, soit homme, comme il n'en reçoit d'aucun dieu ni d'aucun homme ; en effet, s'il endure quelque chose, ce n'est point par force ; car la violence n'attaque pas Eros, et s'il fait quelque chose, il le fait sans contrainte ; en tout et partout, c'est volontairement qu'on se met au service d'Eros ; or quand on se met d'accord volontairement de part et d'autre, les lois, « reines de la cité (1) », déclarent que c'est justice. Outre la justice, il a eu en partage la plus grande tempérance. On convient en effet, qu'être tempérant c'est dominer les plaisirs et les passions ; or aucun plaisir n'est au-dessus de l'amour ; s'ils lui sont inférieurs, ils sont vaincus par lui, et il est leur vainqueur ; or étant vainqueur des plaisirs et

---

(1) C'est probablement une citation d'Alcidamas, rhéteur de l'école de Gorgias. Voyez Aristote, *Rhét.*, III, 1406ᵃ. Pindare appelle aussi la loi la reine des hommes et des dieux (Frg. de Pindare, t. III, p. 76, éd. Heyn).

des passions, il est supérieurement tempérant (1). Quant au courage, Arès lui-même ne peut tenir tête à Eros ; car ce n'est pas Arès qui maîtrise Eros, c'est Eros qui maîtrise Arès, amoureux, dit-on, d'Aphrodite ; or celui qui maîtrise l'emporte sur celui qui est maîtrisé (2), et celui qui l'emporte sur le plus brave doit être le plus brave de tous. J'ai parlé de la justice, de la tempérance et du courage du dieu : il me reste à parler de son habileté, en tâchant, dans la mesure de mes forces, de ne pas rester au-dessous de mon sujet. Tout d'abord, afin d'honorer moi aussi notre art, comme Eryximaque a fait le sien, je dirai que le dieu est un poète si habile qu'il rend poète qui il veut ; tout homme en effet, fût-il étranger aux Muses, devient poète, quand Eros l'a touché (3), excellente preuve qu'Eros est habile en général dans toutes les œuvres des Muses ; car ce qu'on n'a pas ou ce qu'on ne sait pas, on ne saurait ni le donner ni l'enseigner à un autre. Si nous passons à la création (4) de tous les animaux, peut-on prétendre que ce n'est pas le savoir-faire d'Eros qui les fait naître et croître tous ? Quant à la pratique des arts, ne savons-nous pas que celui qui a pour maître ce dieu, devient célèbre et illustre, et que celui qu'Eros n'a pas touché, reste obscur. Si Apollon a inventé l'art

---

(1) On reconnait l'élève de Gorgias dans cette argumentation captieuse où dominer est pris en deux sens : celui de *être maître de* et celui de *être plus grand*, où l'amour d'abord regardé comme un plaisir est considéré ensuite comme une personne morale.
(2) Il y a ici une confusion voulue de la force et du courage. Le vaincu et le faible peuvent avoir plus de courage que le vainqueur et le fort.
(3) C'est un mot d'Euripide : ποιητὴν δ' ἄρα | Ἔρως διδάσκει, κἂν ἄμουσος ᾖ τὸ πρίν. Steneboea, frg. 663, Nauck.
(4) Il s'est agi jusqu'à présent de poésie (ποίησις) ; c'est encore ce mot ποίησις qu'Agathon emploie, mais au sens de création.

de tirer de l'arc, la médecine, la divination, c'est en prenant pour guide le désir et l'amour, en sorte qu'on peut voir en lui un disciple d'Eros. Il en est de même des Muses pour la musique, d'Héphaistos pour l'art du forgeron, d'Athéna pour l'art de tisser et de Zeus pour le gouvernement des dieux et des hommes. Ainsi l'ordre s'établit parmi les dieux sous l'influence d'Eros, c'est-à-dire de la beauté ; car Eros ne s'attache pas à la laideur. Jadis, comme je l'ai dit en commençant, bien des atrocités se commirent chez les dieux, au dire de la légende, sous l'empire de la Nécessité ; mais quand Eros fut né, de l'amour du beau sortirent des biens de toutes sortes pour les dieux et pour les hommes.

C'est mon sentiment, Phèdre, qu'Eros étant lui-même le plus beau et le meilleur de tous, ne peut dès lors manquer de procurer aux autres les mêmes avantages. Disons, en pliant à la mesure la pensée qui me vient, que c'est lui qui donne

« *la paix aux hommes, le calme à la mer, le silence aux vents, la couche et le sommeil au souci* ».

C'est lui qui nous délivre de la sauvagerie et nous inspire la sociabilité, qui forme toutes ces réunions comme la nôtre et nous guide dans les fêtes, dans les chœurs, dans les sacrifices. Il nous enseigne la douceur, il bannit la rudesse ; il nous donne la bienveillance, il nous ôte la malveillance ; il est propice aux bons, approuvé des sages, admiré des dieux ; envié de ceux qui ne le possèdent pas, précieux à ceux qui le possèdent ; père du luxe, de la délicatesse, des délices, des grâces, de la passion, du désir, il s'intéresse aux bons, néglige les méchants ; dans la peine, dans la crainte, dans le désir, dans la conversation, il est notre pilote, notre champion, notre soutien, notre sauveur par excellence ; il est la gloire des dieux et des hommes, le guide le plus beau et le meilleur, que tout homme doit suivre, en chantant de beaux hymnes et en répétant le chant magnifique qu'il chante lui-même pour charmer l'esprit des dieux et des hommes.

Voilà, Phèdre, le discours que je consacre au dieu, discours que j'ai mêlé de jeu et de sérieux, aussi bien que j'ai pu le faire ».

XX. — Quand Agathon eut fini de parler, tous les assistants, au rapport d'Aristodème, applaudirent bruyamment, déclarant que le jeune homme avait parlé d'une manière digne de lui et du dieu tout ensemble. Alors Socrate, se tournant vers Eryximaque, lui dit : « Trouves-tu, fils d'Acoumène, que ma crainte de tout à l'heure était vaine, et n'ai-je pas été bon prophète, quand j'ai dit il y a un instant qu'Agathon parlerait merveilleusement et me jetterait dans l'embarras » ? Eryximaque répondit : « Pour le premier point, qu'Agathon parlerait bien, je reconnais que tu as été bon prophète ; mais pour l'autre, que tu serais embarrassé, ce n'est pas mon avis. — Et comment, mon ami, reprit Socrate, ne serais-je pas embarrassé, et tout autre à ma place, ayant à parler après un discours si beau et si riche. Sans doute tout n'y mérite pas une égale admiration ; mais à la fin qui ne serait frappé de la beauté des mots et des tournures ? Pour moi, reconnaissant que je ne saurais rien dire qui approchât de cette beauté, je me serais presque caché de honte, si j'avais su où fuir.

Le discours en effet m'a rappelé Gorgias à tel point que j'ai absolument éprouvé ce que dit Homère : j'ai craint qu'Agathon, en finissant son discours, ne lançât sur le mien la tête de ce monstre d'éloquence qu'était Gorgias, et ne m'ôtât la voix en me pétrifiant (1) ; et puis je me suis rendu compte aussi que j'étais ridicule en vous promettant de faire ma partie avec vous dans l'éloge d'Eros, et en me vantant d'être expert en amour, alors que je n'entendais rien à la manière de louer quoi que ce soit. Je pensais en effet dans ma simplicité qu'il fallait dire la vérité sur l'objet, quel qu'il soit, que l'on loue, que la vérité devait être le fondement, et qu'il fallait choisir dans la vérité même ce qu'il y avait de plus beau, et le disposer dans l'ordre le plus convenable, et j'étais très fier à la pensée que j'allais bien parler, parce que je savais le vrai procédé qu'il faut appliquer à toute louange ; mais il paraît que ce n'était pas la bonne méthode, que c'était au contraire d'attribuer au sujet les qualités les plus grandes et les plus belles possible, vraies ou non, la fausseté n'ayant aucune importance ; car on est convenu, paraît-il, que chacun aurait l'air de louer Eros, et non qu'il le louerait réellement. C'est pour cela, je pense, que vous remuez ciel et terre pour charger d'éloges Eros et que vous affirmez qu'il est si grand et si bienfaisant : vous voulez qu'il paraisse le plus beau et le meilleur possible, aux ignorants, s'entend, mais non certes aux gens éclairés. Et c'est quelque chose de beau et d'imposant qu'un tel éloge ; mais moi je ne connaissais pas cette manière de louer, et c'est parce que je

---

(1) Cf. Hom., *Odys.*, XI, 632 où Ulysse craint d'être changé en pierre en voyant la tête de Gorgo.

ne la connaissais pas que j'ai promis de tenir ma partie dans l'éloge : « c'est donc ma langue qui a pris l'engagement, non mon esprit (1). » Au diable l'engagement ! je ne loue pas de cette façon-là : je ne pourrais pas. Cependant je consens, si vous voulez, à parler suivant la vérité, à ma manière, sans m'exposer au ridicule de lutter d'éloquence avec vous. Vois donc, Phèdre, si tu veux d'un tel discours, c'est-à-dire entendre la vérité sur Eros, avec des mots et des tours tels qu'ils se présenteront ». Phèdre et les autres le prièrent de parler, à la manière qui lui conviendrait. « Permets-moi encore, Phèdre, dit Socrate, de poser quelques petites questions à Agathon, afin que, m'étant mis d'accord avec lui, je parte de là pour faire mon discours. — Je te le permets, dit Phèdre, questionne-le ». Dès lors Socrate commença à peu près ainsi :

XXI. « C'est mon avis, cher Agathon, que tu as bien débuté en disant qu'il fallait montrer d'abord ce qu'est Eros, puis ce qu'il est capable de faire. J'aime fort ce début. Voyons donc, après tout ce que tu as dit de beau et de magnifique sur la nature d'Eros, que je te pose une question sur ce point. Est-il dans la nature de l'Amour (2) qu'il soit l'amour de quelque chose ou de rien ? Je ne demande pas s'il est l'amour d'une mère ou d'un père ; il serait ridicule de demander si l'Amour est l'amour qu'on a pour une

---

(1) Citation d'Euripide, *Hippolyte*, v. 612. Cf. Cic., *De Off.*, III, 29 : « Juravi lingua, mentem injuratam gero. »
(2) Le même mot grec Ἔρως désigne à la fois le dieu et le sentiment de l'amour. C'est de la confusion de ces deux idées que vient l'erreur d'Agathon sur le dieu. Afin de reproduire l'équivoque grecque, nous désignerons ici le dieu Eros par son nom français : l'Amour.

mère ou un père (1) ; mais si, par exemple, je demandais si un père, en tant que père, est le père de quelqu'un ou non, tu me dirais sans doute, si tu voulais répondre comme il faut, qu'un père est père d'un fils ou d'une fille, n'est-ce pas ? — Oui, répondit Agathon. — Ne dirais-tu pas la même chose d'une mère ? Agathon en convint aussi. — Laisse-moi donc, ajouta Socrate, te poser encore quelques questions, afin de te rendre ma pensée plus sensible. Si je demandais : Voyons ! un frère, en tant que frère, est-il ou n'est-il pas frère de quelqu'un ? — Il est frère de quelqu'un, dit Agathon. — D'un frère ou d'une sœur ? — Sans doute, avoua-t-il. — Essaye donc aussi, reprit Socrate, à propos de l'Amour, de nous dire s'il est l'amour de quelque chose ou de rien. — Il est certainement l'amour de quelque chose. — Garde donc dans ta mémoire, dit Socrate, de quoi il est amour (2), et réponds seulement à ceci : l'Amour désire-t-il ou non l'objet dont il est amour ? — Il le désire, répondit-il. — Mais, reprit Socrate, quand il désire et aime, a-t-il ce qu'il désire et aime, ou ne l'a-t-il pas ? — Vraisemblablement il ne l'a pas, dit Agathon. — Vois, continua Socrate, si au lieu de vraisemblablement il ne faut pas dire nécessairement que celui qui désire désire une chose qui lui manque et ne désire pas ce qui ne lui manque pas. Pour ma part, c'est merveille comme je trouve cela nécessaire, et toi ? — Moi aussi, dit Agathon. — Fort bien. Donc un

---

(1) Ce passage a été diversement interprété. D'autres traduisent : « Je ne demande pas s'il est fils d'un père ou d'une mère ; car ce serait une question ridicule. » Ridicule en quoi ? Cela ne se voit pas. Phèdre a soutenu au début de son discours qu'Eros n'avait ni père ni mère, et il cite ses autorités.
(2) Agathon a dit dans son discours qu'il est l'amour de la beauté ; mais Socrate n'a pas besoin de le lui faire redire pour le moment.

homme qui est grand ne saurait vouloir être grand, ni un homme qui est fort, être fort ? — C'est impossible, d'après ce dont nous sommes convenus. — En effet, étant ce qu'il est, il ne saurait avoir besoin de le devenir. — C'est vrai. — Si en effet, reprit Socrate, un homme fort voulait être fort, un homme agile, être agile, un homme bien portant, être bien portant — peut-être pourrait-on croire que les hommes qui sont tels et possèdent ces qualités et autres semblables désirent encore ce qu'ils ont déjà ; c'est pour ne pas tomber dans cette illusion que j'insiste — pour ces gens-là, Agathon, si tu veux y réfléchir, il est nécessaire qu'ils aient au moment présent, chacune des qualités qu'ils ont, qu'ils le veuillent ou non ; comment donc pourraient-ils désirer ce qu'ils ont ? Et si quelqu'un soutenait qu'étant en bonne santé il désire être en bonne santé, qu'étant riche il désire être riche et qu'il désire les biens mêmes qu'il possède, nous lui répondrions : Toi, l'ami, qui jouis de la richesse, de la santé, de la force, tu veux jouir de ces biens pour l'avenir aussi, puisque dans le moment présent, que tu le veuilles ou non, tu les possèdes. Vois donc, quand tu prétends désirer ce que tu as, si tu ne veux pas précisément dire : Je veux posséder aussi dans l'avenir les biens que je possède maintenant. Il en tomberait d'accord, n'est-ce pas ? — Je le pense comme toi », dit Agathon. Socrate reprit : « N'est-ce pas aimer une chose dont on ne dispose pas encore et qu'on n'a pas, que de souhaiter pour l'avenir la continuation de la possession présente ? — Assurément, dit Agathon. — Cet homme donc, comme tous ceux qui désirent, désire ce qui n'est pas actuel ni présent ; ce qu'on n'a pas, ce qu'on n'est pas, ce dont on manque, voilà les objets du désir et de l'amour. — Il est vrai, répondit Agathon. — Voyons maintenant, reprit Socrate, récapitulons. N'avons-nous pas reconnu d'abord que l'Amour est l'amour de certaines choses, ensuite de celles dont il sent le besoin ? — Si, dit Agathon. — Outre cela, rappelle-toi de quoi tu as dit dans ton discours que l'Amour est amour. Je vais te le rappeler, si tu veux. Si je ne me trompe, tu as dit que l'ordre s'était établi chez les dieux grâce à l'amour du beau, car il n'y a pas d'amour du laid. N'est-ce pas à peu près ce que tu as dit ? — En effet, dit Agathon. — Et avec raison, cher ami, reprit Socrate ; et s'il en est ainsi, l'Amour n'est-il pas l'amour de la beauté, et non de la laideur ? — Il en convint. — N'avons-nous pas reconnu qu'il aime ce dont il manque, et qu'il n'a pas ? — Si, dit-il. — L'Amour manque donc de beauté, et n'en possède pas. — C'est forcé, dit-il. — Mais quoi ! ce qui manque de beauté et n'en possède en aucune manière, peux-tu prétendre qu'il est beau ? — Non certes. — Maintiens-tu, s'il en est ainsi, que l'Amour est beau ? — Je crains bien, Socrate, répondit Agathon, d'avoir parlé sans savoir ce que je disais. — Et pourtant, continua Socrate, tu as fait un discours magnifique, Agathon. Mais réponds-moi encore un peu. Ne penses-tu pas que les bonnes choses sont belles en même temps ? — Je le pense. — Eh bien ! si l'Amour manque de beauté et si la beauté est inséparable de la bonté, il manque aussi de bonté. — Je ne saurais te résister, Socrate, dit Agathon ; il faut que je cède à tes raisons. — C'est à la vérité, cher Agathon, dit Socrate, que tu ne peux résister ; car à Socrate, ce n'est pas difficile.

XXII. — Mais je te laisse, toi, pour vous réciter le discours sur l'Amour que j'ai entendu jadis de la bouche d'une femme de Mantinée, Diotime (1), laquelle était savante en ces matières et en bien d'autres. C'est elle qui jadis avant la peste fit faire aux Athéniens les sacrifices qui suspendirent le fléau pendant dix ans ; c'est elle qui m'a instruit sur l'amour, et ce sont ses paroles que je vais essayer de vous rapporter, en partant des principes dont nous sommes convenus, Agathon et moi ; je le ferai, comme je pourrai, sans le secours d'un interlocuteur (2). Il faut que j'explique, comme tu l'as fait toi-même, Agathon, d'abord la nature et les attributs de l'Amour, ensuite ses effets. Le plus facile est, je crois, de vous rapporter l'entretien dans l'ordre où l'étrangère l'a conduit en me posant des questions. Moi aussi je lui disais à peu près les mêmes choses qu'Agathon vient de me dire, que l'Amour était un grand dieu et qu'il était l'amour du beau ; elle me démontra alors par les mêmes raisons que je l'ai fait à Agathon, que l'Amour n'est ni beau, comme je le croyais, ni bon. — Que dis-tu, Diotime, répliquai-je ; alors l'Amour est laid et mauvais ? — Parle mieux ; penses-tu que ce qui n'est pas beau soit nécessairement laid ? — Certes. — Crois-tu aussi que qui n'est pas savant soit ignorant, et ne sais-tu pas qu'il y a

---

(1) Certains ont prétendu que Diotime était un personnage de pure invention. Mais on a remarqué que Platon n'introduit dans ses dialogues que des personnages réels. Diotime a sans doute existé, bien que les discours qu'elle tient ici soient de l'invention de Platon, comme le discours d'Aspasie dans le *Ménexène*. Nous avons sur elle deux témoignages anciens, l'un de Proclus qui la met au nombre des pythagoriciens, l'autre du scholiaste d'Aristide qui raconte qu'elle fut prêtresse de Jupiter Lycien, honoré en Arcadie.
(2) La méthode de Socrate, la dialectique, a toujours besoin d'interlocuteurs, pour rechercher et contrôler la vérité.

un milieu entre la science et l'ignorance ? — Quel est-il ? — Ne sais-tu pas que c'est l'opinion vraie, mais dont on ne peut rendre raison, et qu'elle n'est ni science, — car comment une chose dont on ne peut rendre raison serait-elle science ? — ni ignorance, car ce qui possède le vrai ne saurait être ignorance ; l'opinion vraie est quelque chose comme un milieu entre la science et l'ignorance. — C'est juste, dis-je. — Ne conclus donc pas forcément que ce qui n'est pas beau est laid, et que ce qui n'est pas bon est mauvais ; ainsi en est-il de l'amour : ne crois pas, parce que tu reconnais toi-même qu'il n'est ni bon ni beau, qu'il soit nécessairement laid et mauvais, mais qu'il est quelque chose d'intermédiaire entre ces deux extrêmes. — Pourtant, dis-je, tout le monde reconnaît qu'il est un grand dieu. — En disant tout le monde, est-ce des ignorants, dit-elle, que tu entends parler, ou des savants aussi? — De tous à la fois. — Et comment, Socrate, reprit-elle en riant, serait-il reconnu comme un grand dieu par ceux qui prétendent qu'il n'est pas même un dieu ? — Qui sont ceux-là ? dis-je. — Toi le premier, dit-elle, moi ensuite. Et moi de reprendre : Que dis-tu là ? — Rien que je ne prouve facilement, répliqua-t-elle. Dis-moi, n'est-ce pas ton opinion que les dieux sont heureux et beaux ? et oserais-tu soutenir que parmi les dieux il y en ait un qui ne soit pas heureux ni beau ? — Non, par Zeus, répondis-je. — Or les heureux, ne sont-ce pas, selon toi, ceux qui possèdent les bonnes et les belles choses ? — Assurément si. — Mais tu as reconnu que l'Amour, parce qu'il manque des bonnes et des belles choses, désire ces choses mêmes dont il manque.

— Je l'ai reconnu en effet. — Comment donc serait-il dieu, lui qui n'a part ni aux belles, ni aux bonnes choses ? — Il ne saurait l'être, ce semble. — Tu vois donc, dit-elle, que toi non plus tu ne tiens pas l'Amour pour un dieu.

XXIII. — Que serait donc l'Amour ? dis-je ; mortel ? — Pas du tout. — Alors quoi ? — Comme les choses dont je viens de parler, un milieu entre le mortel et l'immortel. — Qu'entends-tu par là, Diotime ? — Un grand démon, Socrate ; et en effet tout ce qui est démon tient le milieu entre les dieux et les mortels (1). — Et quelles sont, dis-je, les propriétés d'un démon ? — Il interprète et porte aux dieux ce qui vient des hommes et aux hommes ce qui vient des dieux, les prières et les sacrifices des uns, les ordres des autres et la rémunération des sacrifices ; placé entre les uns et les autres, il remplit l'intervalle, de manière à lier ensemble les parties du grand tout ; c'est de lui que procède la divination et l'art des prêtres relativement aux sacrifices, aux initiations, aux incantations, et à toute la magie et la sorcellerie. Les dieux ne se mêlent pas aux hommes ; c'est par l'intermédiaire du démon que les dieux conversent et s'entretiennent avec les hommes, soit pendant la veille, soit pendant le sommeil ; et l'homme savant en ces sortes de choses est un démoniaque, tandis que l'homme habile en quelque autre chose, art ou métier, n'est qu'un artisan. Ces démons sont nombreux ; il y en a de toutes sortes ; l'un d'eux est l'amour. — De quel père, dis-je, et de quelle mère

(1) On pense que ces idées sur les démons sont **empruntées à la** doctrine des Orphiques.

est-il né ? — C'est un peu long à raconter, répondit Diotime ; je vais pourtant te le dire.

Quand Aphrodite naquit, les dieux célébrèrent un festin, tous les dieux, y compris Poros (1), fils de Métis (2). Le dîner fini, Pénia (3), voulant profiter de la bonne chère, se présenta pour mendier et se tint près de la porte. Or Poros, enivré de nectar, car il n'y avait pas encore de vin, sortit dans le jardin de Zeus, et, alourdi par l'ivresse, il s'endormit. Alors Pénia, poussé par l'indigence, eut l'idée de mettre à profit l'occasion, pour avoir un enfant de Poros : elle se coucha près de lui, et conçut l'Amour. Aussi l'Amour devint-il le compagnon et le serviteur d'Aphrodite, parce qu'il fut engendré au jour de naissance de la déesse, et parce qu'il est naturellement amoureux du beau, et qu'Aphrodite est belle. Etant fils de Poros et de Pénia, l'Amour en a reçu certains caractères en partage. D'abord il est toujours pauvre, et loin d'être délicat et beau, comme on se l'imagine généralement, il est dur, sec, sans souliers, sans domicile ; sans autre lit que la terre, sans couverture, il dort en plein air, près des portes et dans les rues ; il tient de sa mère, et l'indigence est son éternelle compagne. D'un autre côté, suivant le naturel de son père, il est toujours à la piste de ce qui est beau et bon ; il est brave, résolu, ardent, excellent chasseur, artisan de ruses toujours nouvelles, amateur de science, plein de ressources, passant sa vie à philosopher, habile sorcier, magicien et sophiste. Il n'est par nature ni immortel ni mortel ; mais dans la

(1) La Ressource.
(2) La Prudence.
(3) La Pauvreté.

même journée, tantôt il est florissant et plein de vie, tant qu'il est dans l'abondance, tantôt il meurt, puis renaît, grâce à ce qu'il tient de son père. Ce qu'il acquiert lui échappe sans cesse, de sorte qu'il n'est ni dans l'indigence, ni dans l'opulence et qu'il tient de même le milieu entre la science et l'ignorance, et voici pourquoi. Aucun des dieux ne philosophe et ne désire devenir savant, car il l'est ; et, en général, si l'on est savant, on ne philosophe pas ; les ignorants non plus ne philosophent pas et ne désirent pas devenir savants ; car l'ignorance a précisément ceci de fâcheux que n'ayant ni beauté, ni bonté, ni science, on s'en croit suffisamment pourvu. Or, quand on ne croit pas manquer d'une chose, on ne la désire pas. Je demandai : Quels sont donc, Diotime, ceux qui philosophent, si ce ne sont ni les savants ni les ignorants ? — Un enfant même, répondit-elle, comprendrait que ce sont ceux qui sont entre les deux, et l'Amour est de ceux-là. En effet la science compte parmi les plus belles choses ; or l'Amour est l'amour des belles choses ; il est donc nécessaire que l'Amour soit philosophe, et, s'il est philosophe, qu'il tienne le milieu entre le savant et l'ignorant, et la cause en est dans son origine, car il est fils d'un père savant et plein de ressources, mais d'une mère sans science ni ressources. Voilà, mon cher Socrate, quelle est la nature du démon. Quant à la façon dont tu te représentais l'Amour, ton cas n'a rien d'étonnant ; tu t'imaginais, si je puis le conjecturer de tes paroles, que l'Amour est l'objet aimé et non le sujet aimant : voilà pourquoi, je pense, tu te le figurais si beau ; et, en effet, ce qui est aimable, c'est ce qui est réellement beau, délicat, parfait et bienheureux ; mais ce qui aime a un tout autre caractère, celui que je viens d'exposer ».

XXIV. — Je repris : « Il faut se rendre à ton raisonnement, étrangère, car il est juste. Mais l'Amour étant tel que tu viens de le dire, quels services rend-il aux hommes ? — C'est justement, Socrate, ce que je vais à présent tâcher de t'apprendre, dit-elle. Tu connais la nature et l'origine de l'Amour et tu reconnais toi-même qu'il est l'amour des belles choses. Mais si l'on nous demandait : Pourquoi, Socrate et Diotime, l'Amour est-il l'amour des belles choses ? ou, pour parler plus clairement, en aimant les belles choses, qu'aime-t-on ? Je répondis : Les avoir à soi. — Cette réponse, dit-elle, appelle une autre question qui est celle-ci : Qu'est-ce qu'aura celui qui possédera les belles choses ? — Je répondis que je ne pouvais répondre au pied levé à une pareille question. — Mais si, par exemple, dit-elle, substituant le mot bon au mot beau, on te demandait : Voyons, Socrate, quand on aime les bonnes choses, qu'aime-t-on ? — Les posséder, répondis-je. — Et qu'est-ce qu'aura celui qui possédera les bonnes choses ? — La réponse, dis-je, est plus facile : il sera heureux. — C'est en effet, dit-elle, dans la possession des bonnes choses que consiste le bonheur, et l'on n'a plus besoin de demander pourquoi celui qui désire le bonheur veut être heureux : on est arrivé au terme de la question, ce me semble. — C'est juste, dis-je. — Mais cette volonté et cet amour, sont-ils, selon toi, communs à tous les hommes, et tous veulent-ils toujours posséder ce qui est bon ? qu'en penses-tu ? — Je pense, dis-je, qu'ils sont communs à tous les hommes.

— Pourquoi donc, Socrate, reprit-elle, ne disons-nous pas de tous les hommes qu'ils aiment, puisqu'ils aiment tous et toujours les mêmes choses, mais que les uns aiment, et les autres, non ? — Cela m'étonne aussi, dis-je. — Cesse de t'étonner, dit-elle ; car c'est à une espèce d'amour particulière que nous réservons le nom d'amour, lui appliquant le nom du genre entier ; pour les autres espèces, nous nous servons d'autres mots. — Un exemple ? dis-je. — En voici un. Tu sais que le mot poésie représente bien des choses. En général on appelle poésie (1) la cause qui fait passer quelque chose du non-être à l'existence, de sorte que les créations dans tous les arts sont des poésies, et que les artisans qui les font sont tous des poètes. — C'est vrai. — Cependant, ajouta-t-elle, tu vois qu'on ne les appelle pas poètes et qu'ils ont d'autres noms, et qu'une seule portion mise à part de l'ensemble de la poésie, celle qui est relative à la musique et aux mètres, est appelée du nom du genre entier ; car cette portion seule s'appelle poésie, et ceux qui la cultivent, poètes. — C'est vrai, dis-je. — Il en est ainsi de l'amour ; en général le désir du bien et du bonheur, sous toutes ses formes, voilà pour tout le monde « le grand et industrieux Amour ». Mais il y a beaucoup de manières de s'adonner à l'amour, et de ceux qui recherchent l'argent, les exercices physiques, la philosophie, on ne dit pas qu'ils aiment et sont aimants ; mais il y a une espèce particulière d'amour dont les adeptes et sectateurs reçoivent les noms du genre entier ; amour, aimer, aimant. — Il semble bien que tu aies raison, dis-je.

(1) Le mot poésie au sens originel signifie création.

— On dit parfois, continua-t-elle, que chercher la moitié de soi-même, c'est aimer ; et moi je dis, mon cher, qu'aimer, ce n'est chercher ni la moitié ni le tout de soi-même, si cette moitié et ce tout ne sont pas bons, puisque les hommes consentent à se laisser couper les pieds et les mains, quand ces parties d'eux-mêmes leur paraissent mauvaises ; car ce n'est pas, je pense, à ce qui lui appartient que chacun de nous s'attache, à moins qu'il ne regarde le bien comme une chose qui lui est propre et fait partie de lui-même, et le mal comme une chose étrangère ; car les hommes n'aiment que le bien, n'est-ce pas ton avis ? — Si, par Zeus, répondis-je. — Donc, reprit-elle, on peut dire simplement que les hommes aiment le bien ? — Oui, répliquai-je. — Mais ne faut-il pas ajouter, reprit-elle, qu'ils aiment que le bien soit à eux ? — Il le faut ajouter. — Et non-seulement qu'il soit à eux, continua-t-elle, mais qu'il soit à eux toujours ? — Oui, aussi. — L'amour est donc en somme, dit-elle, le désir de posséder toujours le bien. — C'est parfaitement exact », répondis-je.

XXV. — Elle continua : « Si l'amour est en général l'amour du bien, comment et dans quel cas appliquera-t-on le nom d'amour à la passion et à l'ardeur de ceux qui poursuivent la possession du bien ? Qu'est-ce au juste que cette action spéciale ? Pourrais-tu me le dire ? — Si je le savais, Diotime, lui dis-je, je ne serais pas en admiration devant ta science, et je ne fréquenterais pas chez toi pour m'instruire précisément sur ces matières. — Eh bien ! reprit-elle, je vais te le dire. C'est l'enfantement dans la beauté, selon le corps et selon l'esprit. — Il faut être devin, dis-je, pour saisir ce que tu dis, et je ne comprends pas. — Eh bien ! reprit-elle, je vais parler plus clairement. Tous les hommes, dit-elle, sont féconds, Socrate, selon le corps et selon l'esprit. Quand nous sommes en âge, notre nature sent le désir d'engendrer, mais elle ne peut engendrer dans le laid, elle ne le peut que dans le beau (1). C'est là une œuvre divine, et l'être mortel participe à l'immortalité par la fécondation et la génération ; mais elle est impossible dans ce qui est discordant ; or le laid ne s'accorde jamais avec le divin, tandis que le beau s'y accorde. La Beauté est donc pour la génération une Moire (2) et une Eileithyie. Aussi quand l'être pressé d'enfanter s'approche du beau, il devient joyeux, et, dans son allégresse, il se dilate et enfante et produit ; quand au contraire il s'approche du laid, renfrogné et chagrin, il se resserre sur lui-même, se détourne, se replie et n'engendre pas ; il garde son germe, et il souffre. De là vient pour l'être fécond et gonflé de sève le ravissement dont il est frappé en présence de la beauté, parce qu'elle le délivre de la grande souffrance du désir ; car l'amour, ajouta-t-elle, n'est pas l'amour du beau, Socrate, comme tu le crois. — Qu'est-ce donc ? — L'amour de la génération et de l'enfantement dans le beau. — Je veux bien l'admettre, dis-je. — Rien n'est plus vrai, reprit-elle. Mais pourquoi de la génération ? Parce que la génération est pour un mortel quelque chose d'immortel

---

(1) Je supprime le membre de phrase : « et en effet l'union de l'homme et de la femme est enfantement, » qui rompt la suite des idées et qui semble bien être une glose.
(2) La Moire ou Parque n'est pas seulement la déesse de la mort, c'est aussi la déesse de la naissance ; voilà pourquoi son nom est lié à celui d'Eileithyie, déesse de l'accouchement.

et d'éternel ; or le désir de l'immortalité est inséparable du désir du bien, d'après ce dont nous sommes convenu, puisque l'amour est le désir de la possession perpétuelle du bien : il s'ensuit nécessairement que l'amour est aussi l'amour de l'immortalité ».

XXVI. — Tout ce que je viens de dire, je l'ai recueilli de sa bouche quand elle parlait de l'amour. Un jour elle me demanda : « Quelle est, à ton sens, la cause de cet amour et de ce désir, Socrate ? N'as-tu pas observé dans quelle crise étrange sont tous les animaux, ceux qui volent comme ceux qui marchent, quand ils sont pris du désir d'enfanter, comme ils sont malades et travaillés par l'amour, d'abord au moment de s'accoupler, ensuite quand il faut nourrir leur progéniture ; comme ils sont prêts à la défendre, même les plus faibles contre les plus forts, et à mourir pour elle ; comme ils se laissent torturer eux-mêmes par la faim pour la sustenter et comme ils sont prêts à tous les sacrifices en sa faveur. A l'égard des hommes, ajouta-t-elle, on pourrait croire que c'est la réflexion qui les fait agir ainsi ; mais pour les animaux, quelle est la cause de ces dispositions si amoureuses ? pourrais-tu le dire » ? — J'avouai encore une fois que je l'ignorais. Elle reprit : « Et tu penses devenir jamais connaisseur en amour, en ignorant une pareille chose ? — Mais c'est pour cela, Diotime, je te le répète, que je m'adresse à toi, sachant que j'ai besoin de leçons. Dis-moi donc la cause de ces phénomènes et des autres effets de l'amour. — Si tu crois, dit-elle, que l'objet naturel de l'amour est celui sur lequel nous sommes tombés d'accord à plusieurs reprises, quitte ton air étonné. Chez les animaux, comme chez l'homme, la nature mortelle cherche, autant qu'elle le peut, la perpétuité et l'immortalité ; mais elle ne le peut que par la génération, en laissant toujours un individu plus jeune à la place d'un plus vieux. En réalité, même dans le temps que chaque animal passe pour être vivant et identique à lui-même, dans le temps par exemple qu'il passe de l'enfance à la vieillesse, bien qu'on dise qu'il est le même, il n'a jamais en lui les mêmes choses (1) ; mais sans cesse il rajeunit et se dépouille dans ses cheveux, dans sa chair, dans ses os, dans son sang, dans tout son corps, et non-seulement dans son corps, mais aussi dans son âme : mœurs, caractère, opinions, passions, plaisirs, chagrins, craintes, jamais aucune de ces choses ne reste la même en chacun de nous ; mais les unes naissent, les autres meurent. Mais voici qui est beaucoup plus étrange encore, c'est que nos connaissances mêmes tantôt naissent, tantôt périssent en nous, et que nous ne sommes jamais identiques à nous-mêmes à cet égard ; et même chaque connaissance isolée est sujette à ce changement ; car nous n'avons recours à ce qu'on appelle réfléchir que parce que la connaissance nous échappe ; l'oubli est la fuite de la connaissance, et la réflexion, en suscitant un souvenir nouveau à la place de celui qui s'en va, maintient la connaissance, de façon qu'elle paraît être la même. C'est de cette manière que tout ce qui est mortel se

---

(1) Platon prévient ici l'objection qu'une immortalité qui consiste dans une succession d'êtres toujours nouveaux et non identiques entre eux, mérite à peine le nom d'immortalité. La perpétuité du même être dans le cours de sa vie n'est elle-même qu'une succession d'états différents, sans que l'on conteste pour cela l'identité de cet être.

conserve, non point en restant toujours exactement le même, comme ce qui est divin, mais en laissant toujours à la place de l'individu qui s'en va et vieillit un jeune qui lui ressemble. C'est par ce moyen, Socrate, ajouta-t-elle, que ce qui est mortel, le corps et le reste, participe à l'immortalité ; ce qui est immortel l'est d'une autre manière. Ne t'étonne donc plus si tout être prise son rejeton : car c'est en vue de l'immortalité que chacun a reçu ce zèle et cet amour.»

XXVII. — Après avoir entendu ce discours, je lui dis, plein d'admiration : « C'est bien, très sage Diotime ; mais les choses sont-elles bien réellement comme tu le dis » ? Elle reprit sur le ton d'un sophiste accompli : « N'en doute pas, Socrate. Aussi bien, si tu veux considérer l'ambition des hommes, tu seras surpris de son absurdité, à moins que tu n'aies présent à l'esprit ce que j'ai dit, et que tu ne te rendes compte que cette passion étrange vient du désir de se faire un nom et d'acquérir une gloire d'une éternelle durée. C'est ce désir, plus encore que l'amour des enfants qui leur fait braver tous les dangers, dépenser leur fortune, endurer toutes les fatigues et sacrifier leur vie. Penses-tu, en effet, dit-elle, qu'Alceste serait morte pour Admète, qu'Achille se serait dévoué à la vengeance de Patrocle ou que votre Codrus aurait couru au-devant de la mort pour garder le trône à ses enfants, s'ils n'avaient pas pensé laisser de leur courage le souvenir immortel que nous en gardons aujourd'hui ? Tant s'en faut, dit-elle, et je ne crois pas me tromper en disant que c'est en vue d'une louange immortelle et d'une renommée comme la leur que tous les hommes se soumettent à tous les sacrifices, et cela d'autant plus volontiers qu'ils sont meilleurs ; car c'est l'immortalité qu'ils aiment. Et maintenant, continua-t-elle, ceux qui sont féconds selon le corps se tournent de préférence vers les femmes, et c'est leur manière d'aimer que de procréer des enfants, pour s'assurer l'immortalité, la survivance de leur mémoire, le bonheur, pour un avenir qu'ils se figurent éternel. Pour ceux qui sont féconds selon l'esprit... car il en est, dit-elle, qui sont encore plus féconds d'esprit que de corps pour les choses qu'il convient à l'âme de concevoir et d'enfanter ; or que lui convient-il d'enfanter ? la sagesse et les autres vertus qui ont précisément pour pères tous les poètes et ceux des artistes qui ont le génie de l'invention. Mais la partie la plus importante et la plus belle de la sagesse, dit-elle, est celle qui a trait au gouvernement des Etats et des familles et qu'on nomme prudence et justice. Quand l'âme d'un homme, dès l'enfance, porte le germe de ces vertus, cet homme divin sent le désir, l'âge venu, de produire et d'enfanter ; il va lui aussi cherchant partout le beau pour y engendrer ; car pour le laid, il n'y engendrera jamais. Pressé de ce désir, il s'attache donc aux beaux corps de préférence aux laids, et s'il y rencontre une âme belle, généreuse et bien née, cette double beauté le séduit entièrement. En présence d'un tel homme, il sent aussitôt affluer les paroles sur la vertu, sur les devoirs et les occupations de l'homme de bien, et il entreprend de l'instruire ; et en effet par le contact et la fréquentation de la beauté, il enfante et engendre les choses dont son âme était grosse depuis longtemps ; présent ou absent, il pense à lui et il nourrit en commun avec lui le fruit de leur union. De tels couples sont en communion plus intime et liés d'une amitié plus forte que les père et mère, parce qu'ils ont en commun des enfants plus beaux et plus immortels. Il n'est personne qui n'aime mieux se voir de tels enfants que les enfants selon la chair, quand il considère Homère, Hésiode et les autres grands poètes, qu'il envie d'avoir laissé après eux des rejetons immortels qui leur assurent une gloire et une mémoire immortelles aussi ; ou encore, ajouta-t-elle, lorsqu'il se remémore quels enfants Lycurgue a laissés à Lacédémone pour le salut de cette ville et, on peut le dire, de la Grèce tout entière. Solon jouit chez vous de la même gloire, pour avoir donné naissance à vos lois, et d'autres en jouissent en beaucoup d'autres pays, grecs ou barbares, pour avoir produit beaucoup d'œuvres éclatantes et enfanté des vertus de tout genre : maints temples leur ont été consacrés à cause de ces enfants spirituels ; personne n'en a obtenu pour des enfants issus d'une femme.

XXVIII. — On peut se flatter peut-être de t'initier, toi aussi, Socrate, à ces mystères de l'amour ; mais pour le dernier degré, la contemplation (1), qui en est le but, pour qui suit la bonne voie, je ne sais si ta capacité va jusque-là. Je vais néanmoins, dit-elle, continuer, sans ménager mon zèle ; essaye de me suivre, si tu peux. Quiconque veut, dit-elle,

(1) L'initiation comprenait trois degrés : la purification (καθαρμός), l'initiation préliminaire (ἡ τῆς τελετῆς παράδοσις), la contemplation (ἐποπτεία). Théon de Smyrne (*Math.*, p. 18) y ajoute le port des bandelettes (ἀνάδεσις καὶ στεμμάτων ἐπίθεσις) et la félicité divine (θεοφιλὴς καὶ θεοῖς συνδίαιτος εὐδαιμονία).

aller à ce but par la vraie voie, doit commencer dans sa jeunesse par rechercher les beaux corps. Tout d'abord, s'il est bien dirigé, il doit n'aimer qu'un seul corps et là enfanter de beaux discours. Puis il observera que la beauté d'un corps quelconque est sœur de la beauté d'un autre ; en effet, s'il convient de rechercher la beauté de la forme, il faudrait être bien maladroit pour ne point voir que la beauté de tous les corps est une et identique. Quand il s'est convaincu de cette vérité, il doit se faire l'amant de tous les beaux corps, et relâcher cet amour violent d'un seul, comme une chose de peu de prix, qui ne mérite que dédain. Il faut ensuite qu'il considère la beauté des âmes comme plus précieuse que celle des corps, en sorte qu'une belle âme, même dans un corps sans grâce, lui suffise pour attirer son amour et ses soins, et lui faire enfanter des discours propres à rendre la jeunesse meilleure. Par là il est amené à regarder la beauté qui est dans les actions et dans les lois, à voir que celle-ci est pareille à elle-même dans tous les cas, et conséquemment à regarder la beauté du corps comme peu de chose. Des actions des hommes, il passera aux sciences et il en reconnaîtra aussi la beauté ; ainsi arrivé à une vue plus étendue de la beauté, il ne s'attachera plus à la beauté d'un seul objet et il cessera d'aimer, avec les sentiments étroits et mesquins d'un esclave, un enfant, un homme, une action. Tourné désormais vers l'Océan de la beauté et contemplant ses multiples aspects, il enfantera sans relâche de beaux et magnifiques discours et les pensées jailliront en abondance de son amour de la sagesse, jusqu'à ce qu'enfin son esprit fortifié et agrandi aperçoive une science unique, qui est la science du beau. Tâche, dit-elle, de me prêter la plus grande attention dont tu es capable.

XXIX. — Celui qu'on aura guidé jusqu'ici sur le chemin de l'amour, après avoir contemplé les belles choses dans une gradation régulière, arrivant au terme suprême, verra soudain une beauté d'une nature merveilleuse, celle-là même, Socrate, qui était le but de tous ses travaux antérieurs, beauté éternelle, qui ne connaît ni la naissance, ni la mort, qui ne souffre ni accroissement ni diminution, beauté qui n'est point belle par un côté, laide par un autre, belle en un temps, laide en un autre, belle sous un rapport, laide sous un autre, belle en tel lieu, laide en tel autre, belle pour ceux-ci, laide pour ceux-là ; beauté qui ne se présentera pas à ses yeux comme un visage, ni comme des mains, ni comme une forme corporelle, ni comme un raisonnement, ni comme une science, ni comme une chose qui existe en autrui, par exemple dans un animal, dans la terre, dans le ciel ou dans telle autre chose ; beauté qui au contraire existe en elle-même et par elle-même, simple et éternelle, de laquelle participent toutes les autres belles choses, de telle manière que leur naissance ou leur mort ne lui apporte ni augmentation, ni amoindrissement, ni altération d'aucune sorte. Quand on s'est élevé des choses sensibles par un amour bien entendu des jeunes gens jusqu'à cette beauté et qu'on commence à l'apercevoir, on est bien près de toucher au but ; car la vraie voie de l'amour, qu'on s'y engage de soi-même ou qu'on s'y laisse conduire, c'est de partir des beautés sensibles et de monter sans cesse vers cette beauté surnaturelle en passant comme par échelons d'un beau corps à deux, de deux à tous, puis des beaux corps aux belles actions, puis des belles actions aux belles sciences, pour aboutir des sciences à cette science qui n'est autre chose que la science de la beauté absolue et pour connaître enfin le beau tel qu'il est en soi.

Si la vie vaut jamais la peine d'être vécue, cher Socrate, dit l'étrangère de Mantinée, c'est à ce moment où l'homme contemple la beauté en soi. Si tu la vois jamais, que te sembleront auprès d'elle l'or, la parure, les beaux enfants et les jeunes gens dont la vue te trouble aujourd'hui, toi et bien d'autres, à ce point que, pour voir vos bien-aimés et vivre avec eux sans les quitter, si c'était possible, vous consentiriez à vous priver de boire et de manger, sans autre désir que de les regarder et de rester à leurs côtés. Songe donc, ajouta-t-elle, quel bonheur ce serait pour un homme, s'il pouvait voir le beau lui-même, simple, pur, sans mélange, et contempler, au lieu d'une beauté chargée de chairs, de couleurs et de cent autres superfluités périssables, la beauté divine elle-même sous sa forme unique. Penses-tu que ce soit une vie banale que celle d'un homme qui, élevant ses regards là-haut, contemple la beauté avec l'organe approprié (1) et vit dans son commerce ? Ne crois-tu pas, ajouta-t-elle, qu'en voyant ainsi le beau avec l'organe par lequel il est visible, il sera le seul qui puisse engendrer, non des fantômes de vertu, puisqu'il ne s'attache pas à un fantôme, mais des vertus véritables, puisqu'il saisit la vérité ? Or c'est à celui qui enfante et nourrit la vertu véritable qu'il appar-

(1) L'esprit.

tient d'être chéri des dieux (1) et, si jamais homme devient immortel, de le devenir lui aussi ».

Voilà, Phèdre et vous tous qui m'écoutez, ce que m'a dit Diotime. Elle m'a persuadé et à mon tour j'essaye de persuader aux autres que, pour acquérir un tel bien, la nature humaine trouverait difficilement un meilleur auxiliaire que l'Amour. Voilà pourquoi je proclame que tout homme doit honorer l'Amour, pourquoi je l'honore moi-même et m'adonne particulièrement à son culte ; pourquoi je le recommande aux autres, pourquoi maintenant, comme, toujours, je loue la puissance et la virilité de l'Amour, autant que j'en suis capable. Tu peux voir, si tu veux, Phèdre, dans ce discours un éloge de l'Amour ; sinon donne-lui tel nom qu'il te plaira ».

XXX. — Quand Socrate eut fini de parler, tout le monde le félicita ; seul Aristophane se disposait à répliquer, parce que Socrate en discutant avait fait allusion à un passage de son discours (2), quand soudain la porte extérieure de la cour résonna, comme sous les coups redoublés d'un cortège de buveurs, et qu'une joueuse de flûte se fit entendre. « Esclaves, dit Agathon, courez voir, et, si c'est quelqu'un de nos amis, invitez-le ; sinon, dites que nous avons fini de boire et que maintenant nous reposons ». Peu après on entendit dans la cour la voix d'Alcibiade, fortement pris de vin, qui criait à plein gosier : « Où est Agathon ? qu'on me mène à Agathon ». Alors la joueuse de flûte et quelques autres de ses compa-

---

(1) C'est le dernier degré de l'initiation d'après Théon de Smyrne.
(2) Voyez ch. XXIV : « On dit parfois que chercher la moitié de soi-même, c'est aimer ».

gnons le prenant sous les bras, nous l'amenèrent. Il s'arrêta à la porte, couronné d'une épaisse guirlande de lierre et de violettes et la tête toute couverte de bandelettes. « Salut, amis, dit-il. Voulez-vous admettre à boire avec vous un homme qui a déjà beaucoup bu, ou faudra-t-il nous en aller, en nous bornant à couronner Agathon, ce qui est le but de notre venue. Hier il ne m'a pas été possible de venir ; mais aujourd'hui me voici, avec ces bandelettes sur la tête pour en couronner le front du plus sage et du plus beau, si je puis parler ainsi (1). Vous moquerez-vous de moi, parce que je suis ivre ? Riez, si vous voulez, je sais bien que je dis la vérité. Mais dites-moi tout de suite si je puis entrer, comme je le disais, pour boire avec vous ».

Toute la compagnie l'acclama et le pria d'entrer et de prendre place à table. Agathon lui-même l'appela. Il entra, conduit par ses compagnons, et, tandis qu'il enlevait ses bandelettes pour en couronner Agathon, il ne vit pas Socrate qui était pourtant devant ses yeux, et s'assit près d'Agathon, entre lui et Socrate qui s'était écarté pour lui faire place. Une fois assis, il embrassa Agathon et le couronna. « Esclaves, dit Agathon, ôtez-lui ses chaussures, afin qu'il s'attable en tiers avec nous. — Je le veux bien, dit Alcibiade ; mais quel est ce troisième convive »? En même temps il se retourna et vit Socrate, sur quoi il sursauta et dit : « O Heraclès, qu'est ceci ? Socrate ici ? Te voilà encore ici à m'attendre en embuscade, suivant ton habitude d'apparaître soudain là où je m'attendais le moins à te rencontrer. Mainte-

(1) Ici le texte est peu sûr et peu satisfaisant.

nant encore qu'es-tu venu faire ici ? et pourquoi aussi t'es-tu placé là ? pourquoi pas près d'Aristophane ou de quelque autre plaisant ou qui veut l'être ? Tu t'es arrangé pour te placer près du plus beau garçon de la compagnie. — Agathon, dit Socrate, vois si tu peux me secourir. L'amour que j'ai pour cet homme ne m'est pas d'un petit embarras ; depuis que je me suis mis à l'aimer, il ne m'est plus permis de donner un coup d'œil ni d'adresser la parole à un beau garçon ; autrement, jaloux et envieux, il me fait une scène, m'injurie et se tient à peine de me frapper. Vois donc à l'empêcher de faire quelque extravagance et fais ma paix avec lui ; ou, s'il veut se porter à quelque violence, défends-moi ; car je tremble devant sa fureur et son amour. — Non, répondit Alcibiade, il n'y a pas de paix possible entre toi et moi ; mais je me vengerai de ce trait une autre fois ; en attendant, Agathon, rends-moi quelques bandelettes, que j'en couronne aussi la tête merveilleuse de cet homme, et qu'il ne vienne pas me reprocher de t'avoir couronné et de l'avoir oublié, lui, qui par ses discours est vainqueur de tout le monde, non pas seulement comme toi, avant-hier, mais en toutes les rencontres ». Et ce disant, il prit des bandelettes, en couronna Socrate, et s'accouda sur le lit.

XXXI. — S'étant ainsi placé, il dit : « Voyons, camarades, vous me paraissez bien sobres ; c'est une chose qu'on ne vous passera pas : il faut boire, c'est dans nos conventions. Donc, pour roi du festin je choisis, jusqu'à ce que vous ayez assez bu, moi-même. Qu'Agathon nous procure une large coupe, s'il en a ; ou plutôt cela n'est pas nécessaire ; apporte-nous, enfant, ce vase à rafraîchir, dit-il, en avisant un vase qui contenait plus de huit cotyles (1). Il le fit remplir et le vida le premier, puis il le fit remplir de nouveau pour Socrate et dit : A l'égard de Socrate, inutile d'y mettre de la finesse : il boira tant qu'on voudra, sans risquer de s'enivrer jamais ». L'esclave ayant versé, Socrate but. Alors Eryximaque prit la parole : « Qu'allons-nous faire, Alcibiade ? Allons-nous rester ainsi sans parler ni chanter après boire ? Allons-nous boire tout bonnement comme des gens altérés ? — Eryximaque, répondit Alcibiade, excellent fils du meilleur et du plus sage des pères, salut à toi. — A toi aussi, dit Eryximaque ; mais qu'allons-nous faire ? — Ce que tu ordonneras ; car il faut t'obéir.

« Un médecin vaut à lui seul beaucoup d'autres hommes (2) ! »

Prescris donc ce que tu veux. — Ecoute, dit Eryximaque. Nous avions décidé, avant ton arrivée, que chacun à son tour, en commençant par la droite parlerait sur l'Amour, et ferait le plus beau discours possible à sa louange. Or nous avons tous pris la parole ; quant à toi, puisque tu n'as rien dit et que tu viens de boire, il est juste que tu la prennes ; après quoi tu commanderas à Socrate ce que tu voudras, et Socrate à son voisin de droite, et ainsi de suite. — C'est fort bien dit, Eryximaque, reprit Alcibiade ; mais à vouloir mettre en parallèle les discours d'un homme ivre avec ceux de gens qui n'ont

(1) Le cotyle valait 0 litre 27.
(2) Homère, *Iliade*, XI, 514.

pas bu, la partie ne semble pas égale. Et puis, cher ami, crois-tu la moindre des choses que Socrate vient de dire ? Ne sais-tu pas que c'est tout le contraire qui est vrai ? Si en effet je loue quelqu'un en sa présence, soit dieu, soit homme autre que lui, il ne se tiendra pas de me battre. — Parle mieux, dit Socrate. — Par Poséidon, reprit Alcibiade, ne dis rien là contre, car je n'en louerai pas d'autre que toi en ta présence. — Eh bien, dit Eryximaque, fais comme tu l'entendras, loue Socrate. — Que dis-tu ? reprit Alcibiade ; est-ce bien ton avis, Eryximaque ; tomberai-je sur cet homme, pour me venger devant vous ? — Eh ! l'ami, dit Socrate, quelle est ton intention ? Vas-tu faire de moi un éloge dérisoire ? Que veux-tu faire ? — Dire la vérité ; vois si tu m'y autorises. — La vérité ! Je te permets et te requiers de la dire. — Tout de suite, dit Alcibiade. Pour toi, voici à quoi je t'engage : si j'avance quelque chose qui ne soit pas vrai, coupe-moi la parole, sans te gêner et dis que c'est un mensonge ; car je ne veux pas mentir volontairement ; mais si je parle sans ordre, au hasard de mes souvenirs, n'en sois pas surpris : il n'est pas facile, dans l'état où je suis, de peindre en détail et avec suite ton originalité.

XXXII. — Pour louer Socrate, amis, je procéderai par comparaison ; lui croira peut-être que je veux le tourner en ridicule ; non, c'est un portrait réel et non une caricature que je veux tracer ainsi. Je dis donc qu'il ressemble tout à fait à ces Silènes qu'on voit assis dans les ateliers des statuaires (1), et que

(1) Les artistes ornaient leurs ateliers de grandes boîtes en forme de Silènes, où ils mettaient leurs plus belles statues.

l'artiste a représentés avec des syringes et des flûtes à la main ; si on les ouvre en deux, on voit qu'ils renferment à l'intérieur des statues de dieux. Je soutiens aussi qu'il ressemble au satyre (1) Marsyas. Que tu ressembles de figure à ces demi-dieux, Socrate, c'est ce que toi-même tu ne saurais contester ; mais que tu leur resssembles aussi pour le reste, c'est ce que je vais prouver. Tu es un moqueur, n'est-ce pas ? Si tu n'en conviens pas, je produirai des témoins. N'es-tu pas aussi un virtuose, et beaucoup plus merveilleux que Marsyas ? Il charmait les hommes par l'effet des sons que sa bouche tirait des instruments, et on les charme encore, quand on joue ses mélodies ; car les airs que jouait Olympos (2) sont, suivant moi, de Marsyas, son maître ; en tout cas, qu'ils soient joués par un grand artiste ou une méchante joueuse de flûte, ces airs ont seuls le pouvoir d'enchanter les cœurs, et, parce qu'ils sont divins, ils font reconnaître ceux qui ont besoin des dieux et des initiations. La seule différence qu'il y ait entre vous, c'est que tu en fais tout autant sans instruments, par de simples paroles. Quand on entend d'autres discours de quelque autre, fût-ce un orateur consommé, personne n'y prend pour ainsi dire aucun intérêt ; mais quand c'est toi qu'on entend, ou qu'un autre rapporte tes discours, si médiocre que soit le rapporteur, tous, femmes, enfants, jeunes garçons, nous sommes saisis et ravis. Pour moi, mes amis, si je

---

(1) Platon confond ici les satyres et les silènes. La différence qui existait à l'origine entre les uns et les autres, s'était effacée depuis longtemps. Hérodote appelle Marsyas un silène, tandis que Platon l'appelle un satyre.
(2) Aux temps classiques on jouait dans les fêtes des airs de flûte fort anciens qui passaient pour être l'œuvre d'Olympos ; ces airs remuaient profondément les cœurs.

ne devais vous sembler tout à fait ivre, je prendrais les dieux à témoin de l'impression que ses discours ont produite et produisent toujours sur moi. Quand je l'entends, mon cœur palpite plus fort que celui des Corybantes, ses discours me font verser des larmes, et je vois force gens qui éprouvent les mêmes émotions. En écoutant Périclès et d'autres grands orateurs, j'ai souvent pensé qu'ils parlaient bien ; mais je ne ressentais pas d'émotion pareille, mon cœur n'était pas troublé et je ne m'indignais pas d'avoir une âme d'esclave. Mais ce nouveau Marsyas m'a souvent mis dans des dispositions telles que je trouvais insupportable la vie que je menais. Tu ne diras pas, Socrate, que cela n'est pas vrai ; et encore maintenant je sens bien que, si je voulais prêter l'oreille à ses discours, je n'y résisterais pas, j'éprouverais les mêmes émotions ; car il me force d'avouer qu'étant moi-même imparfait en bien des choses, je me néglige moi-même pour m'occuper des affaires des Athéniens. Aussi je suis forcé de me boucher les oreilles, comme devant les Sirènes, pour le quitter et le fuir, si je ne veux pas rester là, assis près de lui, jusqu'à ma vieillesse. J'éprouve devant lui seul un sentiment qu'on ne croirait pas trouver en moi, celui d'avoir honte devant quelqu'un : il est le seul devant qui je rougisse. Je sens bien l'impossibilité de contester qu'il ne faille faire ce qu'il ordonne ; mais, quand je l'ai quitté, je sens aussi que l'ambition des honneurs populaires reprend le dessus ; aussi je le fuis, comme un esclave marron, et, quand je le vois, je rougis de mon inconséquence, et souvent je voudrais qu'il ne fût pas au monde ; mais, s'il en était ainsi, je sais bien que j'en aurais encore plus de chagrin : c'est au point que je ne sais comment faire avec cet homme-là.

XXXIII. — Tel est l'effet que les airs de flûte de ce satyre ont produit sur moi et sur beaucoup d'autres ; mais je vais vous convaincre par d'autres preuves de sa ressemblance avec ceux à qui je l'ai comparé et des merveilleuses qualités qu'il possède ; car, sachez-le, personne de vous ne connaît Socrate : moi, je vais vous le faire connaître puisque j'ai commencé. En apparence Socrate est amoureux des beaux garçons et tourne sans cesse autour d'eux avec des yeux ravis ; d'autre part il ignore tout et ne sait rien, il en a l'air du moins. Cela n'est-il pas d'un silène ? Tout à fait. Ce sont en effet des dehors sous lesquels il se cache, comme le silène sculpté ; mais ouvrez-le, mes chers convives, de quelle sagesse vous le trouverez rempli. Sachez que la beauté d'un homme est son moindre souci : il la dédaigne à un point qu'on ne peut se figurer, comme aussi la richesse et tous les autres avantages que le vulgaire estime. Il juge que tous ces biens n'ont aucune valeur et nous regarde comme rien, je vous l'assure. Il passe toute sa vie à railler et à plaisanter avec les gens ; mais quand il est sérieux et qu'il s'ouvre, je ne sais si quelqu'un a vu les beautés qui sont en lui ; mais je les ai vues, moi, et elles m'ont paru si divines, si éclatantes, si belles, si merveilleuses qu'il n'y a pas moyen de résister à ses volontés. Le croyant sérieusement épris de ma beauté, je crus avoir là une aubaine et une chance extraordinaire ; je comptais qu'en retour de ma complaisance il m'apprendrait tout ce qu'il savait ; car Dieu sait si j'étais fier de mes avantages. Dans cette pensée, je renvoyai pour être seul avec lui, mon gouverneur, qui d'habitude ne me quittait pas, quand j'étais avec Socrate. Il faut que je vous dise ici la vérité tout entière ; prêtez-moi donc votre attention ; et toi, Socrate, si je mens, reprends-moi.

Je restai en effet en tête à tête avec lui, mes amis, et pensant qu'il allait me tenir les propos qu'un amant tient à son bien-aimé, je m'en réjouissais déjà ; mais il n'en fut rien. Il s'entretint avec moi comme à l'ordinaire, et, la journée finie, s'en alla. Ensuite je l'invitai à partager mes exercices gymnastiques, et je m'essayai avec lui, croyant avancer mes affaires ; puis nous nous exerçâmes souvent et luttâmes ensemble sans témoins. Que vous dirai-je ? Je n'en étais pas plus avancé. Comme je n'arrivais à rien par cette voie, je crus qu'il fallait attaquer mon homme de vive force, et ne pas le lâcher, puisque j'avais commencé avant de savoir à quoi m'en tenir. Je l'invitai donc à dîner avec moi, absolument comme font les amants qui tendent un piège à leur bien-aimé. Il ne mit pas beaucoup d'empressement à se rendre ; mais il finit par céder. La première fois qu'il vint, il voulut s'en aller, le dîner fini ; cette fois-là, retenu par la pudeur, je le laissai partir. Mais je lui tendis un nouveau piège, et, après le dîner, je prolongeai l'entretien fort avant dans la nuit, et, quand il voulut partir, je prétextai qu'il était trop tard et le forçai à rester. Il reposa donc sur le lit où il avait dîné ; ce lit était voisin du mien, et personne autre que nous ne couchait dans l'appartement.

Ce que j'ai dit jusqu'ici pourrait fort bien se répéter devant tout le monde ; pour ce qui suit, vos oreilles ne l'entendraient pas, si tout d'abord, comme dit le proverbe, le vin avec ou sans les enfants, ne disait la vérité (1) ; si ensuite il ne me paraissait pas injuste dans un éloge de Socrate de laisser dans l'ombre un trait éclatant. En outre je suis comme celui qu'une vipère a piqué : il refuse, dit-on, de parler de son cas, sauf à ceux qui ont été piqués comme lui, parce que seuls ils peuvent savoir et excuser les folies qu'il a osé faire ou dire sous le coup de la douleur. Donc moi qui me sens mordu par quelque chose de plus douloureux, dans la partie la plus sensible de mon être, — car j'ai été piqué et mordu au cœur ou à l'âme (donnez-lui tel nom que vous voudrez) par les discours de la philosophie, qui pénètrent plus cruellement que le dard de la vipère, quand ils rencontrent une âme jeune et bien née, et qui font dire ou faire toute sorte d'extravagances — moi qui vois d'ailleurs un Phèdre, un Agathon, un Eryximaque, un Pausanias, un Aristodème, un Aristophane, sans parler de Socrate et des autres, tous atteints comme moi de la folie et de la fureur philosophique, je n'hésite pas à tout dire devant vous tous ; car vous saurez excuser ce que je fis alors et ce que je vais dire à présent. Quant aux serviteurs et à tous les profanes et à tous les ignares, qu'ils mettent devant leurs oreilles des portes épaisses (2).

XXXIV. — Lors donc, amis, que la lampe fut éteinte et les esclaves sortis, je jugeai qu'il ne fallait

---

(1) Il y avait deux formes du proverbe, l'une : οἶνος καὶ ἀλήθεια, « vin et vérité » ; l'autre : οἶνος καὶ παῖδες ἀληθεῖς, « le vin et les enfants disent la vérité ».
(2) Allusion à un vers orphique (éd. Herm., p. 447) : Φθέγξομαι οἷς θέμις ἐστί· θύρας δ' ἐπίθεσθε, βέβηλοι : « Je parlerai pour ceux qui ont le droit de m'entendre ; profanes, mettez des portes à vos oreilles ».

pas biaiser avec lui, mais déclarer franchement ma pensée. Je le touchai donc en disant : Tu dors, Socrate ? — Mais non, répondit-il. — Sais-tu ce que je pense ? — Explique-toi, dit-il. — Je pense, repris-je, que tu es le seul amant digne de moi, et je vois que tu hésites à te déclarer. Pour moi voici mon sentiment : ce serait montrer peu de raison de ne pas te complaire en ceci comme en toute chose où tu pourrais avoir besoin de ma fortune ou de mes amis ; car, je n'ai rien plus à cœur que de me perfectionner le plus possible, et pour cela je ne crois pas que je puisse trouver d'aide plus efficace que la tienne. Aussi je rougirais beaucoup plus devant les sages de ne pas céder aux désirs d'un homme comme toi, que je ne rougirais devant la foule des sots de te céder. A ce discours, il répondit avec l'ironie ordinaire qui le caractérise : Mon cher Alcibiade, il semble bien réellement que tu n'es pas un malavisé, si ce que tu viens de dire de moi est véritable, et si je possède le pouvoir de te rendre meilleur ; en ce cas tu aurais vu en moi une inconcevable beauté, bien supérieure à la beauté de tes formes ; or si, après une telle découverte, tu essayes d'entrer en relations avec moi pour échanger beauté contre beauté, c'est un marché passablement avantageux que tu veux faire, puisque tu prétends obtenir des beautés réelles pour des beautés imaginaires, et que tu songes à échanger en réalité du fer contre de l'or (1). Mais, mon bel ami, regardes-y de plus près, et prends garde de te faire illusion sur

---

(1) Allusion à l'échange que Diomède et Glaucos font de leurs armes, au ch. VI, v. 234 et suiv. de l'*Iliade* : « Alors Zeus, fils de Kronos, ôta la raison à Glaucos ; car il échangea avec Diomède, fils de Tydée, son armure, de l'or pour de l'airain, le prix d'une hécatombe pour celui de neuf bœufs ».

mon peu de valeur. Les yeux de l'esprit ne commencent à être perçants que quand ceux du corps commencent à baisser ; toi, tu es encore loin de cet âge. Là-dessus, je lui dis : Pour ce qui est de moi, je viens de dire mon sentiment, et tout ce que j'ai dit, je le pense ; toi, de ton côté, vois ce que tu juges le plus à propos pour toi et pour moi. — Bien parlé ! dit-il ; à l'avenir nous nous consulterons pour prendre le parti le plus à propos pour tous deux, sur ce point comme sur les autres.

Après cet échange de propos, je pensai qu'il était blessé du trait que je lui avais décoché ; je me levai, sans lui permettre de rien ajouter, et, déployant sur lui mon manteau, car on était en hiver, je me couchai sous la vieille capote de cet homme-là, et jetant mes deux bras autour de cet être vraiment divin et merveilleux, je passai ainsi la nuit entière. Sur ce point non plus, Socrate, tu ne me donneras pas de démenti. Malgré ces avances, loin de se laisser vaincre par ma beauté, il n'eut pour elle que dédain, dérision, insulte, et pourtant ma beauté n'était pas peu de chose à mes yeux, juges ; car je vous fais juges de la superbe de Socrate. Sachez-le, par les dieux ! par les déesses ! je me levai de ses côtés, après avoir passé la nuit tout comme si j'avais dormi avec mon père ou mon frère aîné (1).

XXXV. — A partir de ce moment, vous pouvez penser dans quel état j'étais. Je me croyais méprisé, et j'admirais néanmoins son caractère, sa continence

---

(1) Quintilien, *Inst. or.*, VIII, 4, 23 : « Nec mihi videtur in Symposio Plato, cum Alcibiadem confitentem de se quid e Socrate pati voluerit, narrat ut illum culparet, hæc tradidisse, sed ut Socratis invictam continentiam ostenderet quæ corrumpi non posset. »

et sa force d'âme ; j'avais rencontré un homme introuvable à mes yeux pour la sagesse et la fermeté. Le fait est que je ne pouvais lui en vouloir et renoncer à sa compagnie, et que d'autre part je ne voyais pas le moyen de le gagner ; car je le savais bien plus complètement invulnérable à l'argent qu'Ajax ne l'était au fer, et la seule amorce par laquelle j'espérais le prendre n'avait pu le retenir. J'étais donc embarrassé et j'allais, asservi à cet homme, comme nul ne le fut jamais à personne.

Voilà ce qui m'était arrivé, quand vint l'expédition de Potidée (1) : nous y prîmes part tous deux et il se trouva que nous mangions ensemble. Tout d'abord pour les travaux de la guerre, il se montra supérieur non-seulement à moi, mais encore à tous les autres. Par exemple, quand nous étions coupés de nos ravitaillements, comme il arrive à la guerre, et réduits à jeûner, les autres n'étaient rien auprès de lui pour supporter les privations. En revanche, faisions-nous bombance, il était homme à en jouir mieux que personne, et, si on le forçait à boire, quoiqu'il ne boive pas volontiers, il avait raison de tout le monde, et, ce qu'il y a de plus étonnant, c'est que jamais personne ne l'a vu ivre : vous en aurez la preuve tout à l'heure, je pense. Pour endurer le froid — les hivers sont terribles en ce pays-là — il se montrait étonnant ; ainsi par la gelée la plus forte, alors que personne ne mettait le pied dehors ou ne sortait que bien emmitouflé, chaussé, les pieds enveloppés de feutre et de peaux d'agneau, lui sortait avec le même manteau qu'il avait l'habitude de porter et

(1) Potidée essaya en 435 de secouer le joug d'Athènes ; elle fut réduite en 430, après cinq ans de guerre.

marchait pieds nus sur la glace plus aisément que les autres avec leurs chaussures, et les soldats le regardaient de travers, croyant qu'il les bravait.

XXXVI. — Et voilà ce que j'avais à dire sur son endurance ; « mais ce que fit et supporta ce vaillant (1) », en campagne, là-bas, il vaut la peine de l'entendre. Il s'était mis à méditer et il était debout à la même place depuis le point du jour, poursuivant une idée, et, comme il n'arrivait pas à la démêler, il restait debout, obstinément attaché à sa recherche. Il était déjà midi ; les soldats l'observaient et se disaient avec étonnement les uns aux autres : Socrate est là debout à méditer depuis le point du jour. Enfin, sur le soir, quelques Ioniens, après avoir dîné, apportèrent leurs lits dehors, car on était alors en été, pour coucher au frais, tout en observant Socrate, pour voir s'il resterait encore debout la nuit ; et lui, se tint en effet dans cette posture jusqu'à l'apparition de l'aurore et le lever du soleil ; puis il s'en alla, après avoir fait sa prière au soleil.

Voulez-vous savoir ce qu'il était dans les combats ? car ici aussi il faut lui rendre justice. Dans la bataille à la suite de laquelle les stratèges m'attribuèrent le prix du courage, je ne dus mon salut qu'à lui seul. J'étais blessé, il ne voulut pas m'abandonner, et il sauva tout ensemble et mes armes et moi-même. Pour moi, Socrate, en ce temps-là même je priai les stratèges de te donner le prix. Sur ce point non plus je ne crains ni reproche ni démenti de ta part ; mais les stratèges étant décidés, par égard pour mon

---

(1) Hom., *Odys.*, IV, 242 : C'est Hélène qui parle ainsi d'Ulysse.

rang, à m'accorder le prix, toi-même tu insistas plus qu'eux-mêmes pour qu'il me fût donné plutôt qu'à toi.

Voici encore, mes amis, une autre rencontre où la conduite de Socrate mérite votre attention. C'était lors de la déroute de l'armée à Délion (1) ; le hasard m'amena près de lui ; j'étais à cheval, lui à pied, en hoplite ; nos soldats étant en pleine déroute, il se retirait avec Lachès. Je les rencontre par hasard, et aussitôt que je les aperçois, je les exhorte à avoir bon courage, et les assure que je ne les abandonnerai pas. En cette occasion je pus observer Socrate mieux encore qu'à Potidée ; car j'avais moins à craindre, étant à cheval. Je remarquai d'abord combien il était supérieur à Lachès pour le sang-froid ; je le vis ensuite, qui « se redressait fièrement et jetait les yeux de côté (2) », selon ton expression, Aristophane, et qui observait froidement amis et ennemis, et il sautait aux yeux, même de loin, que si l'on s'attaquait à un tel homme, il se défendrait vaillamment. Aussi s'éloignait-il sans être inquiété, lui et son compagnon : généralement, à la guerre, on n'attaque même pas les hommes qui montrent de telles dispositions ; on poursuit plutôt ceux qui fuient à la débandade.

On pourrait citer encore beaucoup d'autres traits admirables à la louange de Socrate ; cependant en ce qui concerne sa conduite en général, peut-être en pourrait-on dire autant d'un autre. Mais voici qui est tout à fait extraordinaire : c'est qu'il ne ressemble

---

(1) Fameuse bataille (424 av. J.-C.) où les Athéniens, commandés par Hippocrate, furent battus par les Thébains, commandés par Pagondas.
(2) *Nuées*, 361 : ὅτι βρενθύει τ' ἐν ταῖσιν ὁδοῖς καὶ τὠφθαλμὼ παραβάλλεις.

à aucun homme ni du temps passé, ni du temps présent. Achille a des pareils : on peut lui comparer Brasidas et d'autres ; Périclès a les siens, par exemple Nestor, Anténor et d'autres encore ; à tous les grands hommes on trouverait des pairs en chaque genre ; mais un homme aussi original que celui-ci et des discours pareils aux siens, on peut les chercher, on n'en trouvera pas d'approchants ni dans le temps passé, ni dans le temps présent, à moins de le comparer à ceux que j'ai dits, aux Silènes et aux Satyres ; car lui et ses discours n'admettent aucune comparaison avec les hommes.

XXXVII. — Effectivement c'est une chose que j'ai omis de dire en commençant, que ses discours ressemblent exactement à des silènes qui s'ouvrent. Si en effet l'on se met à écouter les discours de Socrate, on est tenté d'abord de les trouver grotesques : tels sont les mots et les tournures dont il enveloppe sa pensée qu'on dirait la peau d'un injurieux satyre. Il parle d'ânes bâtés, de forgerons, de cordonniers, de tanneurs, et il semble qu'il dit toujours les mêmes choses dans les mêmes termes, en sorte qu'il n'est lourdaud ignorant qui ne soit tenté d'en rire ; mais qu'on ouvre ces discours et qu'on pénètre à l'intérieur, on trouvera d'abord qu'ils renferment un sens que n'ont point tous les autres, ensuite qu'ils sont les plus divins et les plus riches en images de vertu, qu'ils ont la plus grande portée ou plutôt qu'ils embrassent tout ce qu'il convient d'avoir devant les yeux pour devenir honnête homme.

Voilà, mes amis, ce que je trouve à louer dans Socrate ; j'y ai mêlé mes reproches pour l'injure qu'il m'a faite. Et je ne suis pas le seul qu'il ait ainsi traité : il en a fait autant à Charmide, fils de Glaucon, à Euthydème, fils de Dioclès et à nombre d'autres, qu'il trompe en se donnant comme amant, tandis qu'il prend plutôt le rôle du bien-aimé que de l'amant. Je t'avertis toi aussi, Agathon, pour que tu ne te laisses pas duper par cet homme-là et qu'instruit par notre expérience, tu prennes garde à toi et n'imites pas l'enfant qui au dire du proverbe est pris pour être appris ».

XXXVIII. Quand Alcibiade eût fini de parler, on rit de sa franchise, et de ce qu'il paraissait encore épris de Socrate. « On ne dirait pas que tu as bu, Alcibiade, reprit Socrate ; car tu n'aurais jamais tourné si subtilement autour de ton sujet pour essayer de couvrir le but de ton discours, but dont tu n'as parlé qu'à la fin, comme d'une chose accessoire, comme si tu n'avais pas pris la parole dans l'unique but de jeter la brouille entre Agathon et moi, en prétendant que je dois t'aimer et n'aimer que toi, et qu'Agathon doit être aimé de toi, et de toi seul. Mais tu ne nous as pas trompés : nous voyons clair dans ton drame satyrique et dans tes Silènes. Mais faisons en sorte, cher Agathon, qu'il ne gagne rien à ce jeu, et dispose ton âme à ne pas souffrir qu'on nous désunisse. — Tu pourrais bien avoir raison, Socrate, dit Agathon. J'en juge par le simple fait qu'il a pris place entre toi et moi pour nous séparer ; mais il n'y gagnera rien, et je vais me mettre près de toi. — C'est cela, dit Socrate, viens t'asseoir à ma droite. — O Zeus, s'écria Alcibiade, que me faut-il encore endurer de cet homme ! Il prétend avoir le dessus avec moi partout. Tout au moins, étonnant Socrate, laisse Agathon s'asseoir entre nous deux. — Impossible, dit Socrate ; car tu viens de me louer ; il faut à mon tour que je loue celui qui est à ma droite ; or si Agathon s'assied à ta droite, il ne me louera pas à nouveau, n'est-ce pas ? avant d'avoir été loué par moi. Laisse-le donc faire, ami, et n'envie pas au jeune homme les louanges que je vais lui donner ; car je désire vivement faire son éloge. — Ah ! ah ! dit Agathon, il est impossible, Alcibiade, que je reste à cette place : je veux absolument changer, afin d'être loué par Socrate. — C'est toujours ainsi, dit Alcibiade : quand Socrate est là, il est impossible à tout autre d'approcher des beaux garçons. Voyez à présent encore comme il a trouvé facilement une raison plausible de faire asseoir celui-ci près de lui » !

XXXIX. — Agathon se levait donc pour aller s'asseoir près de Socrate, quand soudain une grosse bande de buveurs se présenta à la porte, et, la trouvant ouverte par quelqu'un qui sortait, entra droit dans la salle du festin, et prit place à table. Tout s'emplit de tumulte ; les convives n'obéirent plus à aucune règle et furent contraints de boire du vin à profusion. Alors Eryximaque, Phèdre et d'autres, dit Aristodème, se retirèrent. Quant à lui, cédant au sommeil, il dormit fort longtemps ; car les nuits étaient longues, et les coqs chantaient déjà et le jour naissait, quand il s'éveilla. En rouvrant les yeux, il s'aperçut que les autres dormaient ou étaient partis, et que, seuls, Agathon, Aristophane et Socrate étaient encore éveillés et buvaient à une large coupe qui circulait de gauche à droite. Socrate s'entretenait avec eux. Le reste de l'entretien avait échappé à Aristodème, car il ne l'avait pas suivi dès le commencement, parce qu'il s'était endormi ; mais en somme, dit-il, Socrate les avait amenés à reconnaître qu'il appartient au même homme de savoir traiter la comédie et la tragédie, et que quand on est poète tragique par art on est aussi poète comique (1). Forcés de le reconnaître, mais ne suivant plus qu'à demi, ils dodelinaient de la tête ; Aristophane s'endormit le premier, puis, comme il faisait déjà grand jour, Agathon. Socrate, les ayant ainsi endormis, se leva et s'en alla. Aristodème le suivit, comme il en avait l'habitude. Socrate se rendit au Lycée, et, après s'être baigné, y passa toute la journée à ses occupations ordinaires, puis il rentra chez lui pour se reposer.

(1) Ce sont les mêmes idées sur l'art que dans l'Ion ; on peut tirer de cette identité un argument de plus en faveur de l'authenticité de l'Ion.

TABLE DES MATIÈRES

	Pages.
Avant-Propos	v
Notice sur l'Ion.	1
Ion	7
Notice sur le Lysis	41
Lysis	50
Notice sur le Protagoras.	87
Protagoras	100
Notice sur le Phèdre	195
Phèdre.	208
Notice sur le Banquet.	319
Le Banquet.	337

IMPRIMERIE

F. PAILLART

ABBEVILLE

—

1197-9-1919

—

Documents manquants (pages, cahiers...)
NF Z 43-120-13

www.ingramcontent.com/pod-product-compliance
Lightning Source LLC
Chambersburg PA
CBHW071110230426
43666CB00009B/1895